U0625824

北京市社会科学基金项目"CBD高端企业总部集聚效应研究"最终成果

项目号：11GB078

北京空间资源配置、产业升级与经济稳定发展研究（IDHT 20140511） 成果

CBD 高端企业总部集聚效应研究

周明生　王　岩　著

中国金融出版社

责任编辑：王雪珂
责任校对：潘　洁
责任印制：赵燕红

图书在版编目（CIP）数据

CBD 高端企业总部集聚效应研究（CBD Gaoduan Qiye Zongbu Jiju Xiaoying Yanjiu）/周明生，王岩著. —北京：中国金融出版社，2018.6

　ISBN 978 - 7 - 5049 - 9568 - 1

　Ⅰ. ①C⋯　Ⅱ. ①周⋯②王⋯　Ⅲ. ①中央商业区—经济效益—研究—北京 Ⅳ. ①F727.1

中国版本图书馆 CIP 数据核字（2018）第 092495 号

出版
发行　**中国金融出版社**

社址　北京市丰台区益泽路 2 号
市场开发部　(010)63266347，63805472，63439533（传真）
网 上 书 店　http：//www.chinafph.com
　　　　　　　(010)63286832，63365686（传真）
读者服务部　(010)66070833，62568380
邮编　100071
经销　新华书店
印刷　北京市松源印刷有限公司
尺寸　169 毫米 ×239 毫米
印张　18
字数　243 千
版次　2018 年 6 月第 1 版
印次　2018 年 6 月第 1 次印刷
定价　55.00 元
ISBN 978 - 7 - 5049 - 9568 - 1
如出现印装错误本社负责调换　联系电话（010)63263947

前　言

中央商务区（CBD）是城市化快速发展，特大城市崛起过程中高端商务和现代服务业集聚的产物。随着20世纪90年代互联网与信息技术革命的兴起和不断发展，信息技术在人们的生产生活中发挥着日益重要的作用。企业的生产方式和经营方式发生了改变，企业间的关系和企业内部治理也发生着重大的变革，企业的总部和其他业务部门间、核心业务与非核心业务间相继发生了分离。对于企业而言，地理距离的重要性日益淡化，而依靠信息技术的跨地区联系则愈发紧密。

由于企业总部和生产部门的要素需求不同，决策模式和生产的模式各异，依靠不断发展的信息技术做支撑，以企业的价值链理论为导向，大型企业在全球范围内配置资源，实现企业总部和生产部门的分离成为现实。大型企业根据发展的目标，谋求在全球范围内进行布局和分工，企业脱离原本的生产所在地，实现资源有效配置，达到成本降低、利润提升的目标。于是，企业的跨地区迁移就成为一种普遍现象，大型企业的总部主要集中在国际大都市，而制造环节往往落户于土地成本低、劳动力资源丰富的地方，总部经济成为经济全球化过程中的特有现象。总部经济的出现，使得总部集聚所带来的正外部性足以弥补企业的分离成本，中央商务区（CBD）在发达国家的大城市应运而生，其集聚效应、辐射效应和增长效应明显，并成为一个国家和地区的重要增长极。受其影响，发展中国家在追赶过程中，也注重引导CBD的发展，利用CBD对高端企业的集聚优势，旨在吸引总部的集聚，催生总部经济，推动区域经济的发展。

随着改革开放后我国经济的高速发展和影响力的提升，在一些特大城市，逐渐出现了 CBD 的雏形，我国由此开始了 CBD 建设的步伐。1993 年，北京市批准中央商务区（CBD）的建设，20 多年来中央商务区发展不断加快，面积不断扩大，品质不断提升，北京的 CBD 实现了"一心"和"四轴"的布局，即"一心"是指 CBD 核心区，主要定位于国际金融核心企业的布局，以吸引国内外知名金融机构、世界 500 强总部和跨国企业为主，发展金融高端服务业，提供世界水平的金融及相关衍生服务；"四轴"主要指国际金融轴、高端商务轴、文化传媒轴和现代服务轴。无论是跨国公司，还是大型国有企业，亦或民营企业，北京 CBD 都逐渐成为企业总部渴望入驻的圣地。截至 2016 年末，CBD 内已有入驻企业达 19000 家，规模以上企业 8900 家，年均增长 27%；注册资本过亿元企业 184 家，已形成以国际金融为龙头、高端商务为主导、国际传媒聚集发展的产业格局。

从北京 CBD 发展的实践出发，本书在深入调研的基础上，运用新古典经济理论、空间经济学等理论对总部集聚的作用机理进行了分析，认为高智能员工、优质的服务业等战略性要素，技术溢出、知识溢出等总部集群的正外部性和价值链导向是企业选择总部集聚和 CBD 发展的三大动因，在集聚效应较大，正外部性较强的时候，强大的利润驱动是企业选择总部经济和企业总部入驻 CBD 的关键。

北京作为政治中心、文化中心、科技创新中心和国际交往的中心，拥有得天独厚的条件，既是区域经济发展的增长极，也具有完善的公共设施和服务、良好的科技创新基础，对全国乃至全球的优秀企业具有强大的吸引力。具体而言，一是雄厚的经济实力代表着丰富的市场资源，这是总部入驻的关键因素；二是完善且先进的城市基础设施；三是合理的产业结构；四是包容的人文环境；五是拥有优越的腹地条件；六是积极有效的政策导向。这些因素推动着北京 CBD 的发展和品质的提升。

然而，北京在经济社会发展方面取得显著成效的同时，环境承载力却在逐步降低，过多的人口涌入进一步加重了北京的资源和环境负担，产业过度集聚所带来人口拥挤、交通拥堵，土地资源、水资源日益稀缺，污染严重等问题，而城市的拥堵效应，生产、生活成本的上升使城市的发展遭遇瓶颈制约，集聚成本呈现上升趋势，集聚收益逐渐降低，企业开始向外迁移，生活成本居高不下，人口开始远离中心城市。北京CBD 的发展也面临着新的问题。

首先，从产城融合、高端服务业效用、环境承载力和空间资源配置等角度入手论证了企业总部的集聚对北京市经济发展方式改变的正向效果。主要表现在：一是总部企业集聚为生产性服务业提供了巨大的需求。生产性服务业和现代服务业要比消费性服务业对于经济的增长作用更加明显，生产性服务业的特点之一便是作为中间投入品，在生产过程中融入更多的知识与科技，提高经济效率、扩大经营规模以及全要素生产率，它不仅能够直接带来经济的增长，而且通过服务于第一、第二产业，间接地推动着经济的发展；二是总部经济通过技术创新促进经济增长和产业结构优化。企业获得生产性服务业所提供的专业化知识和技术可使其将战略重点集中在产品研发，营销策略及售后服务等创造性活动，这些都是企业核心竞争力的重要要素；三是通过产业融合促进新的业态出现，加速传统产业的改革与创新，从而加速工业、商业、制造业和服务业等相关产业结构的优化与发展。

其次，在京津冀协同发展的大背景下探讨了 CBD 以及促进区域协调发展的思路。由于京津冀地区毗邻，发展中存在各自为政的现象，生态资源环境破坏对总部经济发展质量也提出了严峻的考验，经济效应和社会效应存在潜在矛盾。因此，北京的 CBD 和总部经济的发展要选择区域合作模式，从整体区域观构建产业的转移和升级，以及 CBD 的发展，通过产业一体化的思路，理顺和延长产业链和价值链，推动产业有序转移承接，加快产业转型升级。其原因有三，一是区域中的经济体有前后联系需求；二是区域内部存在比较优势，京津的科研优势和河北的制造优势相得益彰；三是区域内存在产业转移和承接需求，产业间存在一定梯度。

因此，北京将主要发挥科技创新中心作用，天津优化发展高端装备、电子信息等先进制造业，河北积极承接首都产业功能转移和京津科技成果转化。

北京作为总部经济中的中心城市，同时也是京津冀经济发展的增长极，其快速发展以高创新力和高端服务业发展为支撑。其存在有助于强化北京的比较优势，提升其产业结构，增加北京的产业转移需求，同时，只有实现产业的梯度转移和承接，才能相应实现产业升级。从本质上讲，总部经济这种新的经济形态是基于区域资源比较优势而产生的，在中心城市的产业升级和城市的创新力提升上能够提供新的力量源泉。一方面，强化北京 CBD 总部经济对北京周边的辐射力，增强经济核心区对周边的溢出效应；另一方面，北京也可以利用天津和河北的特有优势，形成产业的集聚，在延长产业链的同时，构建高端的价值链。这样北京的产业层级不仅可以依靠 CBD 的总部经济得到提升，落实北京的非首都核心功能，而且也带动了本地区的发展，尤其是河北地区的经济发展和产业升级，更好地发挥天津的港口和高端制造业等优势。同时，京津冀的协同发展有助于实现环境承载力的总量控制。

再次，深入分析了国内外著名 CBD 内总部经济发展情况，从纽约、伦敦、东京、新加坡、香港和上海等城市内部 CBD 的空间资源配置、CBD 的贸易优势、政府引导与政策扶持、产业结构与产业链、信息通讯与交通设施，以及文化环境等方面探讨了这些城市对北京 CBD 以及总部经济发展的启示。主要包括，多种类型的集聚在 CBD 内共生是必然现象，硬件服务决定了 CBD 内总部经济效用的发挥程度，同时在发挥 CBD 集聚效应时应因地制宜，结合产业、区域特点，总部经济的集聚效应才能更加稳定、高效地发挥。此外，要加强空间规划和政策的引导作用，避免企业总部集聚由集聚效应转向拥挤效应，带来外部的不经济。

最后，针对北京市发展 CBD 的总部经济提出了相应的政策建议。明晰政府在总部经济发展中的职权，合理空间布局，完善硬件环境，以人为本，提升文化等软环境的建设，积极发展相关服务产业，大力发挥人才和智力优势，提升北京的创新能力和辐射能力，推动京津冀协同发展。具体而言：

一是加强顶层设计。北京的 CBD 虽然具有得天独厚的优势，但要真正落实北京新的城市功能定位，发挥"四个中心"的作用，促进 CBD 总部经济健康发展，还需要进行顶层设计。在进行顶层设计时，需要总结过往的成功经验和失败教训，按照疏解非首都核心功能的要求，建立高端的研发创新基地，吸引高端总部加入，从产品、市场、技术等方面辐射京津冀地区，构建京津冀协同发展的新格局，打造相互支撑、相互协调的产业链，推进三地分工合作的新趋势，继续加强顶层设计是不可或缺的。具体包括制定相关的优惠政策、建立完备的服务机构、构建交流平台。

二是完善总部发展环境和基础设施，培育高效透明的营商环境。良好的外部环境和基础设施是保障总部经济正常运转的基石，CBD 作为北京市经济的重要组成部分，依托首都在区位、人才、科技、信息、法制、教育、文化、医疗等方面的独特优势，完善自身的基础设施建设。同时，CBD 是现代服务业的高度集聚的区域，是多种影响因素共同作用的结果。它不仅仅是区位优势和历史发展的必然选择，而且也是市场机制不断完善和日益成熟的体现，更是政府政策推动的结果。因此，在 CBD 发展中，既要尊重市场规律和经济集聚的动因，积极培育有利于产业集聚和创新发展的市场主体，充分发挥市场配置资源的主体作用，也要积极营造高效透明的营商环境。

三是加快以信息技术为依托的服务业发展。广泛应用信息技术和互联网技术，在改造传统产业的同时，加快推动新兴产业的兴起，进一步鼓励服务业领域的创新发展和对外开放。在继续大力发展总部经济的同时，强力推动"互联网＋""金融＋""文化＋"等领域的融合发展快速，形成文化中心和科技创新中心的示范区，发挥对首都经济的引领作用。着重推动商务、金融、文化和科技等重点领域的融合发展，培育融合发展的新业态和新模式。

四是构建适合北京 CBD 的文化环境。CBD 在促进文化创意产业发展的同时，强化人们精神的培养和创新能力的提升。一方面，强化公众的知识产权意识，努力营造版权保护的良好氛围，优化区域内文化创意产业创新环境；另一方面，强化酒店、公寓、娱乐设施的建设和服务，提高教育培训机构的层次，建立适合商务人士休闲娱乐和教育培训的高雅文化氛围。

目　　录

第一章

绪　论

第一节　CBD 高端企业总部集聚的背景

在人类历史发展的长河中，工业革命的兴起使得经济发展从传统农业转向了现代工业，工业革命实现了大规模的生产，解放了人类的生产力，内在地要求消费规模的扩大和市场的集中，伴随而来的就是人类城市化进程的加快。工业革命和城市化相伴而生。随着兴起于 20 世纪90 年代，一直延续至今的信息技术革命的推动，现代经济发生了巨大的变革，企业内部和企业之间通过信息技术而实现的联系也在逐渐加强，地理距离对于企业的重要意义逐渐淡化，而经济联系则愈发紧密，伴随着城市化进程的大力推进，信息技术的愈发成熟，企业的跨地区迁移引起全球的广泛关注。

企业的跨地区迁移包括两个层面：一是企业整体的迁移。企业通过寻求新的地理位置获取超过原来位置的更大收益，在新的位置上，企业或者整体成本小于原地点或者利润大于原地点或者二者兼而有之；二是企业分部门和分公司的迁移。部门位置迁移后，部门间的地理位置不同所增加的管理、协调和沟通上的空间成本加大是通过信息技术来降低的。其中，一种情形是企业总部的迁移，即企业将行政总部、技术总部、研发总部、销售总部等中的一个或者多个迁移到新城市中；另一种情形是企业将生产部门迁移至周边城市，而将总部留在原中心城市（如首钢搬迁）。不同城市资源禀赋和市场环境的差异，市场发育程度和市场机制作用程度不同，政府对企业支持政策各异，从而形成城市间不同的经济水平、产业发展程度，因此，企业在选择部门迁移时必然要充分考虑地域的差异性。

在当前的"中心—外围"的区域发展模式下，中心城市就成为企业总部集聚的主要地点。在中心城市中，企业总部为了寻求成本最低和尽可能大的正外部效应，往往都集聚在中心城市的中央商务区内，即

CBD。在 CBD 内就形成了企业总部集聚现象，在此获取人才、技术和信息的优势，随着集聚企业的增多，在 CBD 内逐步形成了总部经济。

CBD，即 Central Business District，国内人们又将其称作中央商务区。不管学者从何种角度来研究 CBD，促进区域经济发展，增强对周边地区的辐射力是其主旨和核心内涵。因而 CBD 的经济功能必然是以金融和商务活动为主体，围绕这两大主体活动和 CBD 的发展扩大，CBD 逐渐衍生出了零售、娱乐、文化等一系列新的功能，具有多样性和复合性的特点。

在一个国家或者一个区域的发展过程中，往往会形成以某一个城市作为较强的增长点，其周边城市配合该中心城市发展的经济模式。由于集聚作用，越来越多的企业会自发地将更多的资源配置到中心城市，同样政府也会实行宏观层面的引导，通过政策导向将更多资源配置到中心城市中。

企业的跨地区迁移不仅表现在国际大企业，而且在国内企业的发展中也较为常见。美国纽约、巴黎拉德芳斯、日本东京新宿、新加坡、中国香港等国际城市已经有了很多国际大型企业的入驻。据统计，美国十大银行中的 4 家银行总部、6 家最大会计公司中的 4 家、十大咨询公司中的 6 家以及十大公共关系公司中的 8 家设在纽约；在新加坡大约 6000 家外国公司中，就有 3600 家跨国公司以区域总部形式在新加坡开展业务，而在中国香港地区设立地区总部的外资公司已达到 966 家，随着中国在世界贸易中的参与程度越来越高，跨国公司越来越多地涉足中国内地市场，便于对投资项目的直接控制。

很多跨国公司将管理中国、大中华区或亚太区投资业务的地区总部迁往或直接设立在了中国内地，这就使中国内地诸如北京、上海、深圳、广州等中心城市成为最大的受益者，比如西门子手机亚太总部、摩托罗拉能源产品亚太总部、拜耳大中华区总部相继从中国香港、日本等地迁到上海；佳能亚洲总部、奔驰、LG、三星、松下等的中国总部迁往或设立在了北京；奥林巴斯中国区总部从香港移师深圳等等。可以看出，全球跨国公司的总部纷纷迁往中国内地城市的同时，将给中国内地的中心城市带来前所未有的发展契机。

北京作为我国的首善之区，定位于全国的"政治中心、文化中心、科技创新中心和国际交往中心"，这必然要求北京将是重大经济政策的发布地，是重大科学技术的创新地，是文化传承和发展的推广地，也是国际交往的核心区，具有地理优势、资源优势和信息传播优势，必将推动全球高端产业的发展，吸引高端企业进入，成为著名企业的创新中心，北京逐渐汇聚了来自国内外、各行业的企业总部。改革开放以来，我国经济总量上升为全球第 2 位，成为拉动世界经济增长的一支重要力量。2015 年，北京市实现国内生产总值（GDP）2.30 万亿元，占全国 GDP 比重 3.40%，北京的经济体量在我国经济增长中的作用不可小觑，这一定程度上得益于跨国公司、国有企业和大型民营企业的总部集聚所带来的增长效应。无论是跨国公司，还是大型国有企业均可以充分利用北京的信息优势、技术优势和人才优势，实现企业效益的提升。而大型民营企业同样觉察到发现北京的禀赋优势，一些民营企业在原来区域发展遭遇瓶颈，创新能力不足，潜在的产能不能充分释放，一些企业也面临着产品转型和产业升级的问题，原有发展水平较低的区域不能提供有效的制度和技术供给，于是，民营企业将总部迁移到资源禀赋更好的城市的需求强烈，目的是提升企业发展的平台，提高获取稀缺资源和常规资源便利性的水平，争取企业更好地发展。在企业进行总部迁移地点的选择时，北京便成为很多企业的最优选择之一。比如信息领域的浪潮集团、食品领域的汇源果汁等纷纷将总部迁入了北京，金融领域的包商银行也将行政总部迁入北京。随着大量企业的入驻，在北京便形成了以 CBD 为代表的总部集群，集聚效应逐步显现，在新的增长极带领下，形成良好的外部环境，企业的发展质量逐步提升，规模经济效应逐步显现。

信息技术的快速发展弥补了企业内部之间由于部门地理位置的分离而产生的交流成本，如研发部门的总部迁移到北京，而生产车间仍然留在原地，企业总部迁移并非只有正向贡献，迁移后企业自身的管理协调成本会上升，发达的信息技术用低廉的沟通费用和实时的沟通速度弥补了这部分成本。如今北京企业总部最多的地方包括有朝阳区 CBD、西城区金融街、中关村的科技园区、望京电子科技城、东城东二环商务中心区，以及新近开发的临空经济区等，许多著名的建筑都集中在 CBD 的商务区中，包括国贸大厦（三期）、央视大厦、银泰中心、财富中心、北京电视中心等。

在有关 CBD 的研究中，众多学者从产业经济学、城市经济学、知识经济学等多学科的角度进行分析，归纳起来，研究的主体不外乎以下三个方面：其一是企业自身；其二是总部迁入的城市；其三是市场运行状况。对于总部集聚产生的经济效应，一般以城市经济学、区域经济学和企业自身的决策理论为主要解释工具的企业迁移的视角；以企业追求利润最大化和成本降低所进行的总部选择性迁移的价值链视角；基于规模报酬递增框架的新经济地理学视角；以产业梯度转移和产业结构调整为基础的产业经济学视角等。

本书从企业迁移的微观决策影响因素出发，借助于空间经济学的分析工具，分析总部集聚对城市经济发展的效应，包括总部集聚对迁入城市产业结构升级的影响，以及产业价值链重构对区域经济发展的影响，并在此基础上进一步探讨在京津冀协同发展的战略背景下，京津冀主导产业选择的路径，以此推动京津冀产业结构升级和协调发展，加快推动我国重要增长极的形成。

第二节　研究内容与框架

全书共分 7 章，各章主要内容如下：

第 1 章绪论。主要从历史的视角阐述了 CBD 高端企业总部集聚的背景、原因，以及 CBD 的含义、特点、分类，在此基础上，对高端企业总部的含义，企业总部的生产函数进行了界定，并对 CBD 的发展与总部集聚、总部经济在微观、中观和宏观层面的联系进行了分析。同时，对研究的理论和现实意义进行了阐述，介绍了本书的分析框架、研究的难点与创新点，介绍了基本的研究思路、整体结构和所使用的研究方法。

第 2 章 CBD 高端企业总部集聚的理论回顾。本章通过对 CBD 理论的起源与发展的回顾为分析 CBD 总部经济的集聚奠定基本的理论架构，简要地介绍了最初的生态学派的 CBD 理论、土地学派的 CBD 理论，中期的霍伊特的扇形和楔形理论、哈里斯、厄尔曼的多核心理论，一直到 CBD 的定界理论，包括墨菲—范斯 CBD 指数理论、霍乌德、博依斯的 CBD "核—框" 理论，同时综述了国内关于 CBD 的研究。通过追踪 CBD 的历史演化规律，预测 CBD 未来的发展趋势。此外，进一步分析了总部经济和企业迁移理论、总部经济和比较优势理论、总部经济与规模经济理论、总部经济与集聚经济理论、总部经济与产业经济学理论，以及总部经济和价值链理论，同时从空间经济学、知识经济和信息经济学的视角分析了总部经济。从而借助于这些理论把 CBD 和总部经济有机联系在一起，以便于深入地分析。

第 3 章 CBD 高端企业总部集聚的理论分析。着重剖析了 CBD 内总部企业集聚的动因和机理，基于 Davis 和 Henderson 的企业总部模型以及空间经济学模型进行数理分析，运用博弈经济学的原理设计了企业总部集聚的动因框架图，分析了 CBD 高端企业总部集聚形成的经济本质，由此探索国内外大公司总部选址的条件，具体分析了 CBD 高端企业总部集聚考虑的因素，包括人力资本的高智能性、技术要素、配套设施、制度环境和文化环境。认为一个 CBD 能够在多大程度上发挥总部经济的集聚和扩散效应，取决于中心城市对 CBD 的支持强度和自身发展 CBD 总部集群的能力。

第 4 章是 CBD 内高端企业集聚的空间格局和路径优化。重点探讨了影响 CBD 空间格局的因素，包括国际化水平的展现、经济发达程度、合理的功能区分和以人为本等因素。然后由普遍到具体，从北京市 CBD 的空间规划格局入手，梳理了北京市 CBD 空间格局的演化历程，最终所确定为的"一心四轴"的产业空间布局，即"一心"是指 CBD 核心区，主要定位于国际金融核心企业的布局，以吸引国内外知名金融机构、世界 500 强总部和跨国企业为主，发展金融高端服务业，提供世界水平的金融及相关衍生服务；"四轴"主要指国际金融轴、高端商务轴、文化传媒轴和现代服务轴。总结北京 CBD 内的产业分布和企业总部集聚情况，认为生产性服务业和高端制造业的产业协同、国际知名企业的高度集聚，贡献突出的楼宇经济是其主要特点。除了导致 CBD 形成和快速发展的普遍原因外，北京特殊的区位优势，政府主导下的完善政策推进体系，以及适合中国特色的公共服务和人文环境布局也是北京 CBD 迅速崛起的原因。同时，结合北京 CBD 发展中存在的不足，探讨了 CBD 内总部经济空间格局的优化路径，并提出相应措施，注重新生业态的兴起和发展，推动空间格局的优化。

第 5 章 CBD 总部经济对北京市经济发展的影响。首先从北京城市的战略定位和经济发展出发，如何把城市和产业有机融合起来，是城市可持续发展的关键，总部经济恰好可以充当二者融合的重要载体，总部经济能够形成高端引领模式，引导现代服务业和高端商务的发展，促进经济增长和产业升级，实现发展方式的转变，解决生态承载力不足的问题，实现人口、资源和环境的协调发展。北京要成为世界城市，必须要有强大的科技创新的能力，高端的产业，包容的文化，这样，总部经济恰好在建设世界城市过程中发挥作用。具体而言，产业结构契合、战略定位符合。要合理选择产业的发展方向，做好承接和转移的双向联系，坚持走出去的发展战略。北京作为总部经济的中心城市，同时也是京津冀经济发展的增长极，其快速发展以高创新力和高端服务业发展为支撑。其快速发展有助于强化北京的比较优势，提升产业结构，增加北京的产业转移需求，同时，只有实现产业的梯度转移和承接，才能相应实现产业升级。从本质上讲，总部经济这种新的经济形态是基于区域资源比较优势而产生的，在中心城市的产业升级和城市的创新力提升上能够提供新的力量源泉。一方面，强化北京 CBD 总部经济对北京周边的辐射力，增强经济核心区对周边的溢出效应；另一方面，北京也可以利用天津和河北的特有优势，形成产业的集聚，在延长产业链的同时，构建高端的价值链。这样北京的产业层级不仅可以依靠 CBD 的总部经济得到提升，疏解北京的非首都核心功能，带动本地区的发展，而且促进河北地区的经济发展和产业升级，更好地发挥天津的港口和高端制造业等优势。同时，京津冀的协同发展有助于实现环境承载力的总量控制。

第 6 章是北京 CBD 总部经济的辐射效应——基于京津冀协同发展的视角，并兼论当前京津冀协同发展战略下，主导产业选择同总部经济协同发展的方式。在京津冀协同发展的视阈下审视总部经济，实现区域内要素的合理配置，生产链条的构建和延展，解决京津冀区域内所面临的产业困境、人口困境、环境困境、三地联系匮乏的问题，通过总部经济的区域合作模式，强化京津冀联合创新，大力发展第三产业，推动产业有序转移承接，加快产业转型升级，大力完善交通网络，发展京津冀的城市特色产业，在此基础上，实现京津冀区域产业布局的合理化，发挥比较优势，选择合理的主导产业，发挥 CBD 总部经济辐射效应和带动作用。通过产业一体化的思路，理顺和延长产业链和价值链，北京将主要发挥科技创新中心作用，天津优化发展高端装备、电子信息等先进制造业，河北积极承接首都产业功能转移和京津科技成果转化。

第 7 章是国内外 CBD 内总部经济发展经验与启示。通过介绍美国纽约、日本东京、法国拉德芳斯和新加坡,以及我国的香港和上海陆家嘴的 CBD 发展历程、集聚水平和经验启示的总结和概况,探讨 CBD 的空间布局和资源配置、城市功能、人才政策,政府作用、税收制度,创新和人文精神,信息与交通设施等对北京 CBD 的启示。另外,在对北京 CBD 发展的外部环境和内部制约因素,以及在京津冀协同发展的大背景分析的基础上,借鉴国内外 CBD 发展的经验和启示,进一步完善北京 CBD 的政策建议。

第 8 章是进一步完善北京 CBD 的政策建议。

本书的研究框架如图 1-1 所示:

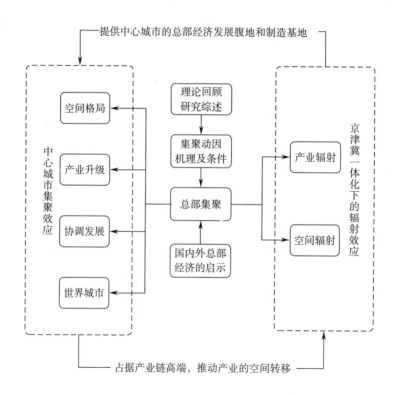

图 1-1　课题总框架

第三节　核心概念

1. CBD 的含义

CBD，即 Central Business District，国内人们又将其称作中央商务区等。按照中华人民共和国的国家标准，"中央商务区（CBD）是大城市中金融、贸易、信息和商务办公活动高度集中场所，并附有文化传播、娱乐消费、服务等配套设施的城市中综合经济活动的核心地区"。由于学者们所属的学科领域与研究角度不同，他们对 CBD 的定义也不相同。

CBD 的创始人伯吉斯（E. W. Begess）和派克（R. E. Park）1923 年首次提出了 CBD 的概念。他们将 CBD 定义为：位于城市布局的中心，交通发达，土地价值最高，包括有大型商店、办公楼、剧院、旅馆、银行等设施，是城市社交、文化活动的中心，其本质为城市内部空间结构：不同用途的土地围绕单一核心有规则地从内向外扩展，形成圈层式结构。

蒋三庚（2001）将 CBD 定义为中央商务区是集金融、贸易、展销、购物、文化、服务等功能及商务楼宇、公寓为一体的区域。

陈瑛（2002）从流量经济学的角度将中央商务区定义为：CBD 是城市人流、物流、资金流、信息流等经济流高度集中的地区。

丁成日、谢欣梅（2010）将 CBD 定义为城市经济活动的核心地区，其经济活动主要以商务办公和零售为主，而商务办公是城市生产的基石，并表现为突出的城市集聚经济特点。

韩可胜（2008）将 CBD 理解为以经济作为内核，本质在于特定的产业群在特定的时间和特定的空间高度聚集的集群。

本书以空间经济学视角，结合本研究框架，对 CBD 的定义如下：CBD 是集聚了包括高端人才、信息、知识等战略性资源，以高端服务业和科技创新为主导的商务区，增强对周边区域的辐射力，促进区域经济发展。围绕金融和商务活动，逐渐衍生出了零售、娱乐、文化等一系列新的功能。

（1）CBD 的特点

第一，经济特点。在当今世界，区域经济发展呈现多元化的态势，伴随着产业的再集聚，CBD 成为引领区域和城市经济增长、结构调整的新源泉，其特点是凭借完善的第三产业、特有的智力、技术资源禀赋而吸引优秀企业总部入驻，在企业总部大量入驻后，会形成总部集群，继而发展为总部经济，总部经济的产生不管是对于中心城市还是周边区域都有着十分重要的经济意义。在区域产业结构、空间配置、环境生态方面也都会产生积极的推动作用。

第二，交通特点。由于 CBD 区域内经济活动相对频繁，文化娱乐活动相对较多，因此，一个吞吐量大的交通运输网络对于 CBD 是必不可少的，CBD 内交通问题解决较好的是法国的拉德芳斯，通过人流和车流分离的方法，完美解决了运输难题，对于国内同样面临着交通拥堵问题的大城市，值得我们借鉴。另外，在 CBD 的区域内，由于聚集了大量的经济体和娱乐文化传播中心，其信息的流通也较其他区域更加广泛和便捷。

第三，建筑特点。中央商务高度指数（CBHI）和中央商务密度指数（CBII）是反映 CBD 建筑的密集程度的两个重要指标，在寸土寸金的中心城市中，由于中心城市能够用于承载集群所需的土地等常规资源相对稀缺，所以低密度的建筑对于土地资源无疑是一种浪费。

第四，文化特点。CBD 虽然源于经济发展的需求，但在后期的发展中，由于建筑密集度高、信息密集度高、人流密集度高"三高"的特点，CBD 具备了相当的文化价值：高耸入云或是形状奇特的建筑逐渐成为每个城市的标志建筑，如上海外滩的三大建筑：金茂大厦、上海环球金融中心、上海中心大厦，北京中央电视台大厦等。另外随着

CBD 功能的逐渐完善，CBD 逐渐向 RBD、CAZ、TBD、E－CBD 等模式演化，在国内，小规模 CBD 一般表现为城镇的零售业中心，而规模较大的以万达集团为代表的商务楼建设引领国内 CBD 逐渐向集商务、娱乐、零售、教育、住宿为一体的多功能建筑集群所演化。

（2）中央商务区（CBD）的分类

按 CBD 的规模可分为：全球型 CBD、区域型 CBD、次区域型 CBD 以及地方型 CBD，也有学者将其分为公司型 CBD、地方型 CBD、国家型 CBD、区域型 CBD 和世界型 CBD。以上两种分类方法并无本质区别，只是划分的程度和名称上的叫法不同而已。在经济全球化的浪潮下，世界上涌现出了越来越多的国际化都市，这些城市中央商务区的影响力不仅仅局限于城市本身，而且波及到周边区域、全国，乃至某大经济区甚至全球。

全球型 CBD 是指 CBD 的经济影响范围波及全球，是全球性的金融中心，同时已经成为全球经济的控制、管理和指挥中心，目前拥有该类型 CBD 的城市有：美国纽约曼哈顿、英国伦敦、日本东京。如美国纽约曼哈顿的 CBD 是跨国公司总部、世界级的银行总部高度集聚之地，土地开发强度非常高。

区域型 CBD 是地区经济的中枢和核心，影响范围比全球性 CBD 小，是全球中的某个大型经济区域（类似于亚太地区、欧洲地区、北美区域等）的中心。比较著名的如法兰克福、拉德芳斯、中国香港。在 2013 年上海自贸区开放的背景下，我国的上海也正在逐步将自身打造为亚洲的金融中心，北京的 CBD 也将发展为北京成为国际化大都市的重要推动力。

次区域型 CBD 即国家级 CBD，指的是其影响范围在一个国家之内的 CBD。此类的 CBD 最典型的当属北京和上海，国外的如罗马、米兰等。

地方型 CBD 是指某类 CBD 是某国地方性的经济、管理运营、金融中心，具有形成该类 CBD 条件的城市有：重庆、深圳、武汉等。在沈燕的论文中比地方性更小的 CBD 即是公司型的 CBD，是在一些中小城市中建立起来的 CBD。

（3）中央商务区（CBD）的界定

CBD 与其周围区域有着明显的不同，但如何清晰地界定出 CBD 的界限，学者们却始终没能形成一个统一的观点。

早期学者帕罗德富特（Proudfoot）和奥尔森（Olsson）提出以街区零售贸易额、商店租金、购物街长度来确定 CBD 中心的指标。但由于该指标太过于侧重购物方面，所以在研究 CBD 与周围区域边界时较为片面。

此后，学者墨菲（Raymond Murphy）和范斯（James E. Vance）在 CBD 定界上作出了巨大的贡献。他们对美国 9 个城市做出了一份详细的用地调查报告，这一报告记录了每个公司、企业等单位占用的建筑面积，并以街区为单元对这些数据进行了汇总，同时他们设计了两项指标对各个街区进行计算。这两项指标构成了 CBD 定界的基础：

一是中央商务高度指数（CBHI）＝街区中央商务（商业）活动使用楼层总面积/街区底层楼面总面积。计算值大于 1 则有可能是 CBD 区域。

二是中央商务密度指数（CBII）＝街区中央商务（商业）活动使用楼层总面积/街区所有楼层总面积×100%。计算值大于 50% 则可能是 CBD 区域。

同时超过两项临界值的街区就有可能是 CBD 的边界。这些街区应该首尾相连，并围绕在地价峰值点的周围。

2. 高端企业总部的含义

所谓企业总部，简单说就是一个企业集团的领导中心，对企业内其余部门具有领导力和控制力。根据波特的价值链理论，每一个集团、企业都有自身的价值链，而总部就处在企业价值链的最高层。相对于其下属的业务单位无论是从人数上还是从规模上来说，它都是相当小的部分，但其作用却是公司其他部分所无法替代的。但是，迄今为止，理论界对公司总部的定义仍未形成一致的看法。

小钱德勒（Chandler，1962）曾指出，在一个大型企业中，总部是由该企业负责人与专家组成的组织，负责进行整个企业集团的长期规划，重大计划评估与协调整合的工作，隶属其下的则是一个个的事业部。威廉姆斯（Williamson，1975）认为在由许多业务不相关的利润中心组成的"H形"组织（Holding，即控股公司）中，负责衡量各利润中心的机构，以及在由业务相关的事业单位组成的"M形"组织（Multi - business，即多业务公司）中负责促进协同作用的机构都可以称之为总部。古尔德等人（Michael Goold 等，1994）则认为总部是处于公司内但又位于业务单位之外，从事直接业务经营活动以外事情的组织。他们也将公司总部称为母公司（Parenting Companies），认为母公司是这样一种管理层级，不面向客户，不对事业部的利润负责，但增加成本（包括公司的经常性支出和不产生直接收入的各种支出）。

可见，总部是集团公司最高行政管理中心，通常包括董事会等负责进行公司重大决策的高层管理人员和诸如财务、人力资源、信息、公关与法律等职能部门在内的一系列机构。StigErik Jakobsen 和 Knut Onsager（2003）还根据总部与各部门之间的关系划分出两类总部：一体化总部（Integrated Head Office）和纯总部（Pure Head Office），前者指的是总部与生产、研发等单位结合在一起，而后者则是指剥离了生产和研发等活动的总部，大多数公司的总部是介于两者之间，既不是纯总部也不是一体化总部。另外，如果从生产和消费函数入手，企业总部可以被定义为一个单纯的独立部门，总部和企业生产部门之间的关系可以简化为生产链条的上下游关系，企业总部为企业的生产部门提供生产要素，企业的生产部门在进行生产时，必须借用企业总部所提供的生产要素。如学者 Davis J. C 和 J. Vernon Henderson，在论文《The Agglomeration of Headquarters》中，提出了企业总部模型：企业总部是理性人，追求利润的最大化，企业总部为其生产部门提供服务 Y，在此可以理解为公司总部为企业的分部门提供一种中间产品，该服务（或中间产品）具有影子价格。

企业总部生产函数可以表示为

$$Y = A(HQ, .) L_H^{\alpha_1} \prod_{j=2}^{m} (n_j^{\frac{a}{\rho_j}} X_j^{\alpha_j})　　　　　（1 - 1）$$

公司总部的成本函数为

$$C = w L_H + \sum_{j=2}^{m} \sum_{i=1}^{n_j} q_{ji} X_{ji}　　　　　（1 - 2）$$

HQ 即 Head Quarters 简写，意为公司总部，A（HQ，.）指的是企业总部的集聚水平，反映出了自身的技术水平和总部集群内的技术水平的协同变量，包括在集聚群体内企业的数量、在何种程度上提升了技术水平等，同样该系数在很大程度上反映了企业总部自身和总部集群之间的经济价值构成；L_H 代表企业总部的劳动要素；j 代表（$m-1$）个服务业行业，X_{ji} 为企业 i 总部在服务业行业 j 内的要素购买，n_j 代表服务业行业 j 中企业数量，w 代表劳动力成本，q_{ji} 为服务业行业 j 中企业 i 所购买的服务要素价格，α_j 为所有者所占份额，参数 ρ_j 是企业总部对服务业行业 j 的多样性技术需求。

国内学者对于企业总部的定义同样不尽相同。其中，有从企业单一功能的角度所定义的企业职能总部，如董锡健（2008）等人所说的企业研发总部，实际上只是企业在某地所设立的研发中心，从决策和指挥的意义上来说，研发中心并不具备指挥企业发展全局的功能，因而，并不是实际意义上的企业总部。再如，陈学燕（2006）等人所说的采购总部，实际上也只是大型跨国公司在某区域设立的采购中心，它具有对企业的采购功能进行协调和管理的功能，并在总体上指挥和协调企业的请求或地区采购事务，并不具备对企业全局进行指挥和协调的功能。

谢旭（2014）将集团总部定义为承担集团内部成员企业的共享性业务管理功能的权利机构和职能部门的综合，集团总部的组织构成和管理方式在很大程度上决定了企业运营效率并对所属企业的相关业务产生直接或间接的影响。赵弘（2004）对"企业总部"这一概念进行界定：企业总部是指在企业组织结构中具有战略决策、资源配置、资本经营、业绩管理及外部公关等全部或其中几种职能的组织单元。从广义层面上来说，总部的表现形式通常是对一个及一个以上的盈利性关联机构拥有控制权或行使管理权，从事非生产性业务的组织机构或企业组织。因此，凡是掌握企业资源、制定企业长期发展战略，对企业所投资公司的生产、销售、物流、研发、培训、融资等各项活动进行统筹管理和协调的机构都可以称为总部。

正是由于总部的特殊性，按照价值链的分工理论，总部在价值链的前后两端，具有战略决策、资源配置、研发和营销控制的职能，自身也有追求利润最大化的目标，而企业的分部门（如工厂等）在企业总部的统筹下，分工协作，负责具体的生产经营活动，位于企业经营的中端，追求利润最大化是其必然的选择，于是企业总部和企业其余分部门就形成了一种相互协调、相互支撑的局面，这种局面的统筹、控制和协调就成为总部经济存在的意义。

3. 总部集聚与总部经济

有关总部集聚的问题上，学者们的研究相对较晚，在此之前国内外学者大多将集聚的重点放在了产业集聚的问题上，随着技术的提升，企业总部的迁移不再是遥不可及的事情。关于集聚问题，不管是产业集聚还是总部集聚，二者遵循的理论基本一致。

马歇尔在 19 世纪末提出了"内部经济"（Internal Economy）和"外部经济"（External Economy）理论，随后学者们相继提出了区位集聚、产业集聚的最佳规模理论等。关于总部集聚的概念，许多学者的表述不尽相同。在本书中，参照产业集聚的理论，从时间、空间和动力三方面对总部集聚可定义为：在一定的时间范围内（即在总部集聚带来规模效应发展到集聚产生拥挤效应的一段时间），高端企业为了寻求规模经济效应、技术溢出效应和市场扩张效应等在特定的地域范围内不断集中的现象。

当总部集聚达到一定程度后，总部在集聚区内便形成了总部经济。学者们从多个角度进行了阐述，赵弘（2004）认为，总部经济是指企业由于受到某区域特有的资源优势吸引，总部在该区域集群布局，将生产制造基地布局在具有比较优势的其他地区，而使企业价值链与区域资源实现最优空间耦合，并通过"总部—制造基地"功能链条辐射带动生产制造基地所在区域发展，由此实现不同区域分工协作、资源优化配置的一种经济形态。魏达志（2010）认为总部既是经济形态，又是产业组织，也是中心城市的规划概念，这些从不同角度出发的概念共同形成了总部经济的定义。持有这种观点的还有宋蕊（2009），认为总部经济是区域经济、合作经济、高端经济、虚拟经济和过渡经济的结合。

对于总部经济的内涵，我们主要从微观的企业选择、中观的集群系统和宏观的区域发展三个视角来探究其内涵：

在微观层面，总部经济是由一定数量的企业总部集聚所形成的。企业之所以选择迁移总部至 CBD 或者其他集聚区，是企业自身基于比较优势理论、内部价值链理论等来实现企业利润最大化的市场行为。哈佛大学教授迈克尔·波特于 1985 年提出价值链理论，该理论把企业内外价值增加的活动划分为基本活动和支持性活动，每项活动都能给企业带来有形或者无形的价值，同时价值链不仅包括企业内部各链条的活动，还包括企业的外部活动，如与供应商之间的经济联系等。在企业价值链条中，各个部分能够产生的收益和所需的成本、要素不尽相同，由于企业各部门对所处地理位置的资源禀赋要求不同，企业试图利用内部的资源禀赋创造价值链条上的最优组合时，就必然会导致企业内部各个部门在地理上的分隔式布局。况且，企业总部和生产部门是企业价值链条中相隔最远的两端，企业的这两个部门在地理上分隔就成为必然。

在中观层面，随着企业总部的集聚，企业数量越来越多，形成企业集群，由此产生规模经济。在 CBD 的企业总部集聚区，由于高端企业的大量集聚，该区域内人力资本、技术、政策、信息等要素的优势得以充分显现，溢出效应明显。CBD 区域内密集的高层建筑、多维的交通路网，以及良好的公共基础设施和服务体系等使集聚效应扩大；与集聚效应相对应的是 CBD 内总部经济的扩散效应。CBD 内高端企业在吸收了大量的技术要素溢出之后会加快提升创新水平和速度，使得企业的产出比例大幅提升，最终会改变城市乃至区域的空间布局、产业结构、生态环境等。CBD 内的总部集群由于集聚效应和扩散效应（即辐射能力）的存在，空间和技术的耦合作用，使得 CBD 内的总部企业集群最终形成了一个 CBD 的总部经济系统，该系统具有自我扩张、稳定和疏散的作用，具有一定的自发性，因此，这一系统并不会尽善尽美，仍需要政府在顶层设计上进行宏观调控。

在宏观层面，CBD 内的总部集群能够在多大程度上影响其所在的城市、城市群、区域乃至全国、甚或是全球的格局，取决于 CBD 内总部集群的集聚能力和扩散能力。当前典型的 CBD 内的总部经济如北京的金融街，不仅在很大程度上改变了北京市的产业布局、经济结构、城市空间规划等，而且对京津冀地区有着巨大的辐射作用，是京津冀一体化中最重要的高端要素集聚地，也是技术要素溢出扩散的源头。此外，北京 CBD 内的总部集聚对于中国的发展也有着一定的辐射效应。据 2015 年数据，世界 500 强中的企业有 52 家的行政总部选址在北京，国内企业 500 强中有 100 余家总部选址在北京。纽约作为世界级的总部集聚区，2015 年 GDP 为 2.81 万亿美元（仅纽约一城的 GDP 甚至超越了韩国），位居第二位，日本东京以 3.17 万亿美元排名世界第一，这一数额超过全世界的大多数发展中国家的 GDP，可以说美国曼哈顿和日本东京的经济状况影响着整个世界的经济走向。世界上不同的总部经济构成了一个世界的总部经济网络，每一个总部经济都具备着自我发展、稳定的系统性，也同其他的总部经济体具有着一定的经济联系。并且总部经济也同区域经济、某一地域内的产业经济，乃至技术经济都有着不可分割的联系，对这一区域的产业发展具有重要的作用。因此，从宏观视角可以把总部经济看作经济发展到一定阶段后所产生的一种新的经济组织模式。

总之，总部经济的内涵可从狭义和广义来理解。狭义上，总部经济是企业自身追求价值最大化、利润最大化目标的个体行为所产生的集聚效应，实现产业集群和规模经济效果；广义上总部经济是区域经济发展到一定阶段的产物，是历史范畴和空间资源重新配置的产物，催生出新的组织形式和盈利模式。

第二章

CBD高端企业总部集聚的
理论回顾

第一节　CBD 与 CBD 理论的发展

高端企业总部的选址问题是一个微观问题，但其集聚便演化成了一个宏观问题，因为企业总部集聚既涉及微观层面的企业理论，又涉及中观和宏观层面的经济理论。微观层面的企业理论包括：企业组织理论、市场营销理论等；中观和宏观层面的经济理论包括产业经济理论、区域经济理论、城市经济理论、信息技术经济理论、博弈论（政府、市场和企业三者之间的博弈）等。本书将着眼点放在了新经济地理学、区域经济理论、产业经济理论和城市经济理论。

1. 中央商务区（CBD）的理论基础

CBD 的概念最早是由美国学者伯吉斯（E. W. Begess）和派克（R. E. Park）在其同心圆理论中提出的。其后，霍伊特（H. Hoyt）、哈里斯（C. D. Harris）和厄尔曼（E. L. Ullman）等学者对伯吉斯和派克的同心圆理论进行了继承和发展，分别提出了扇形楔形理论和多核心理论。此外，墨菲（Raymond Murphy）和范斯（James. E. Vance）取得了突破性的进展，提出了著名的 CBD 指数理论。埃德加·霍乌德（Edgar. W. Horwood）和罗纳尔德·博依斯（Ronald. R. Boyce）的 CBD "核—框" 理论对 CBD 内部结构的研究做出了巨大贡献。随着 CBD 在中国的发展，其研究也在中国形成热潮，并取得了丰硕的成果。

有关 CBD 理论的研究，大致划分为如下几类：

（1）生态学派学者的 CBD 的理论

1923 年，芝加哥学派代表人物伯吉斯和派克在其同心圆理论中首次提出了 CBD 的概念。同心圆理论的分析借鉴于生物学的入侵与继承（Intrusion and Inheritance）理论，两位学者就当时芝加哥城市土地利用情况进行了深入地分析后发现，城市土地的利用与价值变化和生态系统中植物对空间的竞争较为相似，土地的利用价值反映出了人们对最愿意和最有价值区域的竞争，这种竞争导致了城市土地的利用在经济上的分离。

不同用途的土地围绕单一核心，有规则地从内向外扩展，形成圈层式结构，当城市人口增长导致城市区域扩展时，每一个内环地带必然向外移动延伸，入侵相邻的外环地带，产生土地利用性质的更替，这并不改变圈层分布的顺序。

伯吉斯和派克将这种扩散式的同心圆模式分为五个等级。如图 2 - 1 所示，其中 A 为中心商业区（CBD），B 为过渡性地带，C 为工人住宅区，D 为中产阶级住宅区，E 为通勤人员住宅区。最核心的圆环为 CBD 区域，该区域位于同心圆的最内圈，其土地价值最高，包括大型企业等经济贸易中心，大型娱乐消费场所以及大量的金融组织等服务业机构；从第二环带向最外环带分别为过渡地带，主要聚集了老式的住宅和出租房屋，另外轻工业、批发商业和仓储业占据了该环带内一半的空间；第三环带是工人住宅带，此环带房屋租金低，交通便利，工人大多居住在此；第四环带是良好住宅带，此环带居住密度低，生活环境好，是中产阶级的住宅区；第五环带为通勤带，为通勤人士的居住区，

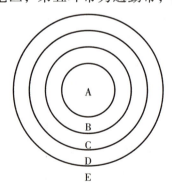

图 2 - 1　同心圆城市结构分布

依靠通勤交通来工作和生活。

该理论的划时代意义是从定性的角度首次提出了 CBD 的概念，并建立了 CBD 的分析路径。该理论是以 20 世纪 20 年代美国流行的城市土地利用结构的经验观察为基础提出来的，很好地分析了当时美国芝加哥的土地利用情况。该理论的不足之处在于研究角度与事实存在较大的差距，这是因为生物学角度的研究忽略了人类的文化属性，一定程度上与人类的文化属性相背离。同时，伯吉斯和派克忽略了外围地带和 CBD 中心地带间经济动态发展、产业转移、交通模式改进等因素，同心圆理论只是符合当时情况的一种描述性研究。

（2）土地经济学派理论

地租理论是土地经济学派理论的基础。这一理论放弃城市土地是均质的假设前提，强调城市内的土地是非均质的，且土地的价值并非一成不变，并且会根据人们的开发而产生不同的价值，土地利用价值是有弹性的。

关于地租的含义，从古典经济学家到马克思，一直到现代经济学家都有过论述。17 世纪，英国经济学家威廉·配第便首次提出地租的理论，1776 年，亚当·斯密在《国富论》中提出地租是使用土地而支付给地主的价格，其来源是工人的无偿劳动；大卫·李嘉图在 1817 年提出地租为工人付给地主的产品，由劳动创造。马克思从劳动价值论出发，把地租定义为土地使用者由于使用土地而缴纳给土地价值所有者的超过平均利润以上的那部分剩余价值。萨缪尔森认为地租是总产值减去总要素成本之后剩余的部分。以城市商业为例，如图 2 - 2 所示，中心商业区条件最佳，所产生的经济地租最高，随着与中心商业区距离的增加，便捷性和顾客的集聚度随之减小，土地利用的商业价值也相应减小，其经济地租逐步减少，直至趋近于零。一般城市地价从高到低为零售业、服务业、轻工业、批发业、住宅和农业。

在地租理论中，对 CBD 的形成机制最具有指导意义的是竞价地租

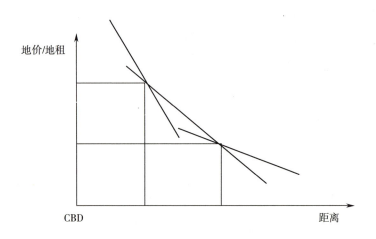

图 2 - 2　胡佛的竞价曲线

理论，代表人物为美国土地利用学派学者胡佛。早期的学者在分析城市
地租问题时，一般将住宅、商业等不同用途的土地分开来处理，而胡佛
则通过提出竞价地租曲线来说明不同使用者之间的关系。根据胡佛的
竞价地租理论，如图 2 - 3 所示：竞价曲线越陡峭表明土地使用者的竞
价能力越强，其选择区域越接近城市中心；竞价曲线越平缓表明土地使

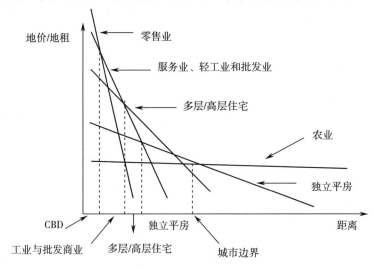

图 2 - 3　各类土地付租能力距离递减曲线的重叠

用者的竞价能力越弱，其选择区域一般在城市的外围。此后，阿兰索（W. Alonso）在 1960 年以家庭经济收入作为约束条件，应用竞价曲线来解释住房分布的空间分异。阿兰索认为低收入家庭对土地的需求总是小于高收入家庭，由于低收入家庭享用的土地较少，导致了低收入家庭对土地的竞价曲线较陡；反之，高收入家庭对土地的竞价曲线较为平缓。由此在城市空间上表现为低收入家庭居住在城市的中间地带，而高收入家庭居住在城市的边缘地带。另外，在对时间因素尤为看重的情况下，高收入阶层也有可能居住在城市中心。

综上所述，在完全竞争的条件下，不同功能单位土地利用所产生的经济地租递减曲线是不同的。一般来说，零售业的竞价曲线斜率最大，其在市中心所能产生的级差地租居全城之冠；服务业、轻工业和批发业的竞价曲线斜率较零售业为小；住宅的级差地租与容积率相关，多层或高层住宅在单位面积上产生的价值较低密度的平房为高，其竞价曲线斜率也相对较大；农业的竞价曲线斜率是各类经济活动中最小的，因而分布于偏离市中心的郊区。

（3）霍伊特的扇形和楔形理论

在同心圆理论中，伯吉斯和派克忽略了现代交通运输模式对城市结构的影响。1939 年，霍伊特（H. Hoyt）通过对美国 25 个城市的研究，出版了《美国城市住宅附近的结构与增长》一书，提出扇形模式和楔形模式理论。该理论在保留了同心圆模式有关经济地租机制的基础上，加入了放射状交通线路的影响，即线性易达性，使城市向外扩展的方向呈不规则式。

霍伊特把中心的易达性称为基本易达性，把沿着辐射运输线路所增加的易达性称作附加易达性。轻工业和批发商业对运输路线的附加易达性最为敏感，所以呈楔形分布，而且是一个左右突出的平滑楔形。至于住宅区，平民住在环绕工商业土地利用的地段，而中产阶级和富人则沿着交通干道或河流、湖滨、高地向外发展，自成一区，不与平民混杂。当人口增多，贫民区不能朝中产阶级和高级住宅区发展时，也会沿着不会受阻的方向作放射式发展，因此城市土地利用功能区的布局呈扇形或楔形。

从分析 CBD 的角度看，扇形和楔形理论的意义在于补充了同心圆模式所忽略的交通运输条件，但该理论仍然停留在定性分析基础上的描述性分析，和同心圆模式一样，其所欠缺是定量分析，没有在理论上为 CBD 的动态发展开拓出新的空间（见图 2－4）。

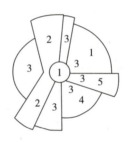

图 2－4　霍伊特的扇形和楔形理论

（4）哈里斯、厄尔曼的多核心理论

1945 年，哈里斯（C. D. Harris）和厄尔曼（E. L. Ullman）提出了 CBD 的多核心理论。所谓多核心模式，即表示城市中交通位置最优越的地区成为 CBD，而其他次级中心则分别发展成长为外围的商业中心。工人（低收入）住宅区仍然处于城市住宅总体布局的最内层，只是分布的空间形态既不是圆环形，也不是扇形或楔形，而是一种块状的结构。中等收入阶层则位于工人住宅区的外围。由于受交通的易达性所导致的商业、工业或居民聚集，高收入阶层住宅被排斥在市区中心，而是更多地位于城市边缘区和郊区。

多核心理论充分考虑到城市 CBD 的发展因素和城市结构的影响因素，打破了城市只能有一个 CBD 的理论束缚。该理论认为 CBD 不一定在城市的地理中心，并且在一个城市中也不仅拥有一个 CBD，可能会分布有次级商业中心，这实际上是后来 SUB－CBD 的理论萌芽。城市实际上是靠这些城市中心以及其附近的工业、商业和住宅的联合扩张来发展壮大的。最典型的次级商业中心当属日本东京的新宿 CBD。1935 年，在日本大地震 10 年后，日本东京 CBD 经过重建已面貌一新，但与此同时迅速膨胀的人口令日本东京 CBD 不堪重负，日本遂将新宿、涩谷、池袋三地定为次级商业中心，从此日本 CBD 进入了多核心系统的新阶段，后来的发展证实，新宿的 CBD 成为经济效益最显著的中心。由于该理论模型多采用美国城市作为研究对象，属于横截面数据，对其他国家有一定的借鉴意义，但不具备普遍的适用性。1955 年谢夫基（E. Shevky）和贝尔（W. Bell）作出的地区分析表明，家庭状况符合同心圆模式，经济状况趋向于扇形模式，民族状况趋向于多核心模式。

2. CBD 的定界理论

（1）墨菲—范斯 CBD 指数理论

1954 年，墨菲（Raymond · Murphy）和范斯（James. E. Vance）在美国《经济地理》杂志上发表了《Delimiting the CBD》《A Comparative Study of Nine Center Business District》两篇关于 CBD 的论文，奠定了他们在 CBD 应用研究方面的崇高学术地位。CBD 是建筑容量和建筑高度较大的区域，墨菲和范斯在对 CBD 进行研究时，突破了二维的空间限制，首次加入了高度这一维度，形成了三维的 CBD 研究结构，CBD 内部的中心商务功能的多少与土地利用的密集程度有关，可以用 CBHI（Center Business Height Index）和 CBII（Center Business Intensity Index）两个指标来界定。CBHI 为中央商务高度指数，CBHI 必须≥1；CBII 为中央商务强度指数，CBII 必须≥50%。CBHI 和 CBII 的计算公式为

CBHI ＝（中央商务用地建筑面积总和／总建筑基底面积）×100%

CBII ＝（中央商务用地建筑面积总和／总建筑面积）×100%

此外，墨菲和范斯还对 CBD 的内部结构进行了更深入的细化，他

们将 CBD 内部细分为硬核与核缘两个部分，具体的划分指标如表 2 – 1 所示：

表 2 – 1　　　　　　　　墨菲、范斯拟定的硬核、核缘区分标准

硬核	CBHI > 1.5、CBII > 60% 或者 CBHI > 2.0、CBII > 50%
核缘	CBHI > 1.0、CBII > 50% 或者 CBHI > 1.5、CBII > 40%

墨菲指数法是最早把 CBD 研究从定性描述分析转变为定量分析，具有重要的理论意义，对深化 CBD 研究具有极为重大的贡献；同时，墨菲和范斯对 CBD 的内部结构进行的硬核和核缘的划分，为后来的霍乌德和博伊斯的 CBD "核—框" 理论提供了灵感。该理论由于选取的目标样本为美国 20 世纪 50 年代的 9 个典型城市，属于横截面数据，是针对当时的土地资源状况所建立的指标，随着空间资源的稀缺状况进一步加剧，建筑技术和水平的提高，各国建筑的高度有了大幅度的上升，墨菲指数法所确定的高度指数（CBHI）就不能完全照搬，需要结合当地的 CBD 数据进行分析，在硬核和核缘的划分上根据区域的差异做出相应的改变，不能千篇一律。

（2）霍乌德、博依斯的 CBD "核—框" 理论

在一个城市中，CBD 是其主要的人流、物流等的聚集地。同样，在 CBD 的某个区位上，这一区位也是 CBD 乃至城市中人流、物流、资金流、信息流、技术流等最集中的地带，通常该区位是整个城市高层、超高层建筑最密集的地方（例如芝加哥的 LOOP 区域、曼哈顿的华尔街等），理论界称之为高峰地价十字路口，即 PLVI（Peak Land – Value Intercross），而在 PLVI 外的其他区位上，这种高密度的建筑空间形态呈明显的减弱趋势。这种 CBD 内部空间利用强度的高度差异化为认识与评价 CBD 空间形态和功能分区起到了很大的推动作用。墨菲和范斯指数的出现为界定这种 CBD 内部空间的差异化提供了很好的帮助，在此基础上他们还提出了 CBD 硬核的概念，但是墨菲和范斯并未对 CBD 的硬核和核缘区域等基本术语给出定义，以致没有从学术的高度建立起

相应的理念。1959年，美国城市学者埃德加·霍乌德（Edgar. W. Horwood）和罗纳尔德·博依斯（Ronald. R. Boyce）在墨菲和范斯研究成果的基础上出版了《CBD和城市高速公路发展研究》一书，提出了CBD核—框理论，该理论将CBD分为核和框两大部分。霍乌德和博依斯认为，CBD核是CBD的中心部分，拥有城市的高峰地价路口（PLVI），是CBD特征最明显的区域，CBD框的概念雏形其实在霍乌德和博依斯的CBD"核—框"理论之前就出现了。在伯吉斯和派克的同心圆理论中，同心圆的第二个圈层（从内向外）被称为"过渡地带"，该圈层同霍乌德和博依斯的CBD框有很大的相似之处。另外，墨菲—范斯CBD指数理论中的核缘区域也与霍乌德和博依斯的CBD框的概念存在很大的重合。根据霍乌德和博依斯的CBD"核—框"理论，CBD框可定义为：CBD框是CBD外围最密集的非零售用地功能区，它是CBD的组成部分，其间广泛地散布着彼此分离的由批发、交通、汽车、销售和服务等设施组成的结点，并由外部结构决定。二者之间的区别如表2-2所示：

表2-2　　　　　　　　　CBD核和CBD框的区别

比较内容	CBD核	CBD框
土地利用	密集	稀疏
建筑种类	相似	不相似
发展方向	向上	水平向外
商务连接	内部	外部
交通模式	步行	机动车辆
边界决定因素	内部因子	外部因子

3. 国内中央商务区（CBD）的研究综述

从1986年上海首次提出陆家嘴地区规划以来，我国学术界与实际部门相配合，结合实践开始对CBD的相关理论展开研究。我国CBD理论研究的进展，大致分为两个阶段，第一阶段是对国外相关理论和文献的介绍阶段，针对自身 CBD 的建设进行初步的学术探索；第二阶段是结合我国 CBD 的具体实践和案例进行深入研究，创立相关理论和分析方法，提出政策建议。

在我国早期 CBD 的研究中，楚义芳首先全面论述了 CBD 的定义、特点、界定等概念，从学术上首次将 CBD 的概念引入我国；华东师范大学严重敏教授从城市地理学的角度论述了 CBD 与上海市城市发展的关系，并在后续的研究中预见了上海发展江湾五角场地区的优越性；王朝晖在《现代国外城市中心商务区研究与规划》一书中较为全面地阐明了 CBD 在规模、结构、功能等方面的基本特征，并且结合了国外比较著名的 CBD 的案例对其在城市规划、交通以及发展趋势方面进行了分析。

随后，我国的学者开始着重对 CBD 的各项指标从各个角度进行了较为细化的研究，并探讨了 CBD 的未来发展方向。典型的有陈瑛在《特大城市 CBD 系统的理论与实践》一文中，从流量经济学的角度对 CBD 的动态变化进行了分析，并借助于重庆和西安两个城市的案例分析，以及定量分析的方法佐证了其观点；韩可胜在《CBD 的经济结构与政府管理模式研究》一文中，详细介绍了纽约、伦敦、东京等国外 CBD 的自身发展和政府管理模式之间的关系，并通过比较分析法来阐述上海 CBD 的发展路径；孙一飞在《CBD 空间结构演化规律探讨》一文中，对 CBD 空间结构的影响因素做了分析，着重在 CBD 的功能定位、地价、环境、技术、行为五个方面，认为功能需求决定着 CBD 空间结构演化和总体格局的方向；左长安在《绿色视野下 CBD 规划设计研究》一文中，详细探讨了 CBD 与城市生态的关系，得出了 CBD 应该走向生态化的结论；丁成日、谢欣梅在《城市中央商务区发展的国际比较》一文中通过国内外的比较，阐明了我国 CBD 目前发展的一些瓶颈和弊端；杨俊宴、吴明伟在《城市 CBD 空间形态量化研究》一文中，从 CBD 的区位、布局、活力三个方面入手对 CBD 空间形态进行研究，通过与大量基础条件相近的国内 CBD 案例的量化比较，明确提出由相同条件决定的 CBD 发展的基本规律，以及在条件差异前提下 CBD 发展的不同模式，进而揭示 CBD 发展演化的深层次规律。

随着对 CBD 理论研究的不断深入，一些学者开始进入 CBD 应用性研究的阶段。他们结合我国的国情和具体某一城市进行 CBD 的研究。比较典型的有鲍其隽在《中央商务区 CBD 城市空间形态要素研究》一文中通过比较和总结国内外中央商务区的城市设计的理论和实践，并结合中国国情，对我国几个重点 CBD 城市空间形态要素做出了研究和探讨；蒋三庚分别在《关于发展北京商务中心区现代服务业的思考》《关于北京中央商务区的发展思路研究》等文章中详细阐述了北京 CBD 的定位及其发展路径和措施；徐淳厚、陈艳在《国外著名 CBD 发展得失对北京的启示》一文中通过对比拉德芳斯、曼哈顿、东京新宿和休斯敦等著名的 CBD 从正反两面给予北京发展 CBD 的思考；李东君、黄富厢依托已经实施的陆家嘴 CBD 规划，结合文件和图纸等丰富的实例全面回顾了其规划的背景、目标、形态布局、功能规划，是国内 CBD 研究首次针对成形的规划方案加以比较完整评述的案例；朱炜宏结合北京市历史名城保护的思想，探讨了分区域、分阶段投资规划的设想，提出了北京市 CBD 由市中心 CBD、副中心 CBD、卫星城镇 CBD 构成三级网络式空间规划的构想；阎小培深入探讨了广州市 CBD 的区位，新老 CBD 用地功能规划、空间结构和交通组织规划等一系列问题，并探讨了我国特大城市功能和结构演变的一般规律。

4. CBD 的历史演化及其发展趋势

（1）中央商务区（CBD）建设的历史演化

CBD 功能的演化具有历史和经济发展逻辑的一致性。在近 200 年的时间里，其功能随着经济和技术的发展不断发生着动态演化，CBD 在诞生之初只具备简单的商业和办公功能，发展到当下的以围绕总部经济为核心的多元化功能。无论在哪个阶段，CBD 既是城市发展到一定阶段的产物，同时也带来了产业升级、城市发展水平的提高和经济的发展。

依照国际上典型 CBD 的发展历程来看，CBD 功能的演变大致可以分为三个阶段，即分散阶段、聚集阶段、再分散阶段。每个阶段都有其诞生的时代背景和意义，与追求区域经济发展的规模收益目标不可分离，无论是分散、集聚，还是再分散都与技术发展息息相关，也与城市空间承载力过大导致的拥挤效应和规模不经济有关。

分散阶段。1923 年，伯吉斯首先提出了 CBD 的概念，其诞生的背景是基于工业革命给世界带来的改变，主要表现为电力设备为基础的交通工具替代了传统的人类步行、马车等交通工具，这从根本上改变了人们的沟通方式，使得交通可达性大大增加，同时由于交通可达性增加而带来的信息流、人流等的交互作用，加快了城市发展的进程。交通便捷性和交通效率的提高，拉近了人们的空间距离，从而使得城市中的某些区域具备了多功能的条件，这一区域在很大程度上集中了商业中心、仓储、办公等城市的多项功能，商业中心功能是这一区域的核心功能。这一阶段虽然已经具备进一步整合的条件，但是在 20 世纪初的背景下仍然是以各个功能相互独立经营为主，多功能之间的衔接主要是依靠交通的可达性，并无真正意义上的商务聚集。

聚集阶段。信息技术的迅猛发展，改变了传统的生产流程和组织方式，企业各部门开始分离，专业功能出现聚集，CBD 中企业的多种功能被单一功能所取代，并逐渐形成总部基地。该阶段发生的背景是第二次世界大战后的全球经济发展以及伴随着 20 世纪后半叶的信息技术革命。这场信息技术革命直接导致了人们的生产生活行为发生天翻地覆的变化，这场信息技术革命持续不断地在更广阔的领域和更高的技术层面深刻影响着今天的我们。随着全球经济的发展，产品的研发、设计、生产、销售和售后服务可以在世界各地分别进行，形成全球的价值链和供应链，国内和国际间的贸易往来变得越来越频繁，促使某些国际大型公司将总部聚集在同一处，随之而来的是金融、保险、商业地产等服务性行业在商务中心区的聚集。

再分散阶段。由于聚集阶段带来规模效益、减少沟通成本的同时也带来了相应的交通不便和城市污染，拥挤效应远超过集聚效应，原有的 CBD 功能进一步专业化，在此情形下，衍生出了新的 CBD 模式，SUB－CBD 出现。所谓 SUB－CBD 即在特大城市核心 CBD 以外，城市经济流的高效集聚区，是城市中新兴第三产业的集中分布区，是城市空间结构分散化过程中核心 CBD 的外延部分，具有疏解和补充核心 CBD 的功能，并与之共同构成城市 CBD 网络系统。这样既避免了原有 CBD 对城市快速发展的不适应，并由此开辟了一个新的经济增长点。世界上比较著名的 SUB－CBD 有日本东京的新宿、法国的拉德芳斯等。

（2）中央商务区（CBD）的发展趋势

一是生态化的 CBD，即所谓的绿色 CBD。CBD 在很大程度上可以被看作是一个高度集聚的生态系统，以追求经济效益为主要目标，以提高效率为主要手段的发展方式。然而，在追求极限效率的目标下，很容易造成社会、经济和文化活力的缺失；同时，在信息经济的冲击下，CBD 面临着新的转型挑战。因此如何保证 CBD 在快速发展中与社会、经济、文化的平衡状态，塑造极限效率下的效率与公平，形成一个充满活力且适宜人类生活的城市核心区成为 CBD 走向生态化的迫切需要。另外还有学者提出了可持续发展的 CBD，更加关注人文情怀的 CBD。

二是 CBD 逐步走向 E－CBD。E－CBD（Electrinic－Central Business District），即电子化国际商务中心区，是 21 世纪国际金融贸易中心的创新模式。它是指在经济全球化和知识经济的时代背景下，以 EDI（电子数据交换）、EB（电子商务）、EF（电子金融）等信息技术为基础支撑，以 EM（电子货币）为主要媒介，以国别人文为地缘标志，具有实体 CBD 和虚拟 CBD 双重结构，面向世界的现代化金融贸易中心区。电子化国际金融贸易中心的总体框架将由实体 CBD 和虚拟 CBD 二个部分构成。虚拟 CBD 即电子化国际金融贸易中心区的"信息建筑集群"由基础信息、交易服务与开发创新三个功能递次升级的子平台构成。实体 CBD 即电子化国际金融贸易中心区的"有形建筑集群"由办公楼宇分区（OBD）、文化休憩分区（RBD）及住宅商贸分区（RCD）构成。

E – CBD 是对传统 CBD 的扬弃和发展，它不仅要求对构筑中央商务区的总体思路进行变革，对电子化国际金融贸易中心区的规划重点从地面建筑物群转向信息建筑物群，而且要求对金融、贸易、现代服务产业的业务流程及交易结算方式进行优化。

第二节　总部经济与企业迁移理论

大量企业总部迁移至同一空间内，进而形成总部集群和总部经济，企业的总部迁移是企业总部集聚的首要问题，因此，不同的理论在区位选择和转移上都从各自的角度进行了阐述。

不管何种学科，何种理论，其在阐述总部集聚问题时，最重要的是要创造出正的外部性，从而为企业自身创造更多的利润，同时也为区域经济带来了增长，就企业迁移理论来分析总部经济时，每个企业所需要面临的微观成本包括：

运输成本。在生产要素从一个地理位置运输到另外一个地理位置的时候所产生的货币费用。

时间成本。为实现一定距离的空间转移以及在转移以后的空间内发生的经济活动需要一定的时间成本，即人类经济活动为实现一定距离的空间转移所花费的时间。它与地区经济和交通运输发展水平、运输方式及产业布局状况有关。交通运输越发达，地区的通达性程度越高，实现相同距离的空间转移所花费的时间越少，即时间成本越低。

信息成本。地区越偏僻，离主要大城市中心越远，所获得的信息越不完全，所承担的"信息成本"也就越大。

心理成本。由于各地区在社会传统、习惯、文化、宗教、语言以及宗族等方面的差异，使迁移者在心理方面产生一种"距离隔阂"。这种差异性越大，转移的心理成本也就越大，反之越小。

对于企业迁移的主要影响因素包括内部因素、外部因素和区位因素（Lloyd、Dicken，1977）。其中内部因素主要是从企业自身出发，强调的是企业战略、组织结构、人力资源配置、市场占有率、管理人员行为策略等方面；外部因素包括竞争对手、劳动力供给、地区宏观经济形势、制度体制和政策、技术条件等方面；区位因素包括了地理区位、生产要素、服务和基础设施、市场需求和集聚经济。

从研究历程来看，关于企业迁移的理论，大致分为如下几大历程和派别：

1. 基于新古典区位理论的企业迁移

以新古典理论为核心思想的区位理论包括杜能（Von Thunen）的农业区位理论、韦伯（Webber A）的"最小成本化理论"、勒施（Losche A）为核心的"最大收益化理论"以及斯密（Smith D）的"新古典综合理论"，即"最小成本化理论"和"最大收益化理论"的综合。在随后"利润空间"概念定义了企业能够获取利润的范围，这种范围可以是可变的，因此，理性的企业在不同的时间段内会选择不同的区位以使其处于最优空间内。新古典区位理论下的企业迁移是以理性人作为假设前提的，更加侧重于区位迁移选择最优区位的企业迁移理论。

2. 基于行为区位理论的企业迁移

基于行为区位理论的企业迁移的着重点是理性企业在做出迁移决策时决策者的决策过程。企业的决策者受到不完全信息的约束，不可能做出一个完全理性的决策行为，因此决策者认为的迁移区位未必是最优区位，往往是退而求其次，使得企业迁移到了次最优区位。行为区位理论的假设同新古典区位理论不同，并没有强调理性人的假设，而是强调人的有限理性，使行为更加贴近现实。

3. 基于制度理论的企业迁移研究

从制度理论的视角来研究企业迁移，主要强调的是企业所处环境中正式和非正式的社会网络对企业迁移的影响。由于企业的活动是通过社会制度、文化和价值系统的影响而存在于某一种社会制度中，故企业的迁移行为还要考虑当地的社会制度和文化内涵。

国内学者对于中国的企业迁移也进行了较为详细的研究，其中魏后凯（2009）认为从时间上划分，中国企业迁移经历了单一行政搬迁时期、境外迁入为主时期、内外资迁移并重时期和企业迁移加速时期四个阶段；从迁移的模式来看，我国企业主要是向下迁移，迁移方式以扩张性外迁为主，具有距离衰减特征，行业分布和目标区域呈现多元化；影响中国企业迁移的决定因素是多方面的，是企业内在因素以及外部资源禀赋、成本差异、环境变迁、政府政策、企业间相互依赖等因素综合作用的结果；从发展趋势看，随着我国经济的进一步发展，企业的迁移将会呈现多元化的趋势。

在涉及区域范畴内的经济学理论中，对总部经济的集聚理论解释还有比较优势理论、规模经济理论、集聚经济理论等。

第三节　总部经济与区域经济的联系

1. 总部经济和比较优势理论

亚当·斯密提出了绝对优势理论，由于资源禀赋不同，相同的产品在不同国家之间产生了绝对的成本差异，当一个国家的成本水平处于绝对劣势时，其进口成本小于生产成本，而出口是由于本国有绝对成本优势决定的。李嘉图在此基础上又提出了比较优势理论，即使所有的产品在生产上相比于其他国家都处于劣势，该国仍可以选择劣势相对较小的产品来进行生产，并与他国进行贸易，从而获得利益，并使两国的整体利润最大化。比较优势理论可以解释不同区域间为何存在贸易，并指导一国或者区域的产业选择。

在企业内部的生产环节中，由于生产要素和生产技术的不同，加之区域的资源禀赋不同，故企业内部各环节存在着向不同区域集聚的态势。中心大城市和外围城市相比，前者集聚着高端人才、信息、先进技术等战略性资源，这些资源对后者来说则相对稀缺，后者相对丰富的是产品生产制造过程中所需的土地、能源、原材料、劳动力等，由于普通产业工人等生产资料较为充裕，因而使用成本较低，根据比较优势理论，企业把研发中心、物流中心、采购中心等迁移在大城市，而把制造工厂迁移到交通成本可接受的中小城市内，企业的这种布局模式为大城市内的企业总部集聚和总部经济发展提供了基础。

2. 总部经济与规模经济理论

马歇尔最早提出了规模经济，以后学者又在规模经济的基础上对外部性进行了研究。外部规模经济理论是指在其他条件不变时，行业规模较大地区的生产效率高于行业规模较小地区，该地区厂商的规模收益会随着行业规模的扩大而递增，这就会使得某种行业及其辅助部门在一个或几个地点高度集中，从而产生外部经济性。

不同的学者基于外部性、产生的原因等方面对规模经济进行了划分，主流的划分方法按照规模经济的主体来进行划分为以下三种类型。

规模内部经济。一个经济实体在规模变化时带来自身内部成本的节约、技术的广泛运用、管理水平的提高所引起的收益增加。

规模外部经济。整个行业（生产部门）规模变化而使个别经济实体的收益增加，随着行业或者产业规模的扩大，行业或产业内的企业的经营成本、生产成本等都会随之减少，利润随之提升的过程。

规模结构经济。各种不同规模经济实体之间的联系和配比，形成一定的规模结构经济，致使不同经济体之间形成新的产业链或产业链的延伸，包括企业规模结构、经济集群规模结构、城乡规模结构等。

3. 总部经济与集聚经济理论

集聚经济一般是指企业的生产经营活动在空间上的集聚所带来的经济效益和成本节约。企业在集聚过程中，由于知识外部性、中间投入品共享、风险分担、基础设施共享，以及其他不可分性的原因，在产业层面形成规模报酬递增，即使企业层面可能仍然保持规模报酬不变，但随着整体规模的扩张，所有企业的平均成本都会随之下降，从而集聚在某一区域的企业获得更高的生产率和竞争力。马歇尔将集聚经济带来的收益划分为三个方面：中间投入品的共享、劳动力共享和知识溢出，不同于雅各布斯的多样性的外部经济，马歇尔侧重于外部经济的专一性。雅各布斯（1969）则强调城市产业的多样化也能给企业带来外部经济，其主要原因是产业多样化能刺激新想法的产生，促进新产品和新技术的诞生，从而促进城市发展和经济集聚。

20 世纪 70 年代，一些学者对马歇尔的外部性进行了更为深入地研究，在原有的单一维度基础上增加了时间维度，形成了一种新的外部性——马歇尔—阿罗—罗默外部性，强调企业的产出不仅是其当前投入的函数，还受到其过去所处地区的规模的影响，这在一定程度上说明了集聚的外部性。

由于相似的类型，而且有较高的相关联程度，因此总部的集聚才具有相似性质的技术需求、信息需求、技术人员需求、基础设施需求等。只有在这种情况下，一个总部集群的经济行为才可能会对同一地区的其他总部产生有利影响，外部经济由此产生。

某一地区总部规模的扩大，外部规模经济会使得该地区企业总部的成本降低。企业总部整体由于外部规模经济而获得中间投入品的分享，如，为不同行业的企业提供金融、法律等服务；信息交流顺畅，减少搜寻成本，降低企业的交易费用；凭借劳动力共享使劳动力市场匹配效率提高，降低失业率；产业之间的关联，上下游产业之间的前向和后向关联；知识、技术和信息的共享使得创新成为可能，并带来知识的外溢。

如果一个地区某一种总部的规模较大，即使每个企业总部的规模较小，仍然会得到一些外部成本节约的优势，使各个企业总部平均成本下降。其他区域不存在这些便利条件，因而具有某种优势的区域会进一步吸引类型相似或是有关联的企业总部加入，这种良性循环最终会形成某一类型的总部经济集聚。

第四节　总部经济与产业经济学理论

1. 总部经济与产业结构理论

企业总部集群形成的总部经济从产业经济学的角度看是一种特殊形式的产业集群，这些企业的总部不一定都生产同一种产品，但其所需要的生产要素却是相近的，产出品的类型也都是相似的（为企业的制造环节或者是营销环节等提供智力支持和中间产品）。这种特征的集群在很大程度上改变了一个城市，甚至是一个区域的产业结构，同样，一个城市或者地区的产业结构也会对企业总部集聚产生影响，可以说，产业结构调整必然相伴于总部经济的形成。

产业结构是由国家或地区的自然资源、要素禀赋、技术水平、产业政策，以及人们的生活习惯等多种因素共同作用的结果，是一个国家或一个地区的产业经济系统的内部构成。随着经济的发展，技术的进步，分工日益复杂，新的产业部门不断出现，产业部门越来越多，产业结构呈现不同特征。通常用第一产业、第二产业和第三产业的比例关系来表示；我国在相当长一段时期内用农业、轻工业、重工业的比例来评价产业结构的合理化。产业结构是国民经济结构的重要组成部分，对实现社会的总供给和总需求起着至关重要的作用。合理的产业结构是保持国民经济持续健康协调发展的基础环节。

产业结构的调整包括合理化和高级化两个方面。产业结构合理化是资源在产业间实现有效配置和合理利用，使市场上的总供给和总需求相适应，使产业间的关联水平提高，产业链延长；产业结构的高级化是指产业发展的高附加值和高技术的应用，知识技术密度程度提高，现代服务业高度发达。

一个国家或地区的产业结构通常由以下几类因素决定和影响：（1）需求结构，包含中间需求与最终需求的比例、社会消费水平和结构、消费和投资的比例、投资水平与结构等；（2）资源供给结构，包括劳动力和资本的拥有状况与中间产品的相对价格和一国自然资源的禀赋状况等；（3）科学技术因素，包括科技水平和科技创新发展的能力、速度以及创新方向等；（4）国际经济关系对产业结构的影响，包括进出口贸易、引进外国资本及技术等因素。

总部经济的产生在很大程度上都会契合和改变着城市的产业结构，一个地区的资源供给结构、需求结构和科技水平是总部经济在此诞生的重要条件，按照累积循环因果理论，总部经济又会通过改变该地区的产业结构使得该地区的集聚力进一步加强。

产业结构调整中有两个重要的课题，其一是产业结构的合理化，其二是产业结构高度化也称产业结构高级化。前者更多强调的是产业之间的协同发展，后者表示一国或一个地区经济发展重点或产业结构中心，由第一产业向第二产业和第三产业逐次转移的过程，它标志着一国经济发展水平的高低和发展阶段。关于这二者的研究，不同的学者们从不同的角度都进行了研究，干春晖（2011）认为产业结构合理化指的是产业间的聚合质量，它一方面是产业之间协调程度的反映，另一方面还应当是资源有效利用程度的反映，也就是说它是要素投入结构和产出结构耦合程度的一种衡量。产业结构高度化则主要指在信息化推动下的经济结构服务化是产业结构升级的一种重要特征。

总部经济发展策略可以从产业结构的合理化和产业结构高度化两方面得以合理地解释，与前者的结合凸显出总部经济同区域产业的协同发展，而与后者的结合表明了总部经济对于产业提升的促进作用。

首先，总部经济的产生必然能够使得区域的生产要素得到合理配置，人才、技术、土地、劳动力、信息等要素各尽其才，合理配置所能达到的效果就是区域整体效率的提高，经济体达到区位均衡、市场均衡和劳动力均衡。

其次，考虑到企业总部功能部门大多是研发、营销等功能中心，其作为一种技术含量高、附加值高的部门，生产出来的信息、知识等产品都属于第三产业，该产品为当地企业、居民或者其他地区的企业和居民提供了产品。考虑到累积循环因果理论、产业结构升级、高端技术人才集聚又会为所在城市的教育、娱乐等生活性服务业带来强劲的需求，更好的产城融合环境会提升城市的吸引力，促进第三产业产值的增加，提升整个区域的产业结构升级。

不同国家、不同地区、不同经济发展阶段会导致产业政策的具体内容不同，若建立总部经济还要考虑产业政策的内容：（1）合理设定产业结构高度目标，产业结构的不断提升是经济发展的必然结果，是市场经济发展的内在要求，政府可以引导和鼓励产业结构升级，但不能盲目地人为推高产业结构，更不能过分追求速度。尽管总部经济有助于产业结构的升级，但并非所有城市都适合发展总部经济，各城市应根据自己的比较优势和区域特点来合理确定产业结构目标。（2）主导产业的合理选择，产业发展顺序的合理安排。由于总部经济的类型很多，在确定主导产业时，切忌贪高求全，一定要顺应经济发展的内在要求，发展适合本地区的主导产业和产业结构，因此，总部经济的类型选择就成为重点。（3）对所选择的产业采取适宜的保护、扶植或者优惠政策，以确保自身优势对企业总部的吸引力。（4）由于资源的有限性，当优先发展某类产业就必然要限制另外一些产业的发展，因此，发展总部经济时政府也要兼顾对那些衰退产业的调整援助政策，以保证社会的稳定和经济发展的平稳，只有如此才能使总部经济合理地发展起来。

2. 总部集聚、区域一体化和区域内产业转移的相互作用

区域经济的一体化（International Economic Integration）理论最早诞生于 1950 年，专门研究国际贸易的经济学家们赋予这一名词一项明确的定义，特指将不同经济实体结合成较大的经济区的一种事务状态或者一种过程。区域经济一体化已经成为当前一种常见而重要的区域经济形态，表现为在这一过程中，生产要素趋向自由流动，并且流动程度不断加快。

生产要素自由流动背后的理论逻辑是通过消除商品和生产要素流动的障碍而使得资源得到最优的配置，在区域经济体中各个城市都能够达到利益最大化，实现资源的最优配置，而正是这种利益的驱使，使得区域一体化在形成过程中，区域经济结构也会做出相应的调整。在此背景下，总部经济的出现则会改变区域的经济结构，在一个各种生产要素较为完备（劳动力、土地、资本、信息、技术等生产要素）且流动阻力较小的区域环境中，会形成多个稳定的产业链条，"总部—制造基地"的产业模式也会在这一区域诞生。

在区域一体化进程中，产业之间的协同发展是区域经济的重中之重，不但产业结构和总部经济对区域经济发展产生深远的影响，而且产业的梯度转移也已经成为区域经济发展所面临的一个重要课题。在区域内，产业的梯度转移即是某些产业从某一城市转移到另一些城市的

经济行为和过程。以京津冀区域为例，梯度转移表现为随着中心城市北京环境承载力的下降和产业结构的不断升级，低端制造业成为北京不得不转出的产业，而作为区域一体化下的天津和河北，做好承接北京产业转移工作也是提升两地产业的必然要求，尤其是河北省，经济发展较为落后，加快工业化的进程，努力成为制造业中心是当前的必然选择。但是当前由于京津冀三者之间的产业梯度过大、产业链过短、劳动力流动壁垒等方面的原因导致了产业的梯度转移效果不佳。因此，在京津冀协同发展的背景下，运用"总部—制造基地"模式更加符合三地的实际情况，通过构建符合企业长远发展，企业愿意接受的方式，实现企业和地区的良性发展，创造出各方满意的协同效果，可能成为解决京津冀区域产业转移的一个重要的模式。

第五节　总部经济与价值链理论

价值链的概念最初是迈克尔·波特于 1985 年所著的《竞争优势》一书中提出的。价值链在企业和产业层面分别形成了企业价值链与产业价值链。二者是从不同的角度说明价值创造的过程，前者侧重生产企业的价值创造环节，后者侧重产业中组织的职能及关系。

在波特的理论体系中企业价值链有三层含义：一是企业各项活动之间都有着密切的联系；二是每项活动都能给企业带来无形或者有形的价值，如服务可以提升企业信誉从而带来无形价值；三是价值链不仅包括企业内部各种活动还包括企业外部的活动，如供应商之间的关系、与客户之间的关系等。现在通常所谓的企业价值链，是指一种商品或服务在创造过程中所经历的从原材料到最终产品的各个阶段的价值创造活动环节，考虑到企业在生产产品中每个阶段功能不同，所需要的资源禀赋也不相同，因此，企业的各部门就会实现空间上的分离，在某些区域形成不同企业相同职能的集聚，这从一定程度上也为企业的总部集聚提供了理论上的支持。

　　产业价值链是在产业层面上，参与到某一产业中的企业价值融合的价值系统，纳入系统中的企业以一种相互协调、合作的方式来实现整个价值链的价值创造。在产业价值链没有形成前，各企业的价值链是相互独立的，彼此间的价值联结是松散的。经过产业整合之后，企业被捆绑到一个产业价值链系统里，企业间的有机联结会创造出新的价值。在此情形下，总部集群由于占据了多个产业链的研发和销售环节，因此，就直接参与到多个产业的价值链中，于是，中心城市便形成了以总部经济为主体的产业集群，该集群由于所需要的生产要素大致相同（高端人才、先进技术、信息、资金）等，所以中心城市便形成了以总部集群作为核心的产业价值链。

第六节　总部经济与空间经济学研究分析

1. 空间经济学简介

　　空间的研究被克鲁格曼誉为经济学最后的前沿，经济活动的空间区位对经济发展和国际关系的重要作用已经得到了学术界的高度重视，由于空间经济学的不完全竞争和收益递增的假设以及区域模型、城市体系模型和国际模型三种基本模型的应用使其具有了很完备的解释性。

　　空间经济学在区域模型中对集聚进行了讨论，该模型认为，当运输成本足够低、制造业的差异产品种类足够多、制造业份额足够大时，就能形成中心—外围格局（制造业"中心"和农业"外围"，或者说是收益递增的"中心"和收益不变的"外围"）。较大的制造业份额意味着较大的前向关联和后向关联，从而形成的集聚力大于离心力，一个区域或者经济体中要想在集聚状态下达到稳定的均衡，则需要通过集聚力和离心力的调整使得自身稳定，根据空间经济学的模型，关键系数的微小变化都会使得经济体的结构状态发生很大的波动。

空间经济学在城市模型中，通过"市场潜力"的概念来刻画城市和城市群的层级结构，城市的结构在很大程度上取决于"市场潜力"的参数大小，同时城市结构的变化也会改变"市场潜力"。典型的市场潜力函数用所有其他地区的购买力的加权平均数衡量某地的市场潜力，其中将权数设定为距离的减函数。另外也有用市场和消费者的平均距离来衡量某地区的市场潜力。在现实中，往往高度工业化和现代化的地区都是市场潜力特别高的地区，因为大部分劳动力的生产均集中在了制造业和服务业较为发达的地区，这些地区区别于其他地区更为接近市场。

空间经济学在国际模型中阐述了产业集聚和国际贸易之间的相互影响。在该模型的分析中，引入了中间产品的概念，探讨了在国际贸易壁垒和要素流动限制的情形下集聚的原因。国际专业化与贸易、产业集聚、可贸易的中间产品和贸易自由化趋势对国别经济地理的影响是国际模型主要的研究方向。国际贸易对于产业集聚的影响是双向的，国家的正式和非正式的贸易壁垒必然影响到生产要素的跨国界流动，而国家间的贸易自由化政策，则会催生优势产业的空间集聚。也就是说国际贸易可以导致经济地理结构的再组织，既能够使得相关行业更分散，也能够使得相关行业更加集聚。可以说，国际贸易通过集聚这一空间组织形式影响到了国家的经济发展水平。

2. 空间经济学和总部集聚的相互作用

总部经济同区域经济结构的改变类似于空间经济学的基本的"中心—外围"模型，一个区域内如有一个成熟的总部经济，则其可能会形成以"总部—制造基地"为模式的经济结构，以总部生产的环节作为规模报酬递增中心，以制造基地类比为完全竞争的外围城市。

纵观国际上大型企业的总部选址的历史，既是经济全球化的历史，也是空间经济学发展的一个侧面和缩影。企业面临着各项企业活动的

"配置"和"协调"的问题以及企业经营的"全球化"与"本地化"的矛盾。Strauss Kahn 和 Vives（2005）通过总结美国 500 强企业在 1996—2001 年的总部迁移情况，大致呈现了从一些专业化的较小都市区迁往纽约、芝加哥等主要的商业中心的趋势；姜海宁、谷人旭和李广斌（2011）总结中国制造业 500 强企业总部发现多集中于交通设施、服务业水平、基础设施建设等完备的城市，以环渤海地区和长三角为主要的集聚中心。梁琦（2012）认为由于内部知识溢出使得总部可以和生产基地分离，而这种内部知识溢出的支付即是总部和工厂的交流成本，进而利用 NEG 的框架分析了贸易成本、交流成本、税收政策等对于总部集聚的影响。

总体来看，空间经济学对于集聚问题的阐述仍然是较为谨慎的，以基于要素作为出发点的空间模型为主，这是因为只有在谨慎的基础之上才能得出一个较为坚固的新经济地理学的微观基础，所以空间经济学对于集聚问题的解释虽然取得了不同以往的进步，但仍然有很大的发展空间，包括知识溢出外部性、信息外部性的详细刻画，以及对空间化的劳动力迁移框架的研究等。

从我国集聚的特征看，能否形成总部经济与产业集聚在空间形态上协调一致和密不可分的关系，一些学者进行了较为深入的探索。王缉慈（2001）将我国的产业集聚现象分为五类：一是沿海出口导向型的加工基地，例如深圳—东莞一线；二是以高新技术企业"扎堆"形成的智力密集区域；三是乡镇企业发展主导的集聚区；四是开发区集聚；五是国有大中型企业为核心的产业集聚。总部经济的产生与发展应该更加依托于哪一种形式，应该充分考虑到传统产业基础、资源禀赋和运输成本下形成的"总部—制造基地"的"中心—外围"模式，在区域发展过程中，主导产业是否形成前向与后向的密切联系，是否能有一个较好的劳动力迁移环境，是否能有知识溢出等的外部性条件。

总之，总部集聚作为区域产业集聚的地理特性是产业集聚、空间发展的外部表现，把握好空间上的临近与互动才能使得总部集聚会带来高效的资源配置机制、外部性优势以及总体经济发展的均衡和增长。

第七节　总部集聚与知识经济理论、信息经济理论

所谓知识经济，是指以知识作为基础或者是主导地位的经济发展模式。所谓信息经济，是指以现代信息技术为基础，信息产业起主导作用的经济模式。二者都强调的是经济增长直接依赖于知识和信息的生产、传播及使用，均以智力资源和高科技为首要依托，是一种可持续的经济发展模式。信息技术的快速发展和知识更新速度的加快不仅提升了经济发展的速度，而且还在很大程度上改变了经济发展结构。

信息经济学的起源要早于知识经济，其萌生于 20 世纪 40 年代，发展于 50—60 年代，在 70 年代美国霍罗威茨的《信息经济学》、英国威尔金森的《信息经济学：计算成本和收益的标准》、日本曾田米二的《情报经济学》等著作的出版标志着信息经济走向成熟。信息经济的概念首先是 1982 年奈斯比特在《大趋势》中提出，直到 1996 年，世界经济合作及发展组织明确地把未来的经济定义为"以知识为基础的经济"。具体表述为，知识经济是以现代科学技术为核心的，建立在知识和信息的生产、存储、使用和消费之上的经济，主要是区别于物质、资本在生产过程中起主导作用的物质经济和资本经济而言的，自此，知识经济才得到了学术界的重视。

在传统的经济增长理论中注重的是劳动力、资本、原材料和能源，认为知识和技术是影响生产的外部因素。在知识经济和信息经济未能占据核心位置的传统经济中，土地，劳动力等支配着整个经济体的运行，随着技术水平的提高和知识的发展，便具有了萌生新的经济结构的条件，总部经济是在知识经济和信息经济的高度发展的背景下，并建立在知识经济和信息经济基础上，企业在不同价值链区段上所创造的新

的产业分工模式。一方面，知识、信息、技术、人才等非传统生产要素成为影响企业利润的战略性资源；另一方面，信息技术的发展为企业实现总部和制造工厂的分离提供了技术的支持。

随着企业规模的扩大和职能的分解，出现了各种企业中心，地区的资源禀赋差异使得企业产生了通过"脑体分离"以获得各种资源并实现利益最大化目标的需求。企业通过总部工厂的分离将公司总部布局在战略资源丰富的中心城市，将生产部门迁移或保留常规资源丰富的周边地区或外地，从而获取最大利润，这样就形成了相应地区合理有序的产业链和价值链分工。这些中心城市通过集聚效应吸引更多的公司总部和企业在此布局，而更大的总部集群又会吸引更多的生产要素，从而形成一种良性循环的总部经济模式。

更为重要的，由于总部集聚在中心城市，会导致中心城市的知识型服务业迅速发展。知识型服务业包括银行、证券、信托、保险、基金、租赁等金融和经济机构组成的现代金融服务业，由通信、网络、传媒、咨询、策划等机构组成的信息服务业，由会计、审计、资产评估、法律服务等机构组成的中介服务业等。知识型服务业是知识经济的组成部分，总部经济与知识型服务业之间互为条件，互相促进。一方面，知识型服务业的发展是总部经济赖以形成的重要条件，为总部经济的发展提供支撑，即只有充分发展的知识型服务业才可能形成总部经济；另一方面，城市的总部集群同时为知识型服务业的发展提供了充分的发展空间，即总部经济形成以后又会反过来刺激知识型服务业的进一步发展壮大。青木昌彦（2001）提出了意会信息的概念，不同的区位具有不同的市场潜力和要素禀赋，即可表现为一种意会信息，会产生信息租金。信息的汇聚度产生了不同的区位等级和地理优势，互联网时代使标准信息充分透明，因此意会信息便成为决定竞争力的最终因素。信息化越发达，地域因素越重要，因而企业总部的集聚之地必须占有信息腹地，才可能取得竞争优势。

第三章

CBD高端企业总部集聚的理论分析

第一节　CBD 高端企业总部集聚形成的内在机理

1. 基于 Davis 和 Henderson 的企业总部模型扩展的总部集聚动因分析

（1）Davis 和 Henderson 模型的基本内容

国外学者 Davis J. C 和 J. Vernon Henderson 在论文《The Agglomeration of Headquarters》中，构建了企业总部模型：该模型假设企业总部是理性人，企业目标是追求利润的最大化，企业总部为其生产部门提供服务 Y，在此可以理解为公司总部为企业的分部门提供一种中间产品，该服务（或中间产品）具有影子价格。

根据 Davis 和 Henderson 的描述，企业总部生产函数可以表示为

$$Y = A(HQ, .) L_H^{\alpha_1} \prod_{j=2}^{m} (n_j^{\frac{\alpha_j}{\rho_j}} X_j^{\alpha_j}) \qquad (3-1)$$

公司总部的成本函数为

$$C = w L_H + \sum_{j=2}^{m} \sum_{i=1}^{n_j} q_{ji} X_{ji} \qquad (3-2)$$

HQ 即 Headquarters 简写，译为公司总部，A（HQ，.）指的是企业总部的集聚水平，反映出了自身的技术水平和总部集群内的技术水平的协同变量，包括在集聚群体内企业的数量、在何种程度上提升了技术水平等，同样该系数在很大程度上反映了企业总部自身和总部集群之间的经济价值构成；L_H 代表企业总部的劳动要素；j 代表（$m-1$）个服务业行业，X_{ji} 为企业 i 总部在服务业行业 j 内的要素购买，n_j 代表服务业行业 j 中企业数量，w 代表劳动力成本，q_{ji} 为服务业行业 j 中企业 i 所购买的服务要素价格，α_j 为所有者所占份额，参数 ρ_j 是企业总部对服务业行业 j 的多样性技术需求。

在企业总部模型中，服务业企业的生产产量 $\tilde{X}_{ji}$ 需要的劳动要素投入为 L_{ji} 可表示为

$$L_{ji} = f_i + c_j \tilde{X}_{ji} \qquad (3-3)$$

Davis 和 Henderson 假设服务业是垄断竞争格局，劳动力的需求函数是由固定劳动成本 f_i、可变劳动成本 c_j（也可以说是产量 $\tilde{X}_{ji}$ 的边际劳动成本）和产量 $\tilde{X}_{ji}$ 所共同决定的。

假设服务业中行业 j 的劳动成本为 w_j，则服务业行业 j 的产品 X_j 的价格 q_j 可表示为

$$q_j = \frac{w_j c_j}{\rho_j} \qquad (3-4)$$

其中，ρ_j 为垄断竞争格局下企业所能掌控的价格浮动系数。

根据式（3-1）和式（3-2）公司总部可以实现利润最大化，总部利润为 $PY - C$。P 表示公司总部服务的影子价格。假定每个服务业企业的产出均具有对称性，从而使得企业总部购买劳动要素的支出等于企业总部的产出，企业总部购买服务要素的总量等于企业总部的产出与购买的服务要素产品价格之比，企业总部实现利润最大化的条件如下：

$$L_H = \frac{p \alpha_1 Y}{w}, X_j = \frac{p \alpha_j Y}{n_j q_j} \qquad (3-5)$$

下面可以定义总部行为（Headquarters Activity）的利润函数，将式（3-4）和式（3-5）代入式（3-2），得到总部行为的利润水平为

$$pY(1 - \alpha_1 - \sum_j \alpha_j) \qquad (3-6)$$

从上述对企业总部模型的分析中，我们看出企业总部的生产能力和成本受到很多因素的影响：这些因素既包括处在企业产业链上游的服务业（主要表现在服务业提供服务要素的价格、服务要素的多样

性），还包括了企业总部所处的集群的集聚水平 $A(HQ,.)$，集聚水平包含了企业总部集聚的数量、自身的经济价值、能带给其他企业总部的经济价值等，以及劳动要素的价格和质量。

总体来看，通过企业总部模型，我们看到对于服务业重要性和企业总部集聚水平或者说企业总部集群的集聚效应的侧重。多样化的服务要素产出、低廉的服务要素的价格都是对于总部集聚的成本降低有着正向的推动作用，在总部集聚的过程中，通过某些手段使得 $A(HQ,.)$ 的提高对于企业总部的生产能力的提升有着巨大的正向作用。

（2）纵向联系下的企业总部迁移的动因分析——基于 Davis 和 Henderson 模型的扩展

以上为 Davis 和 Henderson 模型针对单个企业总部的生产函数和生产成本的分析，公式（3-7）至公式（3-31）为本书结合总部集聚的研究主题对 HQ 模型做出的适当改进。在 CBD 的总部集群中，企业对于中心城市最重要的需求来自服务业，正是服务业的集聚为企业的总部集聚提供了良好的要素供给，这种服务要素在企业总部的原址寻求不到或者搜寻该要素的成本过高，最终促使企业将总部迁移至中心城市。

当企业将总部迁移至 CBD 后，则与当地的服务业形成了一种纵向集聚，服务业处在企业总部的产业链的上方，将该服务业的集聚迁入到 Davis 和 Henderson 模型的扩展中，我们做如下假设：

第一，单独的一个服务业企业只提供一种服务（只出售一种中间产品），而企业总部也仅仅需要该一种服务产品；

第二，生产 1 单位的中间产品 B 需要 γA 的投入，企业各分部门 D 对于中间产品 B 的需求满足线性函数：$D(P_H) = a - t(P_H), a > C_S$，详见图 3-1。

在该纵向一体化的联系中，上游的服务业企业 S 为企业总部 H 提供中间产品 A（即服务要素），产量为 Q_A，价格为 P_S，单位成本为

图 3 - 1　单一的服务业企业和企业总部的纵向联系

C_S，而企业总部 H 通过利用中间产品 A 和自身的劳动 L、技术条件等生产出中间产品 B，产量为 Q_B，企业总部 H 向企业各分部门 D 提供中间产品 B，产品 B 的价格为影子价格 P_H，则企业总部的生产成本为

$$C_H = C = w_1 L_H + \sum_{j=2}^{m} \sum_{i=1}^{n_j} q_{ji} X_{ji} = w_1 L_H + P_S Q_A \qquad (3-7)$$

由前文假设，企业是一个理性人，其追求总体的利润最大化，用数学表达式为 $\max(PY - C) = \max\left[pY(1 - \alpha_1 - \sum_j \alpha_j) \right]$，由于企业的影子价格在很大程度上是由企业内部自身的资源禀赋、企业外部要素供给双重条件共同决定，考虑到企业内部的情况差异性较大，在此忽略企业内部禀赋的波动影响，认为企业内部禀赋均为一个恒定值，该恒定值可使得所有企业内部禀赋对其影子价格的影响程度都相同，那么企业总部提供中间产品的影子价格 P_H 就仅仅取决于企业的外部资源供给。

据此，可以得出以下几个推论：

推论 1：服务业集群 S 所提供的中间产品 A 价格 $P_S = q_j = \dfrac{w_j c_j}{\rho_j} = q_s = \dfrac{w_s c_s}{\rho_s}$。

其中，由于仅有一个服务业，故 $j = s$。

推论 2：公司总部所购买的劳动要素 L_H 和购买的服务要素 X_j 分别演化为 $L_H = \dfrac{p_H \alpha_H Y}{w_H} = \dfrac{p_H \alpha_H Q_B}{w_H}$、$X_j = Q_1 = \dfrac{p_H \alpha_1 Y}{p_s} = \dfrac{p_H \alpha_1 Q_B}{p_s}$。

由于服务业企业 S 和企业总部 H 分别处在上下游关系中，二者都会追求自身利益的最大化（理性人假设），故二者均希望能够获得巨大

利润，当企业总部寻求最大利润时，于是得出式（3-8）

$$\max_{PH}[(P_H - P_S - C_H) \times (a - t P_H)] \qquad (3-8)$$

由式（3-8）可得

$$P_H = \frac{a + P_S + C_H}{t + 1} \qquad (3-9)$$

$$Q_B = a - t P_H = a - \frac{t(a + P_S + C_H)}{t + 1} = \frac{a - t P_S - t C_H}{t + 1}$$

$$(3-10)$$

则企业总部 H 所获得的利润为

$$\pi_H = (P_H - P_S - C_H)(a - t P_H) = \left(\frac{a - t P_S - t C_H}{t + 1}\right)^2 \quad (3-11)$$

同理，服务业集群 S 的最大化利润为

$$\max_{P_S}\left[(P_S - C_S)\frac{a - t P_H}{\gamma}\right] = \max_{P_s}(P_S - C_S)\left(\frac{a - t P_S - t C_H}{\gamma(t + 1)}\right)$$

$$(3-12)$$

求解的利润最大化时

$$P_S = \frac{a - t C_H + \gamma(t + 1) C_S}{\gamma t + t + \gamma} \qquad (3-13)$$

综上，得出此时服务业集群的最大利润为

$$\pi_S = \left[\frac{a - t(C_H + C_S)}{\gamma t + \gamma + t}\right]^2 \qquad (3-14)$$

将式（3-13）代入式（3-11），则得到企业总部 H 所获得的利润为

$$\pi_H = (P_H - P_S - C_H)(a - t P_H)$$

$$= \left(\frac{a - t P_S - t C_H}{t + 1}\right)^2$$

$$= \left(\frac{a - t\dfrac{a - t C_H + \gamma(t + 1) C_S}{\gamma t + t + \gamma} - t C_H}{t + 1}\right)^2$$

$$= \left[\frac{\gamma ta + \gamma a + t(t-1) C_H - \gamma(t+1) C_S}{(t+1)(\gamma t + t + \gamma)} \right]^2 \qquad (3-15)$$

若假设企业总部并非其自身的理性人，而是全企业的理性人，则其追逐的是全企业的利润最大化，则企业总部 H 和企业各分部门 D 之间的关系就成为一个利益共同体，这与实际情况也更接近，如图 3-2 所示。

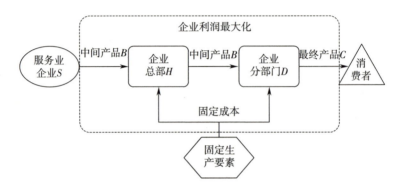

图 3-2　单一服务业企业和企业整体的纵向联系

当企业总部 H 追求企业总体的利润最大化，设最终产品的价格为 P_C，销量为 Q_C，企业各分部门的成本为 C_D，企业整体的成本为 C_T，其中 Q_C 符合线性需求曲线 $Q_C = D_2 (P_C) = a_2 - t_2 P_C$，上游企业 S 为企业总部 H 提供中间产品 A，产量为 Q_A，价格为 P_S，成本为 C_S，而企业总部 H 通过利用中间产品 A 和自身的劳动 L、技术条件等生产出中间产品 B，产量为 Q_B。在此做如下假设：

第一，企业销售 1 单位的产品 C，则需要中间产品 A 的数量为 $\gamma_2 A$，即 $Q_C = \gamma_2 Q_A$。其中，企业各分部门的成本为：$C_D = w_2 L_D + P_H Y$。

第二，企业中相关固定花费的供应设为恒定值，设为 C_F。

企业总体成本为

$$C_T = C_H + C_D + C_F = w_1 L_1 + P_S Q_A + w_2 L_2 + P_H Q_B + C_F$$

$$(3-16)$$

　　由于服务业集群 S 和企业总部 H、企业各部门 D 和消费者处在上下游关系中，服务业集群 S 和企业整体二者都会追求自身利益的最大化（理性人假设），故二者均希望能够获得巨大利润，当企业总部寻求最大利润时，于是得出式（3 – 17）：

$$\max_{P_H}\big[\,(P_C - P_S - C_T) \times (a_2 - t_2 P_C)\,\big] \qquad (3-17)$$

由式（3 – 17）可得

$$P_C = \frac{a_2 + P_S + C_T}{t_2 + 1} \qquad (3-18)$$

$$Q_C = a_2 - t_2 P_C = a - \frac{t_2(a_2 + P_S + C_T)}{t_2 + 1} = \frac{a_2 - t_2 P_S - t_2 C_T}{t_2 + 1}$$

$$(3-19)$$

则企业总共所获得的利润为

$$\pi_T = (P_C - P_S - C_T)(a_2 - t_2 P_C) = \left(\frac{a_2 - t_2 P_S - t_2 C_T}{t_2 + 1}\right)^2$$

$$(3-20)$$

同理，服务业集群 S 的最大化利润为

$$\max_{P_S}\left[\,(P_S - C_S)\frac{a_2 - t_2 P_C}{\gamma_2}\,\right] = \max_{P_S}(P_S - C_S)\left(\frac{a_2 - t_2 P_S - t_2 C_T}{\gamma_2(t_2 + 1)}\right)$$

$$(3-21)$$

求解的利润最大化时

$$P_S = \frac{a_2 - t_2 C_T + \gamma_2(t_2 + 1) C_S}{\gamma_2 t_2 + t_2 + \gamma_2} \qquad (3-22)$$

综上，得出此时服务业集群的最大利润为

$$\pi_S = \left[\frac{a_2 - t_2(C_T + C_S)}{\gamma_2 t_2 + \gamma_2 + t_2}\right]^2 \qquad (3-23)$$

将 $P_S = \dfrac{a_2 - t_2 C_T + \gamma_2(t_2 + 1) C_S}{\gamma_2 t_2 + t_2 + \gamma_2}$ 代入式（3 – 20），则企业总共所获得的利润为

$$\pi_T = (P_C - P_S - C_T)(a_2 - t_2 P_C)$$

$$= \left(\frac{a_2 - t_2 P_S - t_2 C_T}{t_2 + 1} \right)^2$$

$$= \left(\frac{a_2 - t_2 \dfrac{a_2 - t_2 C_T + \gamma_2 (t_2 + 1) C_S}{\gamma_2 t_2 + t_2 + \gamma_2} - t_2 C_T}{t_2 + 1} \right)^2$$

$$= \left[\frac{\gamma_2 t_2 a_2 + \gamma_2 a_2 + t_2 (t_2 - 1) C_T - \gamma_2 (t_2 + 1) C_S}{(t_1 + 1)(\gamma_2 t_2 + t_2 + \gamma_2)} \right]^2$$

$$(3 - 24)$$

（3）集聚效应下的企业总部集聚动因分析

以上的分析均是在企业总部集聚没有产生规模效应的基础上分析的，但在实际运行中，大量的企业总部集聚会在横向上产生很多的技术共享、协同创新、规模经济的现象，乃至于形成一个 CBD 的总部集聚的自循环系统，在这个系统中，各项功能都不断强化，如图 3 - 3 所示，在总部集聚的过程中横向的技术要素溢出效应和总部集聚的程度会同向发展变化。

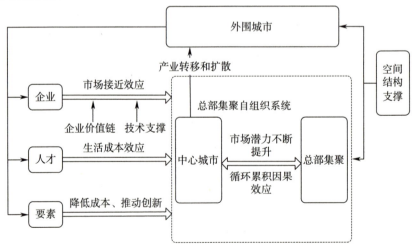

图 3 - 3　企业总部集聚动因框架

当企业总部集聚到一定程度，就会成为一个利益的共同体，在购买上游产品的时候，由企业总部集群组成的买方实力就会越来越强大，买卖双方之间处在一个动态的平衡中。根据马歇尔的外部性理论，众多的知识型企业总部的集聚，必定会导致知识外溢的出现，企业之间信息的高度传播会形成随时改变着企业总部之间的横向联系状况。

当创新型企业进行了率先创新，由于知识外溢的作用，并没有参与其中的企业总部很快也得到了该创新的信息，并加以学习掌握，在提升企业总部集群整体创新能力的同时也会带来企业的创新惰性，于是，"智猪"博弈便会在企业总部集群中不停地上演。

由于以上效应的存在，则企业总部在集聚中会逐渐形成规模效应，但规模效应有个极限点，随着中心城市的发展、技术的变革、相关配套产业的集聚，企业总部集聚规模效应的极限点必然是以动态方式存在的。配套的服务业同样也会形成相应的集聚效应，在发展中会逐渐帮助企业总部集群降低单位成本 C_H 或者是 C_T，于是在企业总部形成企业总部集群的同时，服务业企业也形成了服务业集群，如图 3 - 4 所示：

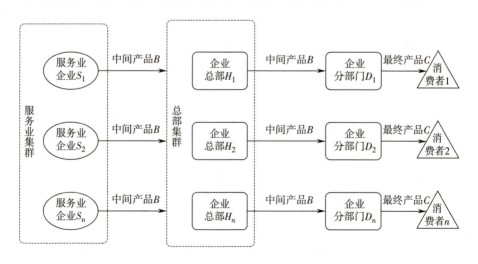

图 3 - 4　服务业和企业总部集群

假设服务业集群符合多企业的古诺模型，并由此进行推导，在一个

市场中有 N （$N > 2$）家企业生产的产品（即中间产品 A）完全相同，且成本结构相同，$TC_i = Cy_i$，$i = 1, 2, \cdots, N, c \geqslant 0$，其中 TC_i 表示企业 i 总成本，c 表示 N 个企业相同的边际成本（也即平均成本），y_i 表示企业 i 的产量。

由于我们假定企业的成本结构相同，所以在均衡处每个企业的均衡产量是相同的。那么，企业 i 的均衡产量就为其他企业总产量的 $\dfrac{1}{N-1}$。企业 i 对其他企业产量的反应函数为

$$y_i = y_i^*(y_{-i}) \quad \text{其中}, i = 1, 2, 3, \cdots, N$$

其中，y^M 为垄断产量，y^c 为完全竞争产量。

推算得到，市场总产量为

$$Y^N = y_1^N + y_2^N + y_3^N + \cdots y_N^N = \frac{N(a-c)}{(N+1)b} \tag{3-25}$$

市场的均衡价格为

$$P^N = a - b(y_1^N + y_2^N + y_3^N + \cdots y_N^N) = a - b Y^N = \frac{a + Nc}{N+1}$$
$$\tag{3-26}$$

从式（3-26）中可以看出，随着企业数量的增多，市场均衡价格逐渐递减

$$\lim_{N \to \infty} P^N = \lim_{N \to \infty} \frac{a + Nc}{N+1} = c \tag{3-27}$$

在现实中，最终的价格不可能达到，我们忽略服务业集群中的技术、知识的溢出效应，同样也忽略规模效应，则最终服务业集群提供的产品价格

$$P_s = \frac{(a' + Nc')}{(N+1)} < \frac{a - t\,C_H + \gamma(t+1)\,C_S}{\gamma t + t + \gamma} \tag{3-28}$$

在式（3-28）中，为起到区分作用，将多企业古诺模型中的 a、c 变为 a'、c'。

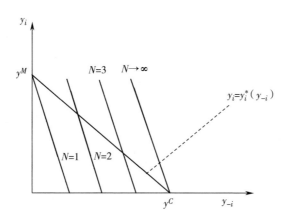

图 3 – 5　企业 i 的反应曲线

另外，在企业总部集聚过程中，会逐渐提升企业总部间的知识溢出、技术溢出等效应，故企业总部的生产函数 $Y = A(HQ,.) L_1^{\alpha_1} \prod_{j=2}^{m} (n_j^{\frac{\alpha_i}{p_j}} X_j^{\alpha_j})$ 中的 $A(HQ,.)$ 的数值会提升，这样则会带动企业总部生产能力的提高，将总部型企业的生产函数可以概括为 $X = g(T, \rho)$ 形式，其中 T 表示的是总部型企业在生产中间产品时所用到的中心城市的禀赋资源，比如信息、技术等，在本质上相当于服务业所提供的中间产品 A 和企业总部自身的劳动力资源 L_H，ρ 代表为一个相关性指标，代表着某一总部型企业在其所处的中心城市中的总部集聚水平，包括技术水平，集聚企业总部数量等，实质上等同于 Davis 和 Henderson 所提出的生产函数中的 $A(HQ,.)$，企业总部的生产函数有如下的数学关系：

$$\frac{\partial Y}{\partial A(HQ,.)} \geqslant 0, \frac{\partial Y}{\partial L} \geqslant 0, \frac{\partial Y}{\partial A} \geqslant 0 \qquad (3-29)$$

$$\frac{\partial^2 Y}{\partial [A(HQ,.)]^2} < 0, \frac{\partial^2 Y}{\partial L^2} < 0, \frac{\partial^2 Y}{\partial A^2} < 0 \qquad (3-30)$$

$$\frac{\partial^2 Y}{\partial A(HQ,.) \partial L} = \frac{\partial^2 Y}{\partial L \partial A(HQ,.)}, \frac{\partial^2 Y}{\partial A(HQ,.) \partial A}$$

$$= \frac{\partial^2 Y}{\partial A(HQ,.) \partial A}, \frac{\partial^2 Y}{\partial L \partial A} = \frac{\partial^2 Y}{\partial A \partial L} \qquad (3-31)$$

从式（3 - 29）、式（3 - 30）和式（3 - 31）中，我们可以看出企业总部内部，总部和分部门之间相关配套的要素资源是独立的，且随着投入的增多，总部集聚程度会逐步提升，伴随着的是总部集聚效应也会随之提升，但资源的投入同样符合边际递减的规律。

（4）Davis 和 Henderson 模型及其拓展给予我们的启示

①理论层面上符合利润最大化目标的假定

首先，在对 Davis 和 Henderson 的企业总部模型进行剖析后，我们可以看出对于一个生产型的企业，其总部脱离企业后进入 CBD 内，可以实现成本的降低，提高利润。这一结果与比较优势理论、价值链理论等相符合。另外，企业内分部门提供的产品和技术与企业生产部门所用的生产要素不相关，二者是互补品，而非替代品，这也支持了企业总部模型的理性人假设，由此为企业的部门的地理位置分离提供了充分的理论基础，企业可以在不同地区寻求资源禀赋差异来实现自身的利益最大化。

其次，企业可以通过相关理论模型估算在总部迁移至 CBD 集聚区后的收益，与现有收益进行比较分析来决定是否迁移。另外企业迁移时要充分考虑到是否在 CBD 内集聚区内有自身所缺乏的生产要素，不可盲目跟风。企业总部的集聚既可以表现为横向的集聚同时又可以表现为纵向的集聚，或两者都有。企业可以结合自身的生产禀赋，在产业层面、价值链层面上借助于某种形态的集聚，使得自身能够享受到技术要素外溢、知识要素外溢等正外部性的条件，实现自身的规模经济。通过 N 个企业古诺模型的推导，我们可以看出，集群内企业数量与企业所占的市场份额成反比，规模效应的平衡点也并非一成不变，我们需要警惕 CBD 总部集群由规模效应走向拥挤效应。

②现实层面上政府、企业和市场的合力推进

企业总部能够入驻 CBD 最根本的原因是能够带来更多的利润，因而 CBD 的资源禀赋、市场条件、政策措施等就成为企业总部是否决定入驻的一个客观参考因素，这就对 CBD 所在的中心城市提出了要求。在建设和发展 CBD 的过程中，政府、企业和市场协同推进，发挥作用。

首先，政府应当成立某种形式的管理和协调机构，并有相应的职能部门来负责 CBD 的管理和协同，这一专门的管理机构旨在协调政府内部的利益团体，因为 CBD 的构建涉及工商、税务、当地所在区域或县域等的政府部门、公安机构、市政管理机构等。如果仅仅把 CBD 的管理机构设为一个区或者一个工商部门的一个下属机构，则很难从多角度、多主体出发协调好各方利益。另外，用制度来保障总部集群的健康运行，避免产生诸如创新惰性企业的存在。

其次，要使市场配置资源的决定性作用和更好地发挥政府作用有机结合。对于 CBD 的集聚区，市场原则可以简单表述为让市场在资源配置中起决定作用，政府相关部门能够满足总部对公共产品的需求，营造良好投资环境，规范市场运行，充分激发市场活力，积极引导管理模式的创新等。具体的建议包括加快 CBD 内企业的办公效率和形成规模淘汰机制。在 CBD 内的企业总部多为高端企业，效率决定利润乃至生存，高效的审批效率、办公效率能够极大地发挥 CBD 的集聚优势。规模淘汰机制在当前的国际市场中已经开始实施，一个弱小企业的入驻，会降低 CBD 内的集聚水平，这个弱小的企业相当于"智猪博弈"中的小猪，搭便车和创新惰性不利于企业总部整体的集聚和发展。

最后，企业应该因地制宜。聚集在 CBD 内的企业总部不是单一的整个企业的一个行政总部，不仅包括技术总部、销售总部、采购总部等职能部门，而且包括地区总部等，这里对企业总部的设定是遵循着 Davis 和 Henderson 的追求自身利润最大化企业总部模型，在具体的操作中，企业可以采取总部的迁移，也可以采取地区分部或者职能分部的迁移，面对总部的迁移问题，企业必须因地制宜，因时而定。

2. 基于空间经济学的总部集聚动因分析

在现实生活中，消费者和生产者的经济活动都不是一成不变的，其必然存在于一个时间和空间的范畴之内，这就是说，经济活动不单单是传统区位论的地区选择问题，而是一种多维度的活动，包括不同的空间结构、资源结构、要素结构等，这些因素都能够对经济活动的收益产生影响。在此情形下，本书利用空间经济学的迪克西特—斯蒂格利茨模型来分析在空间经济学领域内，其中假设了南北两个地区，南部为生产农产品的地区，农产品质量统一，该生产部门为完全竞争经济模式，北部为生产工业制成品，制成品之间具有一定的多样性和可替代性，并且具有规模递增的特征，并且北部具有较为发达的服务业（包括了生产性服务业和消费性服务业）。我们没必要拘泥于"农业""制造业""南部""北部"等这一系列名词的字面含义，由于本书着重考虑北京 CBD 内的集聚情况，故北京市对应着迪克西特—斯蒂格利茨模型的北部区域，即规模收益递增的区域，而除北京市外的其他地区我们可以看成是除制造业之外的生产所有其余产品的地区，对应着模型中的南部地区。

式（3 - 32）至式（3 - 37）为藤田昌久和 Thisse（2005）中所建立的模型，其中消费者的效用函数为

$$U = \frac{Q^{\mu} \gamma^{1-\mu}}{\mu^{\mu} (1 - \mu)^{(1-\mu)}} \quad 0 < \mu < 1 \qquad (3 - 32)$$

其中，Q 为 M（工业制品）的一系列消费，γ 为传统部门的消费量，而 μ 为 Q 占 Y 的比例，即工业制品消费支出占比。

$$Q = \left[\int_0^m q(i)^{\rho} \mathrm{d}i \right]^{\frac{1}{\rho}} \quad 0 < \rho < 1 \qquad (3 - 33)$$

其中，$q(i)$ 为一系列工业制成品消费的任意一个，系数 ρ 为消费者对不同工业制成品的偏好程度，当 ρ 趋于 1 时，表示消费者没有特殊偏好，即一系列的工业制成品互为完全替代品，当 ρ 趋于 0 时，表示消费者对于工业制成品的多样性具有无限偏好。在后文中，我们记 $\sigma = \frac{1}{1 - \rho}, 1 < \sigma$，$\sigma$ 表示任何两件差异化的制造业产品之间的替代弹性。

令 γ 为需求函数，p^T 为农产品的价格，则

$$\gamma = \frac{(1 - \mu)Y}{p^T} \quad\quad (3 - 34)$$

$$q(i) = \frac{\mu Y}{p(i)} \frac{p(i)^{-(\sigma-1)}}{P^{-(\sigma-1)}} i \in [0, m] \quad\quad (3 - 35)$$

故价格指数为

$$P \equiv \left[\int_0^m p(i)^{-(\sigma-1)} \mathrm{d}i \right]^{\frac{-1}{\sigma-1}} \quad\quad (3 - 36)$$

中间效用函数为

$$v = YP^{-\mu}(p^T)^{-(1-\mu)} \quad\quad (3 - 37)$$

从企业的核心技术角度看，总部集聚可以从空间经济学中的 TP 模型即知识创造企业核心资本的角度对其予以解释，假设资本创造部门利用劳动力作为唯一投入要素，生产私人知识资本（即企业区别于其他企业的核心资本）和公共知识资本，由于知识资本的累积具有跨期外部性，所以可以不断降低资本创造的成本。[①] 公共知识的非竞争性和排他性使其可以较为容易地传播和扩散，对于特定的区域来说，可以利用的公共知识既有本地的也有外地的。本地的知识可以完全被利用，外地的知识能够充分利用依赖于区际间的经济开放度。现实中，总部集聚所在城市的知识往往具有更为充沛的公共知识资本，这使得总部经济能够以更为低廉的成本进行新资本的创造。

假设总部城市的资本创造成本为 $a_I = \dfrac{1}{[K + f(\phi)]K^*}$，工厂城市对应的资本创造成本为 $a_I^* = \dfrac{1}{[K + f(\phi)]K^*}$ 其中，$f(\phi)$ 是 ϕ 的增函数，表示企业工厂所在地对企业总部所在地的公共知识资本是指溢出随着区际间交易成本的降低而增加。在实际上，由于总部集聚所在城市具有天然的知识资源禀赋，因此假设 $b + c = 1$，$b \neq c$，$b < c$，其中 b 和 c 均是

---

① 这里假设的私人知识资本职能生产企业特有的产品，不参与新资本的创造；但公共知识资本则是作为储备支持新资本的创造。

线性溢出函数 $f(\phi)$ 的系数，考虑到总部城市向工厂城市的溢出成本和工厂城市向总部城市逆向溢出的成本不同，因此设定两个不同的系数 b 和 c，则总部城市和工厂城市的资本创造成本分别为

$$a_I = \frac{1}{[K + (\phi) K^*/b]}, a_I = \frac{1}{[K + (\phi) K^*/c]} \quad (3-38)$$

由于 $b < c$，故 $a_I < a_I$，也就是说企业选择在中心城市总部集聚，则企业会以更低的成本获取企业的核心资源。

从资本收益的角度看，总部集聚可以用空间经济学中的 FC 模型予以解释，所谓 FC 模型即自由资本模型，其假设与 CP 模型的不同之处是假定流动要素将素有收入返回到流动要素原来所在地进行消费，此种假设是忽略循环累积因果效应，尽可能地剔除相关的内生变量。在该模型中我们可以假设企业总部是模型中的北部企业，而企业工厂则是模式中的南部企业。选取 FC 模型稳定均衡推导的部分过程如下[①]：

$$\pi - \pi^* = b \frac{E^w(1-\varphi)}{K^W \Delta \Delta^*} \Big[(1+\varphi) \Big(S_E - \frac{1}{2} \Big) - (1-\varphi) \Big(S_N - \frac{1}{2} \Big) \Big]$$
$$(3-39)$$

式（3-39）可理解为总部企业城市和工厂城市之间的利润差异，其中 π 和 π^* 总部城市和工厂城市的利润，φ 为贸易自由度，S_E 和 S_N 分别代表北部和南部的市场份额，E^w 是两地总支出，K^W 是两地总资本，Δ、Δ^* 和 b 分别为推导过程中的简写，$\Delta = P_M / n^w, \Delta^* = P_M^* / n^w$，其中 P_M 和 P_M^* 分别为两区域工业品的价格指数，$b = \mu/\sigma, \mu$ 是消费者用于工业产品消费的占比，σ 是不同产品之间的替代弹性。当方括号中的第一项为正，则表明总部城市的支出份额大于对称分布时的份额，则该项对资本利润率差异的影响为正，这表明企业具备总部分离的条件和动机，利润的吸引力导致了资本向总部城市聚集。方括号中的第二项为负值，表明如果总部城市使用的资本份额超过对称分布时的资本份额，那么这一

---

① 详细推导过程可详见：安虎森. 新经济地理学原理 [M]. 北京：经济科学出版社，2009.

作用力将降低总部城市的资本利润率，从而阻碍资本向使用较多资本的区域流动，即存在着挤出效应。由于 φ 为贸易自由度介于 0 至 1 之间，因此，贸易自由度 φ 越高，则企业总部与工厂分离，进入总部城市集聚的倾向越大。由于贸易自由度 $\varphi = \tau^{1-\sigma}$，因此运输成本，实际也是企业总部和工厂之间的交流成本的降低或者替代弹性的下降都有利于提高贸易自由度，进而促使总部集聚。

此外，梁琦（2012）试图从劳动力和税收的角度去分析总部与集聚，其假定南北区域地理空间的同质化（即资源禀赋相同），公式（3－40）至公式（3－45）为选取梁琦（2012）的部分公式以说明本书问题。令南北区域内非技术工人数量分别为 L_N 和 L_S，且 L_S 表示劳动力富足地区的劳动数量，L_S 是 L_N 的 α_S 倍，且收入一致，那么有

$$w_N^L L_N = w_S^L L_S \qquad (3-40)$$

由于非技术工人的工资收入由其边际产出决定，每单位农产品在从事农产品生产时不存在运输成本，所以每一单位农产品价格一致，从而从事农业生产的非技术工人工资率相同，同时由于非技术工人在从事农业生产和从事工厂生产之间转换不存在成本，所以每个非技术工人在从事农业生产和工厂生产的工资率相同。在本书中，由于工业生产部门被划分为了企业总部和企业生产分厂，企业总部仅仅需要的是技术工人，而企业分厂则需要的是非技术工人，那么非技术工人既可以从事工业部门的生产分厂的工作，又可以从事农业部门的工作。考虑到南北地区的劳动效率不同，从而工资率不同，则有[①]

$$w_N^L = w_S^L \alpha_S \qquad (3-41)$$

若令 $w_N^L = 1$，则 $w_S^L = \dfrac{1}{\alpha_S} < 1$。

生产者面临的消费者对差异化产品的喜好使得每一个厂商具有一

---

① 梁琦，丁树，王如玉．总部集聚与工厂选址［C］．经济学（季刊），2012.

定的垄断能力，但不是说每个企业就能够由此获得垄断利润。企业的无成本自由进入与退出会使得每个企业只能在垄断竞争的环境下获得一定的会计利润，但从总体看没有企业能够持续创造出垄断利润，即垄断利润是不存在的。

总计有 m 种产品进行生产，每一个企业只能生产一种产品，且每个总部使用的技术工人固定为 f，可以得到

$$S = mf \qquad\qquad (3-42)$$

其中，南北地区相加的所有的技术工人数量用 S 表示。令在北部区域定位的总部集合记为 M_N，简记为北部企业；在南部区域定位的总部集合为 M_S，简记为南部企业。同时，令 M_N 中元素个数为 m_N，M_S 中元素个数为 m_S，也就是说有 m_N 个总部在北部，有 m_S 个总部在南部。

现在考虑厂商工厂的生产函数。当总部定位与 r 区域，工厂定位与 s 区域的工厂非技术工人劳动力需求为

$$l(i) = c_{rs}q(i) \qquad\qquad (3-43)$$

c_{rs} 是 s 地区生产工厂边际产品的非技术劳动力需求。这样设置函数的出发点必须有三个：第一，企业成本会影响到集群内部的政府税收；第二，当企业选择劳动充裕的地区设立工厂会享有来自劳动的成本降低；第三，当企业总部与工厂采用不同区位时，企业要牺牲一部分跨区域交流成本。

综上可得

$$C_{rs}(i) = w_r^H f + L(s)\, w_s^L\, \widetilde{T}_c \qquad\qquad (3-44)$$

$$l(i) = L(r)q(i)\, \widetilde{T}_c \qquad\qquad (3-45)$$

式（3-44）和式（3-45）中，第一部分为技术工人成本，第二部分是给定工厂所在地税率下企业的可变成本部分。而 $\widetilde{T}_c$ 则表明企业有异地设厂所导致的交流成本；当 $r \neq s$ 时，异地设厂成本存在；当 $r = s$ 时，异地设厂成本不存在。由之前的假设，$L(r)$ 表示 r 地区的

税收政策，以上的成本函数设置体现了企业总部、工厂选址的特点，当总部和工厂处在不同区域时，整个企业的生产效率会产生距离衰减效应，但这种衰减受到交流成本和信息传播技术的可能性的影响。

第二节　CBD 高端企业总部集聚形成的经济本质

企业的总部集聚行为从经济学的角度看，是经济发展进程中时间和空间要素耦合，企业、市场、城市（政府）共同作用的产物，产生的背景是经济全球化、区域经济一体化、产业发展协同化的产物；产生的根源是各个经济主体实现自身效用最大化的行为选择，尤其是企业在市场机制作用下逐利行为的客观要求；实现途径是总部集群的发展；信息技术的发展是支撑总部集群的基础，最终推动总部经济的发展和壮大。

根据国内文献资料，关于总部经济的定义最早出现在 2003 年，有两位学者给出了定义，林文俏（2003）认为总部经济是指通过创造各种有利条件，吸引跨国公司和外埠大型企业集团入驻，企业总部在中心城市集群布局，生产加工基地则安排在营运成本较低的周边地区或外地，从而形成合理的价值链分工。赵弘（2003）认为总部经济是指某区域通过创造各种有利条件，吸引跨国公司和外埠大型企业集团总部入驻，通过极化效应和扩散效应，企业总部优化布局，生产加工基地通过各种形式安排在成本较低的周边地区或外地，从而形成合力的价值链分工的经济活动的总称。陈东琪（2005）认为跨国公司往往是通过地区总部指挥它在各地的工厂、办事处、子公司和其他相关机构，进行资金、生产、贸易、人才和信息的集中运作，并通过产业链和市场链扩展自己的空间。这个地区总部实际上就是活动于这个地区的控制中心，是这个区域的"大脑"。由这个地区总部形成和带动的所有经营活动行为总和，就是"总部经济"。陈建成（2006）认为"总部经济与集聚经济是既有联系又有区别的两种经济形式"。总部经济在形式上是集聚经济的一种特例，但在发挥作用的过程中既通过调整来发挥集聚效应，同时还通过不断发展来发挥辐射效应。魏达志（2010）认为总部经济由企业组织、城市规划经济、产业结构等方面共同的协调配合下耦合而成。赵弘（2014）在后续的研究中对总部经济的概念进行了改进：总部经济是企业根据区域间的资源禀赋不同，为了实现企业价值链与区域资源最优空间耦合，将总部与生产制造环节（一般服务环节）进行空间分离，并由此产生总部集群布局的一种经济形态。

综合各方的意见，总部经济有以下几个特征：第一，总部经济的出发点是企业总部的集聚；第二，总部经济必须有一定辐射路径来反作用于经济；第三，总部经济对改善空间结构、产业结构，区域结构、优化资源配置具有显著效果。

首先，总部经济的出发点即企业总部的集聚。规模经济和正外部性促使企业总部和其他部门分离，并由中心城市的特有优势所吸引，从而使总部集聚在某一个集聚区内。由于众多企业总部聚集在一起，能够形成很大的规模，并产生巨大的市场需求，这种规模经济效应能够很好地保证在该区域布局的各个企业总部获得满足其发展需要的高素质、低成本的人才供给、商务配套和及时准确的市场信息；同时，外部性也是影响企业总部在特定区域聚集的不容忽视的重要因素之一。在企业总部聚集的区域，一般也是基础设施完备、公共服务设施齐全、商务投资环境优越的大城市或经济发达地区，企业将总部聚集在此区域，能够无形中获得其所需要的各项服务和良好的经营环境，进而从中获益。特别需要指出的是，企业纵向集聚也将会促使该区域政府加大对基础设施、商务环境等多方面的投资力度，进一步改善区域的综合发展环境，使更多入驻该区域的总部充分享受这种正的外部性获得相应的利益。充分的外部性足以使越来越多的企业总部聚集在原有的企业总部周围，在该区域形成总部集群。就总部集聚的参与主体而言，实现利益共赢，共

享总部经济带来的红利。不同经济主体集聚的参与形式、经济目的和实现手段大致可以概括为表3-1:

表3-1 不同经济主体的集聚

主体	参与形式	经济目的	实现手段
企业	总部与工厂形态分离	降低成本、利润最大化	信息技术提供支撑
集群	一定界限内的组织形态	集群保持稳定	集聚效应和扩散效应
政府	高效利用地理空间并搭建总部集聚平台	促进城市产业结构升级,实现经济持续增长	合理规划城市布局,突出优势

随着国内经济不断的发展,我国的北京、上海、香港特别行政区等已经成为亚洲乃至世界级别的城市,因而不仅国内企业希望借助于中心城市的总部经济来谋求发展,而且跨国企业同样也在寻求在中国建立分部门、区域中心的机会。显然,国内企业和跨国企业都在积极参与到总部集聚中,二者的共同点都是谋求企业的发展,追求更高的利润;不同点则在于国内企业的总部集聚和跨国企业的总部集聚战略的重要性不同,对集聚地的作用不同,发挥作用的路径也不相同。

跨国企业在国内建立的大都是区域中心,以北京的CBD内的金融业为例,这里集中了花旗银行、德意志银行、渣打银行等国际公司,国际金融总部近40家,这些公司在北京建立了区域中心,战略目的是借用北京的影响力来布局亚洲,发挥影响主要是依赖于通过自身的品牌和全球资源优势,占据全球经济发展最为活跃的地区,实现自身的快速发展和扩张;与国际金融组织形成鲜明对比的是,中国金融业的总部集聚在CBD更多的是以获取政治资源、信息资源为目的,较为典型的是工商银行、建设银行、中国银行、农业银行、交通银行,以及中金集团等。他们以北京为中心,布局全国,乃至在全球市场上与国外企业形成竞争。国有企业总部在北京的集聚不仅仅是市场机制作用的结果,更是北京作为首都具有天然优势的必然结果,这符合前文空间经济学关于企业总部选址所做的假设。如果把北京看作北方地区 N,那么国有企业的总部从诞生之日起就设在了较为发达的北方地区，而民营企业在发展壮大过程中，总部自诞生地逐渐向中心城市集聚，由于民营企业最初大多生长在长三角和珠三角地区，南方地区 S 成为这些企业集聚的首选地，民营企业经权衡利弊和自身发展要求，也可将总部迁移至北方地区 N。可见，民营企业总部的迁移行为相比国有企业更具市场化，是按照市场原则自主地选址和布局。在国内，不仅北京依靠其政治中心、科技中心来吸引民营企业总部入驻，而且上海、深圳等城市凭借着政府现代化的服务理念，较为规范的市场运作同样也具有着很强的总部吸引力，如在深圳就集聚了腾讯公司、万科公司、华为公司、中兴通讯、比亚迪公司等。无形之中，北京、上海、深圳等中心城市对民营企业总部的入驻形成了相互竞争关系，有助于这些城市的服务水平的提升、市场的规范运作、产业结构的升级、国际影响力的增强、对区域经济辐射力的加大和经济持续的增长（见表3-2）。

表3-2 国内公司和国际公司的总部选址

	总部迁移动机	对企业影响	对总部城市的影响	中心城市资源
国内公司	国企更多的是为了获得相关的政策资源，民营企业更多的是为了享受生产要素溢出资源	增强国内布局、完善自身产业链、增加利润	促进所在城市的产业升级、生态环境和经济协调发展	政策资源 信息资源 人才资源 技术资源 市场资源
国际公司	占据国际产业分工链条的优势，布局亚洲	实现企业的国际化布局	对于中心城市的产业、形象有巨大的提升，也能增强中心城市的知名度	中心城市的技术资源、经济、政治和文化的辐射力和影响力

其次，总部经济的发展具有很强的辐射作用，并能够反作用于经济，促进产业优化升级、区域协同发展、空间资源合理配置。本书从产业经济、区域经济和空间经济的角度来剖析总部经济的辐射作用。

总部经济和产业结构优化升级和调整有着不可分割的关系。产业结构，即国民经济各产业部门之间以及各产业部门内部的构成。在一般分工和特殊分工的基础上，社会生产的产业结构或部门结构才产生和发展起来。产业结构的优化升级也被称作产业结构的高度化，是指一国经济发展重心或产业结构重心由第一产业向第二产业和第三产业逐次转移的过程，产业结构的调整态势标志着一国经济发展水平。考虑到总部经济的产业拉动效应，一个制造业总部入驻一个区域后，与之相配套的各种服务业既是需求也是条件，比如传媒、公关、律师等增值性行业会得到有效的市场发展空间。产业优化升级的一个重要特点是重心趋向于高附加值的第三产业，而恰好总部的需求多集中在生产性服务业，这对产业结构有着极为重要的作用，企业总部的需求和产出提供最终通过产业关联效应发挥到产业经济领域。对于企业的总部服务，赵弘等学者也都进行了企业总部所需服务的分析，大体来说企业总部所需服务如图 3－6 所示。

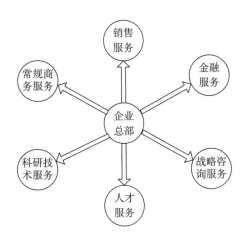

图 3－6　总部企业所需的专业服务

企业总部作为企业的核心，不同的总部分别承担着战略决策、企业内资源匹配、研发管理、人才管理、市场营销等多种职能，但每一种职能作用的发挥都离不开产业的前向关联和后向关联。总部后向关联产业又称总部上游产业，是指为使总部得以正常运转面向其提供所需商品和服务的产业；总部前向关联产业又称总部下游产业，是指以总部提供的商品和劳务为投入资源的产业。如图 3 - 7 所示，前向关联和后向关联通过乘数效应得以更大地发挥，乘数效应的发挥既可以表现在产业投入的增多，又可以表现在人力资本的升值后带来的一系列的需求。总部经济发展会导致高端技术人才流入，由于高端技术人才往往都具有高收入、高消费的特征，显而易见，高技术人才的消费相对于非技术人才更多地集中在教育、医疗、休闲、娱乐等方面，这些行业多属于第三产业中的服务业，在服务业被带动后，又会反过来吸引人才的流入，从而在长期内起到改善产业结构、增加第三产业产值的作用。

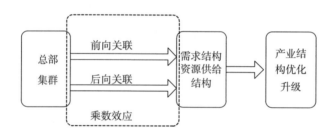

图 3 - 7　总部集群对产业结构的优化

在总部形成集群后，集聚效应明显，大量的企业总部入驻，与之而来的是服务业企业的大量积聚，最终服务业也会分布在总部的集聚区周围，形成相应的服务业集群，在服务集群中，同样也入驻了服务业企业的总部。在总部经济的影响下，某些服务业集群既处在自身的总部集群中，又处在所在行业的产业集群中，如图 3 - 8 所示。

图 3 - 8　处在两个集群下的企业总部

区域经济是一种综合性的经济理论，包括地理资源、社会经济条件、技术经济、相关政策等，其核心旨在发展一定地域内的使内部因素和外部条件相互作用的经济综合体。总部经济和区域经济都可以在地域范畴内得以解释，二者均是在某一地域通过内外部的条件要素来发挥经济作用，因此，区域经济理论在一定程度上可以解释总部经济。

19 世纪初，杜能（Tunen，1826）从区域地租出发探索因地价不同而引起的农业分带现象，创立了农业区位论，奠定了区域经济理论的学科基础。随后，马克思·韦伯（Max Weber，1909）发表《工业区位论》。20 世纪 30 年代初，德国地理学家克里斯塔勒（Christaller，1933）根据村落和市场区位，提出中心地理论。另一位德国经济学家勒什（Losch，1940）利用克里斯塔勒的理论框架，把中心的理论发展成为产业的市场区位论。该时期主要运用成本效益分析方法，探寻农业区位、工业区位的发展规律。

法国经济学家佩鲁（1950）提出了增长极理论。增长极理论认为，一个国家要实现平衡发展只是一种理想，在现实中是不可能的，经济增长通常是从一个或数个"增长中心"逐渐向其他部门或地区传导。因此，应选择特定的地理空间作为增长极，以带动经济发展。在当前的区域一体化进程中，以京津冀为例，北京市就成为京津冀区域协同发展的增长极，而北京市的 CBD 总部集群变成了这个增长极的领头羊，可以说，一个经济区域中的总部集群往往就会成为这个区域的经济增长极，这种情况下总部集群被称作极点，由总部集群率先取得经济增长，然后扩散到周边区域，带动整个经济区域的增长。在一个经济区域中，经济增长的极点有可能不止一个。

具体来说，把经济增长的态势由极点扩散到周边区域是由集聚效应和扩散效应（辐射效应）所决定的。集聚效应是在增长极的增长中心，由于主导产业和其他产业的建设与活动，会产生一种吸引力，吸引周围的劳动力、资金、人才和技术等生产要素向中心集聚，所以中心的规模会不断扩大，也就产生了集聚效应，但是这种集聚不会无限地发挥作用。当集聚达到一定程度时，会导致增长极的经济活动和人口的过分集中，从而出现环境污染、交通拥挤等现象，空间承载力严重不足，这些都减弱了集聚效应，相应地还对生产要素产生了一种扩散效应。扩散效应是指企业、人才、资金等要素向增长极的周边地区扩散，带动周边地区的发展。这两种作用是相辅相成的，在经济发展的不同阶段，两者的作用强度是不同的，在发展初期，集聚效应是主要的，而在发展后期，扩散效应是主要的。当原有的产业分散后，必然有新的产业出现，形成再集聚。

增长极理论认为，无论是集聚效应还是扩散效应，都假设企业是一个不能实现空间分离的独立体。在总部经济理论框架下，企业的各个职能部门是可以分离的，以充分利用各区域的资源，实现企业整体成本的最小化。企业中的总部从企业整体中分离出来，高度集聚在某个区域，空间上形成了总部经济，也形成了增长极理论中的"集聚效应"，而企业的加工制造部门则从中心区逐渐向周边区域转移，表现出了增长极中的扩散效应，"总部—制造基地"的企业模式变成了总部经济振兴区域发展、辐射周边地区的微观模式。"总部—制造基地"的企业模式也比较符合我国当前经济发展的实际情况，我国经济二元结构仍然存在，城乡之间、区域之间经济发展非常不平衡，东南沿海的大中城市非常发达，战略资源丰富，而延伸到内陆的中小城市发展还较落后，自然资源、土地和普通劳动力等传统生产要素较丰富，适于发展劳动密集型产业，所以战略资源丰富的大中城市发展总部经济的同时，要在周边传统生产要素较丰富的中小城市发展制造基地，可以实现区域的整体发展。

在空间经济学模型（NEG）中，最终决定空间长期均衡稳定性的力量通常有两种：一种是市场接近性所带来的优势，这是引起区域分异的力量，也就是导致现代部门向某一区域聚集的力量，即集聚力；另一种是促进现代部门扩散的力量，这种力量来源于市场竞争，在企业集聚程度很高的地区，往往企业间的竞争强度很大，这限制了企业的获利能力，这种分散力促使现代部门在空间上均匀分布，即排斥力。正是这两种力量的相对强弱决定了长期稳定的经济活动空间分布模式。集聚力包括两种力量：一种是本地市场效应，又称为后向联系；另一种是价格指数效应，又称为前向联系。这两种力量都具有循环累积因果特征，也就是具有自我强化的特征，从系统动力学角度上说，这两种力量是正反馈作用力。

本地市场效应是指生产分布的变化会引起区域相对市场规模的同向变化，而区域市场规模的变化又导致生产活动的进一步集中；价格指数效应是指生产活动向某一区域的集中导致该区域相对价格指数的下降，而在名义收入水平相同的情况下，价格指数的下降意味着实际收入水平的提高，实际收入水平的提高使得该区域更具有吸引力。这两种力量形成了一种循环累积因果关系。两种力量在空间上的分布使得空间上的经济活动有了差异性，在不完全竞争、规模报酬递增和要素可流动的前提下，由于集聚力的存在，使得经济活动的空间分布区域集中。另外，由于运输成本和市场拥挤等因素成为主要影响因子，最终导致经济活动在空间上产生分散行为。由于远距离供应的商品成本变高，以至于商品和服务必须增加当地供给，企业和消费者就会在空间上形成一个接近封闭的市场。当区域市场上的运输成本和交易成本变低时，接近封闭的市场能够得到远距离有效且廉价的商品和服务的供给，市场的流动性就会大幅度增加，企业在空间上集聚就会加强，市场规模就会扩大，并据此获得各种规模经济和由所集聚带来的正外部性。在集聚的初期，一般情况下集聚力大于分散力，当集聚增加，区域差距就会扩大，这又进一步加剧了空间的集聚，因为企业把总部选择集中在那些需求和收入最高的地方，而且该区域企业间关联度高，可以产生本地市场效应，因而集聚和区域差距间存在正向的因果关系。二者的关系反映在图3-9上，如曲线 AA 所示。

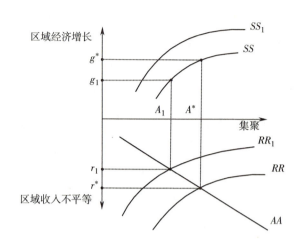

图 3 - 9　集聚、增长和不平等

图 3 - 9 中 SS 曲线反映了经济活动空间集聚与总体经济增长间的关系，RR 曲线表示空间集聚和区域收入不平等的关系。该模型的均衡情况如下：均衡由集聚—区域不平等关系（AA）和集聚—竞争与拥挤关系（RR）的交点给出。它给出了均衡的集聚度（A^*）、区域不平等水平（r^*）和区域增长（g^*）。

图 3 - 9 中的框架给出了增长—集聚—收入平等之间的关系。如果相关的宏观调控致力于通过降低区域内部不平等，使经济活动从集聚趋向分散，或通过再分配等财政措施，把 RR 线移动到 RR_1，结果空间集聚降低到 A_1，区域不平等降低到 r_1。这时由于购买力向区域内部的非集聚区的转移，增加了非集聚区的市场需求，根据循环累积因果效应，资源、要素和需求都会向该区域集聚，该区域会成为空间经济学说中的下一个临界点。因此，企业总部会向该区域集聚形成总部集聚。从整体区域看，在空间集聚布局变化初始，会降低创新型，并导致技术溢出减弱。因此，区域整体的经济效率会下降到 g_1。因此，模型说明了区域平等和区域增长间存在着二者权衡关系。

根据内生增长理论，由规模经济和范围经济的推动，空间集聚提高了区域的经济增长水平。随着企业的集聚，形成规模报酬递增机制。经济活动的空间集中有利于创新和知识的创造，知识共享存在正的溢出效应，会降低企业的创新成本和提高要素的使用效率。创新的增加提高了集聚的平均生产率，实际产出的增长率相应地也会提高。因而，经济活动的区域集中带来本地溢出效应，区域经济的空间集聚度和国民经济增长率间存在正相关关系。

另外，随着创新的增加和经济增长率的上升，会吸引更多的新企业进入市场。在经济核心区，随着更多的企业总部进入，企业总部在基础设施、人才、成本等方面形成竞争，拥挤效应和相关的负外部性显现，一些利润率较低、缺乏竞争力的企业和部门开始转移，竞争的因素导致产业集聚与分散，企业开始从高集聚区向周边区域扩散，进而实现产业在各地区间的相对均衡发展，带来周边地区的增长，促进区域收入差距缩小。

第三节　CBD 高端企业总部集聚的条件

CBD 内高端企业集聚的最初动因之一是对战略要素需求的增加，这些战略性要素主要表现为技术资源要素、人力资本要素等。一个 CBD 内能够在多大的程度上发挥总部经济的集聚和扩散效应，取决于中心城市对 CBD 的支持强度和自身发展 CBD 总部集群的能力，CBD 内高端企业集聚所需要条件包括：人力资本要素、技术要素、配套设施、制度环境和文化环境。

企业总部作为企业的战略决策部门，对企业的发展具有引领作用，对产品研发设计、工艺流程、内部组织关系、营销推广意义重大，对高端人力资本和物质资本的可得性具有强烈的欲望，企业总部的作用和功能完全不同于企业的生产部门，它不仅要求高素质的人力资本，而且要求优质的环境，达到硬件设施过硬，软件设施到位。

具体而言，一是人力资本的高智能性。在 CBD 内，总部企业员工所从事的是重脑力、轻体力的创新性工作，对人力资本的智能要素、知识储备要求较高，能够在 CBD 内生存的员工多为具备高学历、高智能的员工，是胜任能力强、技术水准高的复合型、创新型人才，能够追踪技术发展的前沿领域。

二是技术要素。企业总部的一项重要职能是开展技术和产品的研发设计，并利用"总部—基地"模式将研发成果通过分工厂实现，形成企业整体效益。研发职能作为企业总部一项重要活动，技术溢出的外部性是企业总部入驻的重要原因。中心城市 CBD 中的技术水平受到许多因素制约，并共同构成了吸引企业总部入驻的外部软环境，如相关研发机构的入驻、大学数量的多少、对专利的保护程度等；另外，技术要素还表现为中心城市所具备的技术支撑能力，表现为技术的硬件设施，如北京市具备很强的互联网络沟通能力，这也在无形中提升了总部企业的沟通效率，有学者针对互联网络的发展提出 E – CBD 的概念，即 CBD 的电子化，更是强调了 CBD 内技术要素的重要性。

三是配套设施。能够促进经济发展的现代服务设施体系是吸引高端企业总部集聚的重要条件，具体包括总部及商务办公楼宇；高档酒店、会议展览、休闲娱乐等商务配套设施；道路交通、信息网络、停车场等市政基础设施；商业、公寓、教育、医疗等高端生活型服务设施。值得注意的是，在当前的经济快速发展中，出现了很多产城不相容的情况，产业园区过于重视了生产设施的配备，而忽略了生活设施的建设，"重生产，轻生活"，这在一定程度上对员工的吸引力大打折扣，不利于产业园区的发展，在 CBD 的发展过程中，同样面临着相同的问题，高端人才对生活服务业的需求更高，应围绕高端生活服务，完善配套的生活服务业设施建设。

四是制度环境。良好的制度能够为企业提供公平的竞争环境，也是提高企业效率的关键，更是吸引企业总部入驻的最重要基础条件。既要为企业总部的发展出台相关的政策法规，又要简政放权，提高政府的办公效率。前者主要包括针对重点企业总部的减免税费政策、重点项目的扶持政策、土地租金的优惠政策、高端人才的引进政策；后者主要是指建立完善的政府服务模式。

五是文化环境。良好的文化氛围对于人才具有强大的吸引力，而人才是 CBD 内企业总部最不可或缺的战略要素。积极向上、包容共享的文化氛围对于企业总部之间相互融合共生起到很大的作用，聚集在 CBD 中的外企、国企和民企之间的文化特质不同，在一个包容的氛围中彼此融合，促进、协同发展就显得极为重要，因此，在 CBD 内应该营造一个总部集聚所需要的包容、积极、健康的文化氛围。

第四章

CBD内高端企业集聚的
空间格局和路径优化

第一节　CBD 的空间格局影响因素

城市是产业和人口的集聚地，也是动力市场的集聚地，这必然存在着一个巨大的消费市场。在规模效应和拥挤效应两种相反力量的作用下，城市达到一个最优规模，按照经济学的基本原理，边际收益等于边际成本。行业和部门间的专业分工、知识和技术的共享、公共基础设施的建设都会吸引新的企业和个人进入城市，使城市的规模不断扩大，从而实现规模经济，降低交易成本，边际收益增加；随着城市规模的扩大，住房价格高企、交通拥挤、环境污染、基础设施供给不足，导致边际成本上升，但由于边际收益和边际成本的核算太复杂，城市的规模只能借助于市场机制和政府规划来确定。在城市发展过程中，劳动力市场和消费市场的大小一定程度上影响着城市的发展和繁荣，而城市的空间结构效率是实现城市发展的一个重要原因。如果空间结构安排适当，城市的市场规模效应就会达成，交易成本就会下降；反之，一个无效率的空间结构安排，就可能把城市分割成碎片，肢解劳动力市场和消费市场，导致交易费用的上升。工作和居住地处在城市的不同区域，距离增加、交通拥堵，一些区域变成"睡城"，不仅导致城市生活成本上升，而且致使城市空间资源的浪费。因此，空间集聚就成为城市的重要特征，空间集聚效应也就成为城市发展的原动力。

伴随着城市的发展，城市的空间集聚就会进一步加快，在城市的某一空间，就业密度大，就业层次高，就业地点集中。尽管就业中心因城市的规模和特点不同，但吸纳各类高素质人才的特点是共同的。曼哈顿是纽约的 CBD，被形容为整个美国的经济和文化中心，世界上摩天大楼最集中的地区，汇集了世界 500 强中绝大部分公司的总部，华尔街是曼哈顿中央核心商务区，集中了几十家大银行、保险公司、交易所以及上百家大公司总部和几十万名就业人口，成为世界上就业密度最高的地区，这是典型的单一中心城市；再如洛杉矶，围绕 Downtown 中心，还有一些较集中的就业中心，被称作多中心城市。多中心城市比单一中心城市的就业分布更为均衡。

城市空间集聚可以从多个维度分析对规划格局和经济增长的影响，主要表现为经济活动的空间分布和产业构成，这涉及 CBD 的主导产业构成和 CBD 的功能分区，形成合理而强劲的相互支撑。

由于 CBD 坐落在公认的国际性城市，并处在这个城市的黄金地段，地价是区域内最高的，因而高楼林立，代表着整个城市的最精华的部分。这必然要求 CBD 是以最现代化的第三产业为主导，遍布着金融、保险、证券、现代中介机构等；同时对经济具有控制功能，公司总部云集；围绕现代服务业和公司总部，建立起相应的专业服务、展览及会议、酒店和配套公寓、娱乐及高档零售业等。CBD 所提供的所有货物和各种服务具有最高的水准，具有最高的服务集中性和最高的可达性。

一是展现国际化水平。中央商务区要位于国际城市的中心，其建设和规划要体现国际水平，具有一定的国际影响力，推动区域经济与世界经济的交往，成为区域经济对外开放的窗口。

二是经济发达程度。一个地区的经济发展程度、产业结构和生产要素集聚以及市场化程度直接决定了中央商务区发展的成败。相当的经济基础和市场规模是中央商务区的内核，也是中央商务区成败的关键。

三是合理的功能区分。根据城市自身的经济容量来综合运用土地和进行适当的功能区块划分是中央商务区成功的又一重要因素。区内不但能完成各种商务活动，而且能进行娱乐、购物、健身，具有浓厚文化氛围的人性化社区，由单纯的商业中心向综合文化和经济全能中心过渡。

四是以人为本。CBD 的建设要充分考虑到人的需求，建设充足的绿化带，保有一定的公共空间能够使人与自然和谐相处，也便于人与人的交流。CBD 内的商务区、混合功能区、居住区在各个区域内综合布置，这可以保持用地平衡，缩小昼夜人口差别，也可以减少交通生成量，减轻城市交通压力。

第二节 北京市 CBD 的空间规划格局

从 1990 年北京市规划对 CBD 的建设开始，到 1993 年《北京城市总体规划》的提出，2010 年启动在此基础上的东扩方案，北京市的 CBD 规划逐步走向成熟，主要体现在空间格局的塑造和产业格局、企业布局的完善等方面，以北京市商务名片身份出现的北京市 CBD 推动了首都经济的发展，带来了大量的就业机会，同时还将中国经济融入全球经济的浪潮之中，北京市 CBD 空间格局的演化见表 4−1。

表 4−1　　　　　　　　北京市 CBD 空间格局的演化历程

年份	发展历程
1990	初步考虑将 CBD 的建设纳入到北京市的发展计划中，在综合考虑商务中心区的功能及北京区域建筑、交通、环境、市场等区位因素，规划界一致将建设外二、三环路地区作为商务中心区最优选择
1993	国务院批复《北京城市总体规划》，这一规划在很长时间内引领了北京市城市建设，并对此后历届规划方案产生了深远影响。规划方案正式提出将北京商务中心区建设在北京市朝阳门至建国门、东二环至东三环一带
1998	《北京市中心地区控制性详细规划》出台，该规划将北京 CBD 确定为朝阳区西起东大桥路、东至西大望路，南起通惠河、北至朝阳路之间约 4 平方公里的区域
2000	成立北京市 CBD 的领导机构，并将 CBD 的发展纳入到了北京市的"十五"规划，并在同年，北京市举办了第一届朝阳国际商务节，推广 CBD 的品牌
2003	朝阳区政府发布实施《朝阳区促进北京商务中心区金融业发展的若干措施》，为进一步优化发展环境，打造北京商务中心区现代金融服务功能区，充分发挥金融对区域经济发展的推动作用提供政策支持
2009	北京 CBD 管委会对 CBD 核心区在新时期的发展做了进一步规划，在面积上向东扩约 3 平方公里的同时，其产业界定更加清晰，将总部经济、国际金融和高端商务等产业明确为区域发展重点，使北京中央商务区进入新的发展阶段

续表

年份	发展历程
2010	CBD 东扩方案公示：东扩区约 3 平方公里，南至通惠河、北到朝阳北路、西起西大望路、东抵东四环；同年，"CBD 核心区规划方案征集项目推介会"面向金融、传媒、总部、国际要素、物业开发等 150 多家企业进行了定向推介
2011	CBD 核心区基础设施工程开工，该工程位于核心区中央公共绿地及道路下方，集交通、市政、景观以及综合防灾功能为一体，是推动 CBD 核心区建设的先导工程

资料来源：据北京市 CBD 管委会官网 www.bjcbd.gov.cn 的内容整理。

　　CBD 东扩后区域范围为，东起东四环路、西至东大桥路、南至通惠河、北起朝阳北路。总体区域面积 7 平方公里，其中东扩区总用地面积约 3 平方公里，整体东扩计划预计使用 6～8 年时间完成，社会投资预期达到 1000 亿元，在整个区域 700 万平方米的建筑总面积预期容纳近 14 万个就业岗位。在保持原有产业定位基础上，CBD 东扩区能够进一步提升和丰富整个中央商务区的产业定位，进而推动北京市整体产业优化。具体而言，就是形成一个以国际金融和传媒产业为旗帜，以高端服务产业为主导的拥有先进高端产业支撑的中心商务区。同时加强医疗、教育、行政、生活等配套设施的建设完善，在建设交通、通信、能源等基础设施过程中高标准严要求，从而使整个 CBD 区域的工作和生活环境得以优化，以实现 CBD 区域各项功能的协调发展，提升北京 CBD 整体的商务环境，最终建设成为一个工作居住双向适宜的商务区域。

　　北京中央商务区规划在建设之初就定下了"分步实施、分块建设，重点突出、整体推进"的中长期发展措施，以"绿色、人文、智慧"为发展理念。通过成熟一块开发一块的办法，在初期以"金十字"区域及核心区为重点，之后伴随东扩步伐，在延续原有"金十字"布局模式的基础上，呈"一主一副"双"十字"格局。其基本规划理念是：(1) 在整体规划框架重视对北京历史文脉和城市机理的延续，方格状基本以路网结构为主，体现区内轴向布局以及与旧城中心区的轴向联系；（2）突出商务区规划办公为主的功能，以"金十字街"两侧集中重点布局商务办公设施，规划中突出混合功能区的概念，从而有利于可持续发展，并避免商务功能过于单一的弊病，重视文化功能，使文化设施与商务设施有机融合；（3）重视生态环境体系建设，商务区规划内布局大面积的公共绿地，并将公共绿地通过绿化带的连接形成完整绿化体系；（4）塑造完美的城市形象，超高层建筑的集中，标志性建筑的设置，使空间形态重点突出，错落有致；（5）重视现代化、立体化的便捷交通体系建设，推进地铁与公共交通设施，创建科学、便捷、人性的交通环境；（6）建设完善的信息网络设施，公用业务平台的统一开放，可以为企业和社区信息化建设提供便利的条件和保障。

北京 CBD 的整体产业布局，在东扩后基本可以遵循双十字轴布局，充分结合城市布局机理，发挥区域内不同部分的重点企业、楼宇、人才、信息和交通的不同侧重，原有十字区域继续发展其核心产业的同时，基于东扩步伐实施"一心四轴"的产业空间布局[1]。

1. "一心"布局

"一心"是指 CBD 核心区，主要定位于国际金融核心企业的布局，以吸引国内外知名金融机构，世界 500 强总部和跨国企业为主，发展金融高端服务业，提供世界水平的金融及相关衍生服务。高端金融作为现代产业中附加值极高的产业，有能力承担核心区域的高地租压力，而各行业对金融服务的及时可达性要求极高，居于核心位置使其能够高效率运用交通网络服务于区域内其他产业。

2. "四轴"布局

北京市 CBD 产业"四轴"空间布局基于重点企业分布，以及对区

---

① 北京商务中心区管委会网站 www. bjcbd. gov. cn.

域交通，公共服务、信息网络需求水平不同：国际金融轴分布于东三环沿线、高端商务轴分布于西大望路沿线、文化传媒轴分布于朝阳路沿线、现代服务轴分布于建国路沿线。

（1）国际金融轴

国际金融轴紧挨核心区域，沿东三环南北沿线，南起通惠河北路、北至朝阳路一线，以主路集聚，向两边分散连接。在兼顾核心区域国际金融产业集群发展的同时，强调在专业化聚集的基础上，强化 CBD 中心区及周边地区银行业、保险业、证券交易与咨询、金融信托和管理、财务公司的优势发展，建设全国规模的、具备创新活力的产权交易中心、场外证券交易市场及衍生品交易市场，充分运用国际金融企业的引领和其他行业的需求，吸引专业化的中小金融机构聚集，最终形成兼顾国际国内，门类齐全、产业链完整的合理金融产业集群，推动北京中国特色世界城市建设。

在企业选择方面，北京 CBD 管委会应当发挥协调服务作用，以市场为引导，以专业化分工为主线，支持不同规模银行业、保险业、证券业、信托业，基金管理公司之间开展多种形式、多种途径的业务合作和战略联盟，支持中外金融机构之间开展多种途径、多种形式的合作。

（2）高端商务轴

高端商务轴沿西大望路南北沿线，南起通惠河北路、北至朝阳路一线。充分发挥东扩区建设机遇，通过政策引导和市场驱动，加强区域内产业专业化集聚程度，以服务对象为主导形成具有较强竞争优势的商务服务集聚区：金融银行业数据处理商务集群、高端国际商务企业配套服务集群、创意文化咨询产业集群、制造业电子商务集群；注重对具有国际竞争优势的咨询业集团的引进和建设，成为带动北京市文化产业集群发展的龙头企业；依托区域内会展资源，举办国际豪华奢侈品展，打造以小规模、高顶尖和国际化为主要特征的小型高端会展集聚区。

在企业选择上，可以以 CBD 总部经济为龙头，形成以咨询业、会计师及律师事务所、数据处理、电子商务为核心的高端商务产业集群。

（3）文化传媒轴

文化传媒轴沿朝阳路东西沿线，西到东大桥，东至东四环路一线。此处聚集有中央电视台、北京电视台、人民日报、北京青年报等国内媒体与一大批国际传统和新兴传媒机构，可以通过政策引导和市场驱动，提高产业化集聚程度，完善价值链，形成面向产品的创意文化集聚区。发展以古玩展示交易为对象的艺术集聚区、以时尚创意为对象的设计创意集聚区、以艺术家产品创作展示交易为对象的艺术集聚区、以动漫游戏为内容的数字产品集聚区、以广告影视为对象的节目制作区、以文学创作出版交易为内容的传统文化集聚区等。

在西大望路与朝阳路交叉处，以华贸中心为核心，建设时尚产业集聚区，建立大型商业街区，包括建设地标性建筑、奢侈品销售街区、创意产业设计区、面向大众的展示区等。

在企业选择上，关注中小规模企业发展，依托众多中小传媒企业、软件企业、创意企业，构建传媒产业链，在集群区内形成以核心文化创意产业联盟为主，以外围关联产业为辅，文化创意价值链齐全、具备全球化文化市场竞争优势的网状文化产业集群体系。

（4）现代服务轴

现代服务轴沿建国路东西沿线，西到东大桥路，东至东四环路，大力发展低碳、高端、现代服务业，从下端沟通金融和商务区域。可以同时按服务对象不同形成若干功能各异的现代服务业集聚区支持轴线。国贸—华贸商务区主要发展高端商务、高端商业；双井商务区主要发展商务休闲、商务配套；高碑店商务区主要发展商务旅游；劲松—南磨房商务区主要发展商务休闲，时尚产业等商务活动。

在企业选择上，结合北京市产业政策，应注重高附加值的具有绿色、低碳和产业链条长、人力资本高、产品附加值高的企业，如供应链管理企业，品牌零售企业、高端信息服务企业等，构建现代服务业集群。

第三节 北京 CBD 内产业和高端企业的概况

1. 北京市 CBD 产业分布概况

北京中央商务区入驻企业数量在近年来保持 25% 的增速，税收年增速达到 26%。截至 2015 年，北京 CBD 经济总量超过 1000 亿元，地均达到近 252 亿元/平方公里，是全市平均水平的 18 倍。2014 年，CBD 中心区现代服务业上缴税收 299.05 亿元，同比增长 14.12%；金融业上缴税收 50.95 亿元，同比增长 54.07%；文化创意产业上缴税收总额 37.54 亿元，同比增长 8.25%，在高端行业发展和财富创造上居于全国领先水平。CBD 内高端产业集聚，已经形成了以国际金融业为龙头，以高端商务服务业为主导，文化传媒产业聚集发展、总部经济优势突出的现代服务业产业新布局，形成高、精、尖的产业发展形态。3.3 万家企业入驻北京 CBD，50 多家跨国公司地区总部，160 余家世界 500 强企业，1000 余家大小金融机构，9000 余家国内外商务服务类企业，2000 多家文化传媒企业，整个商务区具备了基本完备的现代商务服务业产业链，经济活动和产业的多样性促进了创新和竞争，也促进了经济增长。

表 4 –2   北京中央商务区 2013—2014 年各行业发展情况

项目		2014 年	2013 年	增速（%）
现代服务业	单位个数（个）	1436	1671	– 14.1
	资产总计（亿元）	28545.7	23654.5	20.7
	收入（亿元）	3154.1	4027.7	– 21.7
金融业	单位个数（个）	226	196	15.3
	资产总计（亿元）	20093.8	15153.9	32.6
	收入（亿元）	1384.0	973.0	42.2

续表

项目		2014 年	2013 年	增速（％）
文化创意业	单位个数（个）	571	633	−13.9
	资产总计（亿元）	1017.7	764.4	33.1
	收入（亿元）	881.5	813.6	8.3

资料来源：《北京市朝阳区统计年鉴》（2015 年），表中重点产业数据为限额以上数目。

2. 入驻北京 CBD 企业总部概况

北京 CBD 吸引了包括国内外众多企业的入驻，是世界 500 强企业最为集聚的商务中心，在这里集聚着全球超过 80% 的跨国公司地区总部。

据北京市 CBD 管委会网站披露，截至 2016 年，CBD 内已有入驻企业达 19000 家，规模以上企业 8900 家，年均增长 27%；注册资本过亿元企业 184 家，已形成以国际金融为龙头、高端商务为主导、国际传媒聚集发展的产业格局。其对北京、京津冀地区乃至全国的经济增长都有程度不同的贡献率，这其中也不乏高端企业，这些高端企业大都是以某一种总部形式入驻，包括地区总部、营销总部、研发总部等，且多以服务业企业居多，对京津冀地区的技术进步和产业升级都具有深远的影响。

根据北京市 CBD 管委会资料整理得到北京市 CBD 内入驻的高端企业有 100 余家，包括美国铝业公司、荷兰皇家飞利浦电子公司、人民搜索网络有限公司、诺和诺德（中国）制药有限公司、中国国际金融有限公司、荷兰皇家壳牌集团、埃森哲公司、三星（中国）投资有限公司、电子资讯系统（中国）有限公司、卡夫食品（中国）有限公司、中国惠普有限公司、蒙特利尔银行（中国）有限公司、赛诺菲（杭州）制药有限公司北京分公司、三井不动产咨询（北京）有限公司、道达尔润滑油（中国）有限公司北京分公司、苏伊士环能（北京）咨询有限公司、庞巴迪宇航技术咨询服务（北京）有限公司、3M 中国公司北京办事处、爱立信有限公司、通用电气北京分公司、德国拜尔医药公司、瑞典伊莱克斯公司、瑞士罗氏公司、法国标致汽车有限公司、美国 IBM 公司、日立公司、松下电器株式会社、日本伊藤洋华堂、西科姆株式会社、道达尔润滑油公司、德国莱茵公司、金光集团、阿尔派株式会社、摩托罗拉公司、三星电子公司、雷诺公司、东芝复印机公司、菲利浦墨里斯公司、美国友邦保险公司、拜尔制药北京办事处、丰田汽车公司北京办事处、葛兰素史克（中国）公司、佳能公司、东陶机器株式会社、奥林巴斯公司、荷兰银行、商船三井（原大阪三井）株式会社、摩根银行和大通银行、大众汽车公司、柯达公司、英特尔公司、戴尔电脑公司、伊藤忠（商事）株式会社、丸红株式会社、川崎重工株式会社、日本邮船株式会社、宏利保险公司、康力斯集团、澳洲电信公司、莱茵集团、中国建设银行股份有限公司、澳洲银行、利宝相互保险公司、加拿大皇家银行、中国银行股份有限公司、莱曼兄弟控股（已破产）、中国电信公司、里昂信贷银行、马自达汽车公司、中国工商银行股份有限公司、俄罗斯天然气工业公司、中国移动通信有限公司、美铝公司、诺华制药有限公司、电子数据系统公司、劳埃德 TSB 集团、巴西石油公司、百思买集团、高盛集团、美国运通公司、杜邦公司、维亚康姆集团、沃特迪斯尼影业公司、斯普林特 nextel 公司、美林咨询公司、沙特阿拉伯国家石油公司、联合包裹运输公司、摩根士丹利公司、富士通株式会社、泰科国际公司、东京电力公司、苏黎世金融服务集团、瑞士银行集团、美国银行、美国电话电报公司、沃达丰集团、法国巴黎银行、慕尼黑再保险公司、德意志银行、索尼株式会社、阿尔特里亚（菲利普莫里斯）集团、株式会社日立制作所、大众汽车公司、伊藤忠商事株式会社、日本电报电话公司、雪佛龙德士古公司、道达尔公司、三井物产株式会社、三菱商事株式会社、丰田汽车公司、福特汽车公司、壳牌石油公司、埃克森美孚公司等。

目前，区域内已基本形成了以金融服务、咨询、企业管理服务等优势行业共同构成的商务服务产业链，并极大地带动了周边地区相关产业的发展。跨国高端企业云集，服务全球发展。以英国渣打集团、美国摩根士丹利、瑞士银行为代表的世界 500 强企业相继在北京 CBD 投资设立了商务服务企业，占据了国外世界 500 强企业总数的近三成，从上述 100 余个高端企业中，我们不难看出，这些企业的总部所处的产业多为现代服务业和高科技的制造业，按照行业的性质大致分为以下几种，如表 4 - 3 所示：

表 4 - 3　　　　　　　　　　　CBD 内企业总部行业分类

总部分类	代表企业
金融服务业	中国国际金融有限公司、中国银行股份有限公司、美国友邦保险公司
咨询服务业	美林咨询公司、摩根士丹利公司、庞巴迪宇航技术咨询服务有限公司
文化传媒业	中央电视台、人民日报社、北京青年报社、北京电视台
能源行业	荷兰皇家壳牌集团、巴西石油公司
电子制造业	美国 IBM 公司、三星电子公司、柯达公司
传统制造业	丰田汽车公司、福特汽车公司、道达尔润滑油（中国）有限公司北京分公司

资料来源：据北京商务中心区管委会网站 www.bjcbd.gov.cn 整理。

集聚在北京 CBD 的总部大致以市场总部、研发总部和综合性的地区总部为主，其职能大致为常规商务服务、科研技术服务、战略咨询服务和金融服务为主，尤其以寻求市场拓展业务为核心的企业市场总部最为常见。随着企业在区域的发展，企业的地区总部往往承担着越来越多的统筹工作，原本承担研发职能的总部职能还需要承担一定的人才招聘、培训等工作。同样，地区总部的职能也会根据地区经济发展的情形而发生变化，当前集聚在北京 CBD 的总部按照职能来划分大致如表 4 -4 所示。

表 4 – 4　　　　　　　　　　　CBD 内总部职能分类

总部分类	代表企业
市场总部	美国友邦保险公司、英国渣打集团、美国摩根士丹利公司、瑞士银行、庞巴迪宇航技术咨询服务（北京）有限公司、美林咨询公司
研发总部	美国 IBM 公司、英特尔公司
综合总部	中国国际金融有限公司、中国建设银行股份有限公司、中国银行股份有限公司

资料来源：据北京商务中心区管委会网站 www. bjcbd. gov. cn 整理。

从上述分析中我们发现，跨国公司在北京 CBD 设立的地区企业总部不仅开拓了中国乃至东亚地区的市场，也以较低的成本获得了高层次的人才，开展研发设计和市场营销，在与本土企业的竞争中，不断推动着中国企业管理水平的提高和技术进步；北京 CBD 集聚的国内企业总部，在拓展中国本土企业业务，做大做强，提高竞争力的同时，着眼全球，服务于世界企业，中国本土的商务服务企业同这些世界级企业相结合，推动着北京 CBD 的商务服务在全球扩展，提高了全球的竞争力。

3. 北京 CBD 企业总部集聚的特点和原因

（1）北京市 CBD 企业总部集聚的特点

北京 CBD 的发展进程中，借助于北京的政治优势、地理区位优势、人力资本优势、政策优势等条件取得了令人瞩目的成绩，目前 CBD 中心区建设项目、基础设施、绿化项目均已完成规划的 80%，建筑总规模 1050 万平方米，约合 260 万平方米/平方公里，集中了北京市 50% 以上的甲级写字楼和星级酒店，规划城市道路 45 条，总长度 41.5 公里，道路路面占 CBD 开发总面积的 39%；CBD 将陆续在东南、东北、西南以及西北四个不同方位，建成 4 块总面积达 10 万平方米的大型绿地，免费向市民开放。北京 CBD 内大批世界级高端服务企业、大批的高科技制造业的聚集和带动，逐步形成适应中国本土发展的现代化商务服务产业链，使 CBD 形成一个比较完整的环形绿化系统，有效拓展地区绿色空间，提升生活品质。赵弘（2006）以城市综合实力、基础条件、商务设施、研发能力、专业服务、政府服务和开放程度六个指标对总部经济的发展能力进行过评价，北京市除政府评分能力在全国第四位之外，其余各项指标均处在了全国前两名。北京 CBD 高端企业总部集聚的特点可以概括为以下几点：

第一，生产性服务业和高端制造业的产业协同化。

现代服务业和高端制造业二者在产业价值链中紧密相连，现代服务业是总部高端制造企业最为重要的上游联系，研发总部的新知识、高技术都是企业总部高端制造业进行生产的必要的生产要素。现代服务业的大量存在，能够直接降低入驻企业总部对于生产资源的搜寻成本。现代服务业包括普华永道、麦肯锡在内的众多国际知名商务服务企业落户 CBD，带动 CBD 区域商务服务业现代化的飞速发展；诸如德意志银行、意大利银行、蒙特利尔银行、渣打银行、东亚银行等世界级银行及全球最大的纳斯达克股票市场在京办事处等外资金融机构近 300 家也坐落于此；诸如大众汽车、IBM 公司、英特尔公司、戴尔电脑公司大量的高端制造业和电子技术制造业等企业总部也因为北京市 CBD 完善的现代服务体系而入驻。

从产业集群角度看，由于生产性服务业和高端制造业均有总部入驻，二者相互促进，相伴而生，集聚效应越发强化，形成了总部集群同服务业集群，从而进一步推动了现代服务业企业总部的入驻。由于北京 CBD 因其发展规划的不断完善，品牌价值和影响力的快速提升，商业服务等产业的不断发展，使其成为区域中吸引国际金融机构入驻、推动要素流动、释放国际影响力的核心。从产业空间匹配角度看，由于 CBD 内驻扎了大量高端制造业企业总部、商务总部和金融机构等与以金融业为主的西城区金融街、以科技创新为主的中关村科技园区的发展相呼应，实现功能互补、协同发展的和谐产业格局。

第二，国际知名企业高度集聚。

国际化是 CBD 最突出的特征。国际化资源在区域内聚集，北京市约 90% 的国际传媒机构，共 169 家，约 80% 的国际组织，110 家国际商会，北京共有 52 家世界 500 强企业地区总部，相当大的比例都集中在了 CBD 区域，如摩托罗拉公司、三星电子公司、雷诺公司、东芝公司等都选址于此；CBD 同时拥有包括德意志银行、普华永道、摩根士丹利、德勤等世界服务业中的 500 强企业在内的 70% 的国际金融机构 252 家，占北京市的 70% 以上，约 30% 的五星级酒店。

另外，频繁的国际交流，多元的文化交融也是北京 CBD 的一大成就。据统计，在北京 CBD 举办了北京市约 50% 以上的国际性会议、90% 的国际商务展览。从 2000 年起，北京 CBD 商务节已经成为北京市最为重要的年度国际合作和经贸交流活动。2008 年，北京 CBD 与法国拉德芳斯、加拿大蒙特利尔、南非开普敦、英国利物浦、俄罗斯莫斯科城区国际商务区等 6 家国际商务区共同创建了旨在促进世界各国 CBD 交流与合作的世界商务区联盟，2010 年，中国商务区联盟在北京中央商务区的成立，极大地促进了中国各城市商务区的交流与合作。良好的人文环境，和谐共生的中外文化也是 CBD 能聚集众多知名外企的关键因素之一。

得天独厚的对外交流环境。北京 CBD 周边有中国第一、第二、第三使馆区，世界各国的驻华使馆所在地，同时，还有超过 9000 家境外驻京代表处和外国驻京商社云集北京 CBD 及其周边区域。北京市 50% 以上的常住外籍人口，众多的国际组织、企业和人才在 CBD 集中，使 CBD 成为中国国际信息、产业、人才等资源最丰富、密集的地区，同时也是北京乃至中国联系世界的窗口。众多的国际资源，多元的国际交流合作，使北京 CBD 可以在技术层面、管理层面、资金层面的对外合作中不断扩展，从而整合国际国内的资源、经验、信息，为企业的发展提供国际资源、借鉴和帮助，实现互利共赢。

第三，贡献突出的楼宇经济。

目前，北京市 CBD 内共有 119 座商务楼宇，包含了国贸大厦、京广中心、国贸三期、中国尊、世贸天阶、华贸金融中心等北京市在各个发展阶段的地标式建筑。这些独具特色而又功能丰富的商务楼宇使楼宇经济成为北京市 CBD 的一大特色。

2013 年，商务区内税收超亿元的商务楼宇共有 43 座，经济贡献占整个 CBD 中心区域的八成以上，其中有六座楼宇的税收超过 10 亿元，仅招商局大厦一座的年税收贡献就超过 40 亿元。此外，众多富有特色的楼宇又间接为商务集聚的形成提供了条件。国贸中心拥有 57 家世界 500 强企业，是北京市 CBD 聚集世界 500 强企业最多的写字楼；东方梅地亚中心 80% 为文化、传媒和创意类企业，构成了北京 CBD 文化传媒产业的大本营；华贸中心重点集中了国际金融企业，入驻有蒙特利尔银行、德意志银行等世界一流金融机构；环球金融中心则倾向于专业化国际金融机构，集中有瑞穗银行、渣打银行等国际知名金融机构；建外 SOHO 集聚有 2000 多家企业，是北京市 CBD 内中小企业的主要分布地区。

（2）北京 CBD 总部经济成功的原因

①CBD 总部经济集聚的条件

一个地区或者城市的总部经济若得到充分的发展，应该满足如下条件：

一是经济要素。雄厚的经济实力代表着丰富的市场资源，这是总部入驻的关键因素。经济实力的重要指标为 GDP，一个区域或者城市的地区生产总值越高，说明这个区域或城市具备较高的经济发展水平，这就成为吸引企业总部集聚的首要因素。

二是完善且先进的城市基础设施。基础设施是生活的保障，也是城市运转的基石。基础设施不仅包含了交通设施、城市环境，更为重要的是完善的现代商业服务设施和发达的通信设施。这些基础设施进一步转为具体的指标可表现为：城市道路占用面积、邮电量、电信总量、人均绿化程度等。

三是合理的产业结构。遵循发达国家产业结构高级化与合理化进程的发展路径，产业结构和经济发展阶段是相适应的，产业结构成熟的标志之一是第三产业成为支柱型产业。20 世纪 90 年代初，世界三大国际大都市纽约、伦敦和东京的第三产业占比就已达到 83%、81% 和 76%，第三产业支撑着这三大城市的发展，因此，这也成为发展中城市产业结构的调整方向。此外，产业结构升级也有城市化效应，包括城市之间形成的产业链分工，这种分工使得产业的空间结构得以优化，优势资源得以集中。

四是包容的人文环境。一个开放的城市能够在保持本土文化不流失的情况下，融合多种文化，吸引各种人才的驻留，人才的集聚是总部集聚的一种重要组成部分，并且人才的活跃带来的更多的是创新，形成知识外溢，这也是总部经济外部性的重要来源之一。

五是拥有优越的腹地条件。在总部经济发展的初期，资源要素的集中，经济效应的辐射在很大程度上都需要优越的地理条件作为支撑。经济聚集现象主要表现为资源要素的集聚，经济辐射效应主要表现为产业价值链在多地区间展开，随着产业链上经济附着力的递减，在区域间梯度扩散，在经济发展的过程中，中心城市将逐渐获得比周边区域更好地发展条件，发展水平远远高于周边区域并最终对周边城市形成辐射拉动作用。区域内中心城市和其他城市频繁的经济交往，将在很大程度上促进整个经济区域增长，提高中心城市产业的竞争力，增加辐射强度，但是在经济发展较快的阶段，城市不仅需要利用天然的地理条件，还需要去打造更多有利条件，包括建设海港、高速公路、铁路、航空等各种便利的设施，这些设施为城市间的经济交流提供了条件，并降低了经济交流的成本，无疑也是企业在选择总部地理位置时需要考虑的因素。

六是积极有效的政策导向。政策的制定和执行都离不开政府，一方面，政府的政策制度不能是一成不变的，在不同的发展阶段，总部企业面临不同的需求，需要不同的政策支持，随着环境的变更，早期的政策可能不再适应现期的发展，这就需要政府时刻了解企业动态，洞悉企业需求，在企业需求变动时，及时给予相应的政策支持；另一方面，政策的推动者仍然是政府，一个好的政策要作用于市场，需要政府的大力支持。服务性政府将会成为总部经济高速发展的重要推动力量，所以，为了吸引企业总部的落户选择，转变政府职能是很重要的环节。

②北京 CBD 总部集聚因素分析

北京 CBD 的总部集聚之所以能够取得如此瞩目的成就，是与城市的综合实力因素不可分的。北京的总部经济不同于上海、深圳等城市的总部经济，北京作为首都，具有很强的区位优势和政治优势，是政府和市场共同主导的一种经济发展模式，具体而言：

一是特殊区位优势促使北京成为总部经济中心。纵观世界著名的 CBD，不管是英国伦敦金融城、美国纽约、法国拉德芳斯，其最初均是以港口城市的身份形成的 CBD，而北京不同于这些城市，其作为一个内陆城市，之所以能够脱颖而出，源于其特殊的区位优势：北京作为首都，无形中具有一种高层决策的信息优势，按照青木昌彦的意会信息理论，距离越远，则意会信息的传达性越差。不管是国内企业还是国外企业，政治和政策上的优势是它们积极寻找的潜在生产要素。此外，区域优势也是北京成为 CBD 的重要原因。不同于南方的上海、广州、深圳等城市的多极点布局，北京的区位优势特殊性体现在其是北方的唯一一个经济和文化极点，这样对于人才、资金和技术等生产要素的流动有着极强的吸引力。

二是政府主导下的完善政策推进体系。不管是 1993 年由国务院批复的《北京城市总体规划》、1999 年《北京市区中心地区控制性详细规划》亦或是北京市政府通过的 CBD 东扩政策，都有着政府主导的身影。政府根据北京市的经济发展情况和要求对其制定的产业政策也起到了很大的推进作用，北京市政府在节能减排、科技创新等方面设置了十分丰富的奖励政策，对区域内产业发展和布局起到了积极的引领作用。同时，完善的人才服务、培训、储备、输送的措施，CBD 国际人才港、人才聚合大讲堂、北京海外学人中心等大型国际化人才市场的建设，使北京 CBD 成为高级人才、海外学人和海外高层次人才回国创业的首选之地，有效带动了各行业企业发展，为 CBD 和华北地区的经济发展积蓄了力量。

尽管北京市政府出台了很多旨在推动吸引企业总部集聚的政策，但政府服务与上海市还有差距，根据赵弘（2014）的测算，上海市政府服务效率始终排在首位，这与上海市政府的相应政策出台和政府的高效服务是分不开的，如上海市政府发布的《上海鼓励跨国公司设立地区总部的规定》等一系列政策都有助于上海总部经济的发展，另外上海市的工商分局为引进大企业总部办理有关手续提供"绿色通道"。在受理企业不涉及前置审批的登记或变更登记手续时，凡材料齐全的，在 3 个工作日内完成登记，此类政策的相继落地都大大提升了政府的办公效率。北京市在这方面紧随上海市步伐，也相继出台了不少举措，旨在增强政府的服务能力，如"朝阳区纳税的地区总部企业给予奖励：从 2009 年起，对年营业收入首次达到 10 亿元（含）、5 亿元（含）、1 亿元（含）人民币的企业，分别给予 1000 万元、500 万元、100 万元人民币的资金奖励；奖励金额累计不超过 1000 万元人民币，分三年按 40%、30%、30% 的比例发放。补助资金由市区财政各承担 50%""2009 年 1 月 1 日后，新入驻我区的地区总部及其设立的研发中心自建或购买办公用房可以享受补助。对自用办公部分面积，一次性补贴标准为每平方米 1000 元人民币，补助面积原则上不超过 5000 平方米""2009 年 1 月 1 日后，新入驻我区的地区总部企业租用办公用房的，在连续 3 年内给予租金补助，第一年补助年度租金的 30%，第二年补助年度租金的 20%，第三年补助年度租金的 10%，最高补助使用面积不超过 3000 平方米"等规定。

三是适合中国特色的公共服务和人文环境布局。北京 CBD 的规划在运用现代化设计理念的同时，还力求将中华传统文化融合在现代城市建设中，构建成了具有鲜明民族特色的现代化城市商务区。区域内各大写字楼和餐厅中的中国元素更是比比皆是。核心区的银泰中心，结合中国灯笼元素展现了其"世界看中国，中国看世界"的窗口创意。朝外 SOHO 运用闽西客家环形土楼的外形理念，以中国传统"胡同"架构不同层次商业空间都形成数条，形成立体化商业街区。

在布局模式上，北京 CBD 突破了国际传统，采用住宅占比相对较高的混合模式，首创开放、多元与包容的 CBD 理念，为 CBD 发展带来了巨大活力。北京 CBD 包含商业、办公、展览、餐饮、娱乐、居住、交通等多种功能组合，不同功能之间互相融合和渗透，从而能够满足都市社群（民众）与经济主体（企业）双方的多样服务需求，有效避免了许多 CBD 地区在晚上和节假日"人去街空"的尴尬局面，延展提升城市的空间价值，使整个 CBD 及其周边区域成为一个社区综合体。

第四节　北京市 CBD 空间格局的优化路径

1. 北京 CBD 面临的问题

党的十八大报告提出，"着力构建现代产业发展新体系""优化产业结构、促进区域协调发展""推动战略性新兴产业、先进制造业健康发展，加快传统产业转型升级，推动服务业特别是现代服务业发展壮大"，这对优化产业结构、加快转变经济发展方式具有重要导向作用。党的十九大报告进一步明确"中国特色社会主义事业总体布局是'五位一体'、战略布局是'四个全面'""以疏解北京非首都功能为'牛鼻子'推动京津冀协同发展，高起点规划、高标准建设雄安新区""培育具有全球竞争力的世界一流企业""坚持引进来和'走出去'并重，遵循共商共建共享原则，加强创新能力开放合作，形成陆海内外联动、东西双向互济的开放格局"。这些要求都为北京市 CBD 的发展指明了方向，提出了更高的要求。

尽管北京市服务业主导格局总体确立，消费拉动作用日益突出，但在新的形势下，北京仍然面临着建设世界城市的重要任务，这就需要城市规划和发展上提升城市品质、建设和谐宜居之都，在城市经济发展上实现动力转换、产业结构深度调整和升级的任务。作为中央商务中心的北京 CBD，既面临着难得的机遇，也面临着严峻的挑战。

北京虽然 CBD 现代服务业云集，文化产业方兴未艾，国际交往日益扩大，科技创新日益增强，CBD 经过多年的发展，也形成一整套的规章制度和促进 CBD 发展的政策法规，运作比较规范，形成很多开放的世界性平台，但北京 CBD 要成为北京高端制造业和现代服务业的中心，对北京的发展起到示范和引领作用，需要在发展过程中着力解决自身所存在的问题。

目前北京 CBD 存在的问题主要表现在：目标定位需要进一步清晰，到底发展哪些产业、吸引什么类型的企业总部需要明确；政府政策缺乏明确的针对性，且力度不够；融资方式缺乏灵活性，融资方式单一；商业功能欠完善，CBD 区域由于商业设施和文化娱乐、体育健身、休闲及旅游观光等设施缺乏关联性，难以形成产业间联动、服务、支撑作用；基础设施配套欠完善，尤其是交通拥堵问题严重，地下轨道交通对缓解交通拥堵作用减弱；CBD 管理服务水平和国际化氛围需要进一步提升。

因此，在京津冀一体化背景下，国家确立了北京新的城市功能定位，即国家政治中心、文化中心、国际交往中心、科技创新中心。这无疑对北京 CBD 的发展提出了新的要求，CBD 在围绕北京新的功能定位上完善和调整发展战略。从这个角度看，尽管北京 CBD 取得了令人瞩目的成就，但与北京新的城市功能定位的要求仍然存在较大的差距。

2. 北京 CBD 产业优化路径

北京 CBD 要真正起到示范和引领作用，在发展传统的高端制造业的研发和现代服务业的基础上，推动新生业态的兴起，主要是利用现代信息技术，通过产业融合激发新的商业业态。

（1）商务服务业与金融业的融合业态

投资与资产管理业务具有商务服务业和金融业的共同属性，由于企业总部具有大量的资金需求，因此资产管理行业会在总部企业集聚的带动下大规模集聚。关于投资和资产管理行业大致集中在以下几类：其一是以大型综合性资产管理公司，如高盛、摩根士丹利、各大券商等为代表的金融机构，这些金融机构几乎可以提供所有的商务金融服务；其二是以股权投资为主的金融机构，包括了孵化公司、PE、VC 等各种金融机构，这类公司以直接融资服务为主；其三是供应链金融公司，这类公司大致分为内部融资供应链和供应链金融公司，以产品的生产条线为脉络，为整个链条的公司提供金融服务。

（2）互联网技术引领下的产业融合业态

在当前的移动互联网时代，互联网在商业中的应用体现出了跨产业边界，融合一切产业的趋势，近几年兴起的"互联网＋"热潮，便是典型的代表。在媒体方面，以央视和人民日报为代表的企业已经进行了新媒体业务的转型；以普惠金融为代表的金融业也进行了基于互联网的转型；电子商务在 CBD 区域内已经成为了一种业务常态。

互联网不仅仅是一种技术，更是一种商业模式。随着 5G 通讯技术和区块链技术的推出，可以预计互联网技术会在 CBD 的发展进程中扮演着更为重要的角色。

（3）文创产业的跨产业融合

文创产业具有宽泛的内涵，不仅体现在艺术创作等纯粹的文化产品和经营上，包括商业运营在内的诸多产业同样离不开文化创意产业的参与，以广告业、会展业代表的行业是文创产业同商务完美融合的产物；另外，移动媒体、自媒体等文化营销是文创产业与媒体产业融合的体现。

3. CBD 总部经济空间格局优化的路径

产业过度集聚所带来人口拥挤、交通拥堵、环境承载力下降，土地资源、水资源日益稀缺，污染严重等问题，城市的拥堵效应使城市的发展遭遇瓶颈制约，集聚收益大于集聚成本，企业开始向外迁移，生活成本居高不下，人口开始远离中心城市。因此，我国实现 CBD 总部经济合理发展，走出一条合理的优化路径是 CBD 总部经济发展面临的一个重要课题。

空间经济学用集聚力和分散力来衡量单个中心城市的稳定性在区域空间结构的动态调整过程，在城市边界的某一点上，市场潜力曲线刚好达到临界距离的时候，即便那里暂时没有产生集聚现象，但那一点对制成品的生产也会变得与已有城市一样具有吸引力。纵然在现有的城市中只有极少数的制造商在这一临界点建立了新的工厂或者制造基地，也会触发空间集聚的正反馈机制，从而导致一个新的城市在该点形成。

从宏观上看，这一理论也适用于总部经济的发展，如果把北京看作是中心，天津和河北等作为腹地，则单中心的稳定程度很大程度上依赖于这个单中心经济体的市场潜力函数以及集聚力和分散力的大小。目前，北京大城市病严重，交通拥堵、人口过度集聚、环境污染严重，而解决北京的问题并不能只靠北京市提高城市容纳水平，而要把它放在一个更广阔的区域内，将北京看作一个极点，来衡量整体的市场潜力函数和区位均衡的稳定程度。总部经济作为北京市产业环节中的一个重要组成部分，其优化应该和解决北京市的大城市病不可分割，二者的发展模式和步调应该协同一致。

北京作为这一区域的核心，应该明确重点，依据北京的资源优势、产业基础以及城市功能定位，对总部进行合理布局。北京应重点吸引世界 500 强企业和具有较大国际影响力的跨国企业亚太区总部，积极吸引具有产业优势和现代服务业企业总部，推动国内外大型企业的研发中心设立。同时，加强空间规划，引导不同功能、不同产业的企业总部在不同区域聚集，形成具有特色的总部经济聚集区，重点建设 CBD、金融街和中关村科技园区"三大"总部聚集区，并不断强化功能合作，北京总部经济的发展应与京津冀、环渤海等周边地区协同合作，与周边各省市区经济发展形成有机的整体，实现经济发展的共赢。

只有明确总部聚集区的功能定位，通过交通便利化的实施，充分利用与周边区域在劳动力、土地、技术和资源等方面的优势互补，充分发挥各自的功能和比较收益，实现不同区域之间的分工合作，达到企业价值链在空间上的分解，拓展和延长企业的价值链，形成整个区域完整的产业配套能力，形成强有力的产业依托。

如果总部经济的发展缺乏整体规划和合理定位，不能与区域内形成产业和要素互补，就会导致无序争夺资源，区域间恶性竞争，不仅不会促进经济发展和区域一体化的实现，而且进一步加剧了地区间的经济发展差距，使城市经济发展呈现空洞化、虚拟化之势，导致城市经济结构脆弱。

总部经济不只是单纯的某一地区的总部集群，总部经济的影响力会通过产业扩散、区域经济结构、劳动力迁移等方式来影响一个大的区域的经济发展态势，而每一个企业主体都推动了总部经济的空间结构从低级到高级，不断复杂化和网络化的整个演化进程，并体现在层次格局的各个层面，促进企业间、产业集群间乃至城市之间的空间关联。企业的选址、集聚、迁移在客观上也推动了城市化的进程和知识、技术的产生以及产业结构的改变，促进了人口从一个地区集聚到另一个地区。

（1）企业行为的空间效应

从行为主体来看，对总部经济的优化调整应把握好两个行为主体和一个外部经济因素之间的关系，两个行为主体是指企业主体和劳动力主体，其中企业主体和劳动力主体构成了空间的自组织系统，两行为主体之间有着很强的互动关系。一个可持续发展的总部经济，需要具备一个可持续发展的业态，这一区域更加注重生态的自然环境、良好的人文环境和居住条件，具有良好的基础设施、先进的信息网络、开放包容的城市文化、高素质的人才等，这些因素直接影响到总部经济以及区域内的产业结构和区域内空间配置，包括基础设施的空间配置和公共服务的共建配置等，也会直接导致知识的溢出与市场规模的扩大和市场需求的变化等。

企业明确以利润最大化为目标，区位选择只是实现其利润最大化的手段之一，而利润最大化能否实现的关键在于市场的大小，决定市场体量的是消费者的消费能力，决定消费者消费能力的是消费者的工资收入和当地的价格水平，而工资收入的多少除了受到劳动者自身劳动素质的影响之外，还会受到外部经济因素的制约，同样当地的生活价格指数也会受到外部经济因素的制约；另外，企业的集聚导致产品种类和数量增多，消费物价指数出现下降，对消费者实现最大效用有明显的正向作用，促进消费者在空间上集聚。由此可以看出，企业的选址、集聚和生产行为与劳动者的居住选址、搬迁、消费和择业行为有着密切关联。

当企业主体和个人主体之间的空间相互作用与外部经济因素相契合，由企业主体和个人主体组成的空间自组织系统才能发挥出更大的作用，外部经济因素和空间自组织系统的协调发展是相辅相成的（见图 4-1）。

（2）劳动力行为的空间效应

劳动力就业和生活选址都会对经济与人口的空间集聚和扩散产生直接的影响，这种影响既推动着产业的扩张，又导致经济体中城市等级和规模的变化。就劳动力本身而言，其空间行为主要表现为居住的选址和人的流动两个方面，分别在静态空间和流动空间上产生效应。劳动力

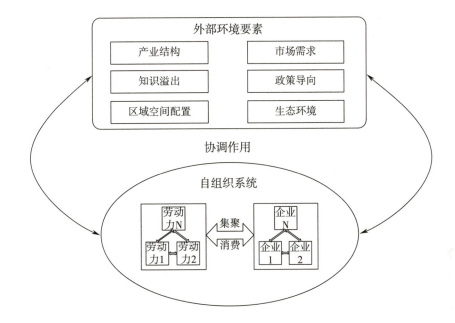

图4-1　空间自组织系统和外部经济因素的关联

的居住选址、集聚和人口流动对推动总部集群演进、产业集群演化和经济体内部城市空间关联有着积极的意义；而不同城市之间和城市内部人的流动则对城市内产业集群微观空间的发展、区域之间的联系起到促进作用。

此外，就劳动力行为和总部经济之间的关系来看，劳动力行为的空间效应还通过和企业间的交互行为来实现。一方面，劳动力的素质和水平，以及空间的集聚程度会对总部集群的产生和运转带来很大的影响；另一方面，作为消费者群体，消费需求的多样化和空间分布的不均衡成为企业生产和销售的必要前提。劳动力既是生产过程的投入要素，又是产品和服务的消费者，劳动力的这种双重性间接地促进了总部集群的空间演化和运行。劳动力和企业在生产和生活上的相互需求，以及在人流、物流及信息流方面的要求促进了总部集群空间的网络化发展。这种网络化发展依托于现代交通、信息化等基础设施的建设与支撑，伴随着信息技术和网络化的普及，以及现代交通设施的发展，导致城市间联系日益密切。劳动者行为可以更为直接地体现在空间运行效应上。

综合考虑到 CBD 内总部经济在宏观和微观的作用机制，若要优化CBD 内高端企业的总部集聚发展路径，需要在充分考虑政策导向、知识溢出、技术进步等的因素下，还需要将产业结构和空间配置的协调、劳动力和企业之间的协调、中心城市和周边城市的协调、总部经济发展与区域生态环境等方面的因素纳入到总部经济的发展和优化路径中来。

就空间效应而言，CBD 作为北京总部经济承载的空间，优化总部经济首先要优化 CBD 的空间资源配置与功能。随着北京整体经济质量的不断提升，CBD 功能及核心内涵在功能构成和空间分布两个层面也随之得到不断丰富和发展。在功能构成上，CBD 的服务功能由以商业为主的单一服务逐步转变成综合性的专业服务，并进而演变成集金融、文化、商务等多种现代服务为一体的复合型服务。北京 CBD 最早的零售批发型商业网点服务已经演变成融合商业、商务等多种专业功能的城市核心区域，表现出品牌高端化、产业集群化、布局网络化、环境人本化、功能复合化等特征。在空间分布上，北京 CBD 不断东扩，并且已经形成了定位于国际金融核心企业布局的 CBD 核心区，强化金融服务业作用的国际金融轴；以服务对象为主导形成具有较强竞争优势的商务服务集聚区为主的高端商务轴；以核心文化创意产业联盟为主，以外围关联产业为辅的文化传媒轴；以现代服务业集聚为主的现代服务轴的空间分布格局。

CBD 总部经济的发展路径应遵循空间结构优化配置，实现空间资源与产业结构相匹配，人口结构与产业结构相统一，经济发展与环境资源相协调程度等多方面的齐头并进式的协调发展。中心城市会对总部经济形成反馈，而总部经济所处的一体化的经济区，以北京的总部经济为例，则京津冀地区的发展会对北京的总部经济产生二次反馈，不管是中心城市还是一体化的经济区，都会在总部经济的发展过程中不断地反馈、激励、纠正总部经济的发展方向和路径。

（3）外部环境的空间效应

企业总部的区位选择离不开其所处的外部环境，外部环境既包括良好的生态、便利的交通、发达的通讯和完善的基础设施，而且还要包括健全的市场环境、良好的商业氛围、高超的科教资源和多元的人文环境。良好的生态环境、便利的交通设施，以及发达的通讯和完善的基础设施是构成总部空间集聚的必要条件，是吸引总部落户的前提；而健全的市场环境、良好的商业氛围和都市声誉、高素质人才资源和科研教育资源、舒适的生活居住环境和多元化的人文环境与发达的现代服务业是总部集聚的充分条件。遵从市场经济的规则，建立了完善的市场机制，培育了自由市场经济的氛围，对跨国公司总部具有较强的吸引力，这也是一个国家或地区经济稳定和良好经济秩序的基础。而一些在中小城市孕育发展起来的中小企业，在其成长壮大后，把总部迁移到具有良好商业氛围的大都市，企业形象可以迅速得到提升；在消费者观念上，一个地方型的企业品牌转变为全国性的企业品牌，市场规模会进一步扩大；而总部集聚在大都市，有助于企业了解最新的市场信息，把握市场机会。同时，能够了解产业的前沿技术，把握产业发展的动态，进行新产品的研发，及时进行产品的更新和技术改造，这恰恰就是企业总部功能的核心所在。若完成企业总部这些价值链高端的功能，需要雄厚的科研实力和高水平的教育资源，北京作为科技教育中心，聚集了全国最好的科技人才，智力资源丰富，企业总部就可以比较容易地以较低的成本进行知识密集型活动的创造，开发新的产品和技术，推动企业竞争力的提高。企业总部的集聚是一个系统的工程，高素质的人才要求高品质的生活居住环境，高水平的医疗，高端的教育资源，自由、宽容、多元的人文环境，以及与总部经济相适应的专业化服务支撑体系应覆盖金融、保险、会展、商务、物流、电子信息网络等诸多领域。

第五章

CBD总部经济对北京经济
发展的影响

第一节　北京城市战略定位与经济发展

历史经验告诉我们，城市的发展要与城市的功能相契合，与经济、政治、文化定位相匹配，并且与人口、资源、环境相协调。2014 年 2 月 25 日习近平在北京考察时，对推进北京的城市发展和管理提出新的要求，尤其是明确了城市的战略定位，坚持和强化首都全国政治中心、文化中心、国际交往中心、科技创新中心的核心功能，深入实施人文北京、科技北京、绿色北京战略，努力把北京建设成为国际一流的和谐宜居之都。要完成北京的城市定位战略，必须把建设国际一流的和谐宜居之都贯穿其中。北京作为首善之区，政治中心是其应有之义，必须承担着极为重要的政治功能和国际交往功能，同时，作为中国经济增长极之一的京津冀，北京也处于重要的地位，是京津冀经济圈的主导者，也是总部经济的中心城市，承担着科技创新的重要使命，因此，扮演好经济角色对北京来说同样重要，没有经济的较快发展，就不会有科技创新和文化进步。2015 年北京市实现 GDP 23014.59 亿元，三次产业比重为 0.6:19.7:79.7，与 2014 年相比，第一产业比重下降 0.1 个百分点，第二产业比重下降 1.6 个百分点，第三产业比重上升 1.8 个百分点，北京三次产业结构的比重已达到发达国家的水平，人均收入也迈入中等发达国家的行列。在北京市经济高速发展的同时，我们也必须看到北京市的生态环境却面临着巨大的压力：交通严重拥挤，高德发布的《2015 年第一季度中国主要城市交通分析报告》，2015 年第一季度全国重点城市拥堵排名北京以拥堵系数 1.99 居首，其他九个城市依次为上海、济南、杭州、重庆、哈尔滨、天津、南宁、石家庄、武汉；在空气质量排名上，北京也是屡次登上全国空气最差 10 个城市之列，2015 年北京 $PM_{2.5}$ 年均浓度为 80.6 微克/立方米，同比下降 6.2%，但是这一数值依旧超出国家标准 1.3 倍，空气质量达标天数 186 天，占全年天数的

51%，较 2014 年增加 14 天，而重污染天数高达 46 天，占比达到 13%；在水资源上，人均水资源量不足 200 立方米，仅为全国人均的 1/12，世界人均的 1/37，是极度缺水地区，严峻的环境问题考验着北京市的环境承载力和经济的可持续发展，以及北京的战略目标的实现。

北京要强化核心功能，使北京真正成为全国的政治中心、文化中心、国际交往中心和科技创新中心，就必须疏解非首都核心功能，解决资源环境承载力不足的问题，这就需要北京在经济发展上，强化科技创新的作用，发挥科技对经济的引领和带动作用，促进总部经济的发展，推动产业结构的优化升级，实现空间资源的合理配置。因此，从总部经济发展与北京市产业结构调整、空间资源配置和生态承载力的关系入手，来剖析如何实现北京市经济发展模式的转变，解决北京发展过程中的生态环境的瓶颈制约的方法和路径，使北京市的城市发展符合北京市的功能定位。

1. 产城融合视角下的北京总部经济

所谓产城融合是指产业和城市的融合发展，产业作为城市发展的基础、城市作为产业发展的载体，最终达到产业、城市和人之间协调可持续发展的模式。李文彬、陈浩（2012）提出产城融合要以人本为导向、功能融合和结构匹配。所谓以人本为导向，就是由过往的功能主义导向人本主义，从只强调生产环节，更多地关注人的生活；所谓功能融合指的是产业发展与空间关系相互协调，达到空间资源优化配置的目标，由于不同产业类型对空间需求不同，随着产业的优化升级，不断调整空间资源配置，最终达到空间资源的合理配置；所谓结构匹配指的是居住人群和产业所需要的就业人群相匹配。配第—克拉克定理表明，随着经济发展，劳动力在不同产业间进行转移是发展趋势。在经济发展过程中，由于各产业间的生产效率不同，产业间收入差距不断扩大，促使劳动力不断向更高报酬和更高生产力的产业流动。随着经济发展和产业结构的调整，劳动力会逐渐由第一产业转移到第二产业，而后向第三产业流动。从整体上看，第一产业的劳动力人口将减少，第二产业和第三产业的劳动力人口将增加。此后，库茨涅茨在前人研究的基础上，再次验证了国民收入的变动会影响产业结构的变动。总体看来，第一产业增加值在国民经济的构成中占有的比例将逐步减少，第二产业和第三产业的增加值在国民经济中的比例将逐步上升，但是第三产业的增加速度要快于第二产业的增长速度，最后形成第三产业占经济主导地位的格局。由于产业结构和就业结构有着密切的联系，考虑到三次产业中等级越高，对就业数量吸纳的弹性越大，所以，发展高等级的第三产业就成了产城融合的必然选择。然而，第三产业的发展并不是一蹴而就的，也是一个渐进的过程，是建立在经济发展的某一时空范畴内。当城市经济没有到达适合在空间上匹配第三产业的时候，不应该盲目大肆发展第三产业，否则就会导致产业结构的虚高化，造成产业结构的失衡和资源的浪费。实现真正意义的产城融合，取决于当前所在区域经济发展的程度，受到具体的产业结构、就业结构和空间配置的战略方向的制约。

2015 年北京市三产比例为 0.61%、19.71%、79.68%，第三产业已经占据最重要的位置，在就业结构方面，北京从事第三产业的人员数量已占绝对优势。全市第二产业和第三产业的年末从业人员分别为200.8 万人、935 万人，其中第二产业占从业人员总数的 16.9%；第三产业占从业人员总数的 78.8%。可以看到北京目前不管是产业结构还是就业结构都以第三产业作为核心，这与总部经济提升产业结构，加速吸纳服务业人才的特点相一致，故总部经济是目前北京市的产城融合的一个良好的催化剂，总部经济的发展在产业结构的优化升级、提供更多的服务业就业岗位，优化空间资源配置方面都有着直接和间接的作用。总部经济和产城融合的关系如图 5-1 所示。

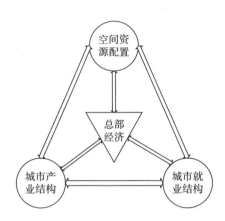

图 5 - 1　产城融合视角下的总部经济

李秀伟、张宇（2013）[①] 在对北京市的产城融合状况进行分析时，认为当前北京市的核心区（CBD、金融街、中关村）的就业密集度在上升，金融业高度集中在金融街，其 GDP 占全市的 10.3%，而商务服务就业则集中在 CBD 地区，CBD 地区占全市 GDP 的 3.8%，中关村成为科技企业就业的主要集聚地，与第三产业就业的集中形成对比的是第二产业的正呈现发散的特征，渐渐从中心城区撤离，选址在北京市的郊区和河北境内。总体看产业结构和空间资源相匹配、产业结构和就业结构基本协调。

但是，在对各大功能区的就业和居住状况的研究中，李秀伟、张宇的研究认为结果并不理想，如表 5 - 1 所示。

表 5 - 1　　　各产业区的平均通勤距离、平均通勤时间比较分析

功能区	平均通勤距离（公里）	平均通勤时间（分钟）	平均通勤速度（公里/小时）
CBD	12.06	55.26	13.1
金融街	10.39	55.12	12.0

① 李秀伟，张宇．从规划实施看北京市"产城融合"发展［C］．//城市时代，协同规划——中国城市规划年会．2013．

续表

功能区	平均通勤距离 （公里）	平均通勤时间 （分钟）	平均通勤速度 （公里/小时）
中关村西区	9.88	50.01	11.9
亦庄	12.7	52.98	14.4
全市平均	9.68	44.59	13.0

资料来源：李秀伟，张宇. 从规划实施看北京市"产城融合"发展，2013.

北京市居民对于以上四个功能区的通勤时间都大于北京市的平均水平，在亦庄的通勤时间最长是因为亦庄的员工基本不在亦庄居住。另外，亦庄开发的居住空间没有得到充分的利用，如表 5-2 所示。这反映了在产城融合进程中，并没能够将人本精神发挥好，要想让功能区从单纯的"工作区"变为更加稳定的"工作—生活区"，解决工作区和生活区分离问题，这就需要北京市坚持"以人为本"的思想，着力解决交通拥堵、时间成本过高的问题。

表 5-2　　　　功能区不同距离范围内居住用地占建设用地的比例

单位:%，公里

功能区	距离范围	2	2~5	5~10	10~20
现状用地	金融街	40	37	34	18
	CBD	31	36	29	21
	中关村西区	32	22	25	24
	亦庄	5	16	12	24
规划用地	金融街	25	25	30	18
	CBD	22	29	22	21
	中关村西区	28	21	22	22
	亦庄	5	15	16	19

资料来源：李秀伟，张宇. 从规划实施看北京市"产城融合"发展 ［Z］. 2013.

总体来说北京市的产城融合状况是产业结构和就业结构之间、产业结构和空间匹配之间都不错，近些年就产业布局和城市发展北京市也做了很多的工作，但就业结构和空间匹配之间做得不够好，针对类似于亦庄的功能区问题，当亦庄兴建产业园区或者是总部集聚区的时候，应在空间规划布局中着重发挥生活、娱乐的元素作用，使职工和居民尽可能地都处在相对较近的距离，从而提升人们的幸福感。

回顾北京市产城融合的历程我们可以大致归纳为以下几个重要的节点：

（1）"六五"规划时期：北京高校群建设，此阶段北京主要以工业发展为主导；

（2）"七五"规划时期：北京首钢增产，中关村新技术产业开发试验区建立，此阶段北京构建了基础的交通线路，包括城市二、三环路和机场高速等；

（3）"八五"规划时期：金融街、国贸、亦庄国家经济开发区、空港开发区成立，此阶段北京市进一步完善了相关的交通设施，首都机场T2 航站楼和北京西站开通；

（4）"九五"规划时期：中心商务区成立、中关村建设升级；

（5）"十五"规划时期：东二环央企总部成立，交通建设方面，四、五、六环路通车，首都机场T3 航站楼兴建；

（6）"十一五"规划时期：首钢搬迁曹妃甸，奥运会举行；

（7）"十二五"规划时期：CBD 东扩、新首钢高端产业综合服务区设立。

2. 总部经济助推产业升级创新

服务业按照面向群体的不同可以粗略划分为消费型服务业（Consumer Services）和生产型服务业（Producer Services）。消费型服务业是指为适应居民消费结构升级趋势，提高人民的消费水平，继续发展主要面向消费者的服务业，扩大短缺服务产品供给，满足人民群众多样化的服务需求。其内容主要包括商贸服务业、房地产业、旅游业、市政公用事业、社区服务业和体育产业等。消费性服务业是直接接触顾客的行业，按消费性服务业的主体划分，可以分为两类：一类是有形产品服务类，即以餐饮、超市为典型代表的"服务＋产品"类；另一类是无形产品类，即以旅游为典型代表的"服务＋环境"类。生产性服务业是指为保持工业生产过程的连续性、促进工业技术进步、产业升级和提高生产效率提供保障服务的服务行业，其与制造业直接相关的配套服务业，是从制造业内部生产服务部门而独立发展起来的新兴产业，本身并不向消费者提供直接的、独立的服务效用。生产性服务业依附于制造业企业而存在，贯穿于企业生产的上游、中游和下游诸环节中，以人力资本和知识资本作为主要投入品，把日益专业化的人力资本和知识资本引进制造业，是二、三产业加速融合的关键环节。

根据朱海燕、魏江（2013）所给的定义，生产型服务业又可以分为知识型服务业和非知识型服务业，二者之间的区别在于知识型服务业是否主要依靠专业知识，为客户提供的更多是否为知识方面的服务，与客户之间是否具备更多的沟通和互动。由于国外并没有现代服务业一说，着重分析的是知识型服务业和生产型服务业。本书采用朱海燕（2013）的观点，知识型服务业等同于现代服务业。与总部经济联系最为密切的是生产型服务业，而生产型服务业对于城市的经济增长、创新能力提升、产业结构调整等都有着积极的作用。

关于总部经济和服务业的关系，概括地说，总部经济对服务业的发展具有量和质共同的作用。我国城市服务业的集聚路径有三种：基于工业园区的生产性服务业集聚、基于城市功能区的现代服务业集聚和基于城市总体规划的服务业集聚。CBD 作为北京市重要的城市功能区，直接与之相关的就是基于城市功能区的服务业集聚。

（1）总部企业集聚为生产型服务业提供了巨大的需求

蒋三庚（2009）提出现代服务业集群的动力机制主要有四个：区位因素、需求因素、软硬件环境、人才供给。在 CBD 区域内，由于天然具有了区位因素、软硬件环境和人才供给，但需求因素需要依靠

CBD内对于生产型服务业需求最为强劲的企业总部集群来提供。企业总部集聚最为明显的是通过生产性服务业来提供其生产要素，如前所述，一个企业的总部需要大约六种生产性服务要素：分别是销售服务、金融服务、战略咨询服务、科研技术服务、人才教育培训服务以及常规商务服务。这些服务基本为生产型服务业，所以相比较消费型服务业，生产型服务业对总部经济体的影响更加直接，消费性服务业只能处在总部经济的后向联系环节中，而生产型服务业可以贯穿企业总部生产的整个环节。CBD内的总部经济系统和服务业集聚系统都能够实现自我强化，并且能够实现二者彼此强化，吸引更多的企业总部和服务业企业集聚，因而，二者存在着交集，不少服务业企业的总部既在服务业的产业集群中，又在总部集群中，这样，就会对现代服务业集群量带来提升，鉴于服务业自身结构的特点，生产型服务业和现代服务业要比消费型服务业对于经济的增长作用更加明显，它不仅能够直接带来经济的增长，而且通过服务于第一、第二产业，间接地推动着经济的发展。在信息技术迅猛发展的今天，高技术含量的现代服务业和生产型服务业要比传统的消费型服务业更能够适应时代的发展，高技术会成为推动服务业发展的重要力量，但随着经济的发展，人民生活水平的提高，消费性服务业也日益重要，既能够提高人民的生活品质和幸福指数，而且还是带动经济增长、创造需求的重要一环。

（2）总部经济促进经济增长和产业发展

如前文所述，总部经济集聚为生产型服务业提供了巨大的需求，催生了生产型服务业在总部经济区域的集聚和发展。与此同时，生产型服务业的发展也能够通过技术创新、产业结构的调整和外溢效益带来产业结构的优化和经济增长。

①通过技术创新促进经济增长和产业结构优化

现代经济的发展离不开技术的进步和创新。技术作为生产力的重要组成部分在经济增长中的作用越来越大，成为经济增长方式转变的主要推动力。技术创新是建立在基础研发的基础上，面向市场需求，创造或改进新的技术，并将新的技术融入市场的过程之中，提高了生产效率，从而带来市场价值增值的过程。在这个过程中，要充分实现由创新和新技术带来的经济成果，实现经济增长方式由粗放式的经济增长向集约型的经济增长方式转变，生产型服务业的发展在推动技术进步、组织方式创新，生产流程再造等方面起到至关重要的作用。

生产型服务业的特点之一便是作为中间投入品，在生产过程中融入更多的知识与科技，提高经济效率、扩大经营规模以及全要素生产率。企业获得生产性服务业所提供的专业化知识和技术可使其将战略重点集中在产品研发、营销策略及售后服务等创造性活动，这些都是企业核心竞争力的重要要素。在提供给客户专业化服务的同时，生产型服务业通过相关的反馈能进一步提升自身的创新能力，并将这种强化的服务提供给企业。

在现代经济增长中，科技和物化的知识等通过生产型服务业被加载在其创造的中间产品上，推进了制造业的发展。知识转化为生产力的过程就是知识被物化的过程，其表现形式和实现方式就是机械设备、精密仪器、智能机器人的发明和使用，它是人类知识成果的反映，既是人类的知识和技术的载体，也是更加先进机器的延伸和代表，通过不断地发明和创造将知识和技术效应放大，推动更加先进设备的出现，促进生产力水平的提高。在社会分工日益广泛和深入的基础上，生产型服务业大多承担着孵化技术和知识的职能，其基本作用就是向生产和商业部门提供各种形式的知识和技术资本，由此可见，生产型服务业通过推动技术创新与进步，促进现代经济的增长和创新。

②深化分工促进经济增长

根据新经济增长理论，知识与技术对经济的拉动作用必须与分工结合才能发挥作用，如果没有分工的深化和扩大，即便有较大的知识资本投入，生产的边际报酬也会逐渐呈现递减的趋势。然而随着分工的扩大与深化，生产者和消费者，生产者和生产者之间交换的产品越来越多，交易的规模越来越大，相应的交易费用日益增加，交易费用的增加部分地抵消了由于分工带来的生产效率的提高，限制了分工的进一步发展。因此，为了有效降低交易成本，需要组织和产业的创新，生产型服务业在广泛引入知识技术资本，提供更好的技术支撑和服务的同时，还提供了市场交易所需要的基础设施，能够较快地降低交易成本，有效地解决生产分工与分工进一步深化之间的矛盾，实现二者的有机结合。

随着中国市场经济体制的不断完善和开放程度的进一步提高，企业间的竞争日益加剧，为了在激烈的竞争中赢得主动，增强企业的核心竞争力是关键。获得核心竞争力的基础是创新，包括技术创新、组织创新、产品创新、市场创新，具有国际影响力的品牌，以及符合企业发展的文化价值观，通过核心竞争力的培育将自身资源技术禀赋优势发挥到最大，从而获得差异化的核心竞争力，占据市场中的有利位置。因此，企业必须审时度势，明确核心部门，形成具有核心竞争力的领域，按照市场的边际交易成本等于企业内部边际管理成本的原则，合理确定企业的边界，将不具有优势的部门外包，着重发展自己的优势部门，提高核心技术的掌握程度，从整体上提高企业的生产效率。

③通过产业集聚促进经济增长

产业集聚的过程是指生产要素、企业布局从周边区域向某一特定区域或者向某一特定行业动态集中的过程，产业要素的集中形成产业集群，在该产业集聚中，每个经济主体在同其他主体相互联系和竞争的过程中，能够形成一种相对稳定的组织形态。

就生产型服务业来说，其集聚的内生机制来自区域内的服务企业。内生机制是促使生产型服务业企业在区域内积聚的动力，其效应由内而外扩散而将企业凝聚在一起。由于生产型服务业所具有的高知识高技术性特点，决定了其内生机制主要来自知识及技术扩散和共享的基本需求。集聚的直接动力是企业的竞争压力和集群所产生的规模经济带来的利益报酬。一方面，企业的生产型服务业集聚有利于降低企业经营成本，企业集中资源在其资源禀赋比较优势的产品或服务，通过产业链的连接来扩大生产规模，并且通过获得规模经济来降低成本。在产业集群的区域内，基础设施可以被服务提供者和消费者共享。建立在共享基础上可以建立相互依赖的关系，交易成本降低，容易找到所需要的劳动力。另一方面，集聚也能有效地克服生产过程中出现的机会主义、搭便车等外部不经济所带来的不利影响。生产型服务业集群内部有一种创新的机制。一般来说，大型企业在保证服务质量的基础上，更加重视对研发、广告、营销等创新活动的投入，以期望实现企业的做大做强。但是小企业往往不会重视这些资本投入，由于小企业在竞争中处于弱者地位，为了保证自己的发展，往往集中精力在模仿方面，丧失了自己进行创新科研的动力。为了减少集聚创新过程中的搭便车现象，需要相应的外部修正作用。在大型企业发展的同时，通过对小企业提供资金、政策、智力的支持来促进小企业实现科技创新，并最终实现产品升级和产品附加值的增加，改变自身在创新过程中的从属地位。生产型服务业集聚在减少了交易成本的同时，相应提高了集聚区内企业的生产效率和核心竞争优势，从宏观层面增加了区域的经济竞争力，实现地区经济的长期稳定持续发展。

④通过外溢效应促进其他产业发展

产业关联理论是里昂惕夫在古典经济理论、国民收入理论等理论基础上创立的，较好地反映了各产业的中间投入和中间需求，以及对相关行业和产业波及效应的相关研究。

具有较强的产业关联性是生产型服务业的重要特征之一，每增加一单位的生产型服务的最终使用，会引起其他产业生产及需求的增长，对其他产业发挥较强的外溢作用；另外，生产型服务业在分工过程中从第二产业内部分化和独立发展出来，在企业生产的上游、中游和下游都有参与，人力资本、知识资本和技术资本共同作为主要投入品，推动着生产型服务业的快速发展，同时也是加快服务业和其他工业整合的调节剂。在生产过程中，生产型服务业投入人力资本和知识资本，通过价值链的联系强化了产业之间的关联关系，人力资本和知识资本通过溢出效应扩散到整个生产过程，通过提供中间产品为其他产业提供基本的生产要素，辐射带动提高其他产业的创新能力，协调带动其他产业共同发展。

综上所述，生产型服务业和现代服务业基于其自身专业性、知识性、创新性等特点，通过技术创新，与制造业及其他产业的分工协作，在推动经济发展的同时，调整经济体的产业布局。随着经济的发展与产业结构的调整进一步进行，基于循环累积因果效应，经济的发展也能带来生产型服务业一定程度的集聚并产生扩散效应，二者呈现良性互动关系。而基于产业关联，生产型服务业通过人力资本和知识资本能够对其他产业的发展带来影响，而生产型服务业通过社会分工，利用专业化服务降低交易成本，同样带来了经济的增长。因此，生产型服务业对经济的影响效应主要表现在如下两个方面：一是生产型服务业对经济的长期动态影响，首先表现为增长效应，而这种增长效应反过来也会对生产型服务业的发展带来拉动作用；二是生产型服务业通过外溢效应，能够产生一定的辐射作用，促进其他产业的发展。在 CBD 内，由于在总部经济和服务业集群的协同带动下，中心城市经济得到发展，结构得到改善，创新能力得到不断提升。

3. 总部经济下的产业融合

经济全球化使各国的不同产业之间合作交流愈加紧密，甚至同一产业之间的不同行业间彼此借鉴、相互影响，促进了产业的融合，形成新的产业业态，出现产业动态发展的局面。产业融合是当前产业结构调整和优化发展的一个趋势，从产业分工到产业的技术升级，再到产业的融合，每一次产业结构调整的背后都会带来整体经济发展的新态势。

　　产业融合在提高经济效率和国际竞争力的同时，也会产生多方面的效应。首先，促进传统产业的改革与创新，从而加速工业、商业、制造业和服务业等相关产业结构的优化与发展。产业融合和集聚促使市场竞争加剧，市场布局更加合理，经济效益进一步提升，资源获得最优化利用，不断接近帕累托最优水平。其次，提高了产业之间的竞争力水平。伴随经济的发展，不同产业之间相互交错影响，其内部企业间也逐步形成横向一体化局面，加快了产业融合进程，提高了产业及其内部企业在国际上的竞争力，从而促使企业不断进行技术创新，优化生产结构，促进整个经济发展水平的提升。最后，加快区域经济一体化进程。区域经济一体化进程的加快不仅有利于制定并实行合理有效的区域政策，使集聚的增长效应最大化，而且又可以突破传统企业与行业之间的界限，产生贸易和竞争效应。因此，不同产业之间的融合促进了企业内部经济的发展，密切了区域之间的交流与联系，这导致了新的产业或新的增长点的产生。因此，面对经济全球化、政治多极化的现实，顺应并引领相关产业融合政策，提高产业的国际竞争力，促进经济持续平稳地增长。

　　产业融合发展的模式有两种思路：一是以技术为出发点，强调不同产业之间的技术融合，这是一种单纯的技术视角下的产业融合；二是广义的产业融合，强调的是在经济学和管理学视角下的产业融合，超越了单纯的技术融合的范畴，随着产业链、企业价值链、市场规模和需求的变化，要素供给、产业政策等外部环境的改变，实现不同经济环节的交错融合，在一定的空间内就形成了某两种或者某几种产业和行业之间的融合。产业融合的结果既可能是产品之间的融合，也可能是产品和市场之间的融合。

（1）产业融合的特点

　　由于北京市 CBD 内大量的企业总部集聚，企业总部的常规商务服务、人才服务、金融服务、销售服务、科研技术服务和战略咨询六大功能，使得这里的商务服务业、金融业、文化产业和科技产业等尤为发达。目前，北京市 CBD 内的产业融合有两大特点：

①文化创意产业引领融合

文化创意产业是第二产业和第三产业的融合，它既包括设计、研发、制造等生产领域，也涵盖传统第三产业中的一般服务业，更涉及艺术创造、文化创新能力的展示。文化创意产业涉猎了多个行业，是多个产业的整合，包括出版、广告、会展、动漫等行业，由于文化创意产业具有商务服务业和文化产业的共性，因此其发展带有很强的产业融合的色彩。随着北京市 CBD 的发展，商务服务业和文化产业在 CBD 的大规模集聚，也带来了文化创意产业的发展。目前在北京 CBD 区域内汇聚了北京市 80% 以上的传媒机构，美联社、路透社、CNN、BBC 等在内的 40 多家国际传媒机构，而国内的重要新闻传播机构，如中央电视台、新浪网、搜狐网等也均位于 CBD 及其周边，这样的产业空间布局凸显出了传媒产业在 CBD 内的重要地位。

在广告会展行业方面，2013 年 CBD 及其周边区域广告企业达到 670 家，占全市的 1/4，实现了营业收入 464 亿元，占朝阳区文化创意产业营业收入的 21%，占全市广告产业的 42%。[1]

另外，在当前互联网蓬勃发展的趋势下，网络新媒体等对于文化创意产业产生了巨大的革新作用。以驻扎在北京 CBD 的新媒体，包括新浪网、搜狐网、阿里巴巴、亚马逊等公司不仅为北京市 CBD 的新媒体产业提供了发展平台，还为其他行业提供了信息的交流平台。互联网为企业总部实现六大功能带来了更加便利的交流，市场搜寻更加方便和快捷，不论是搜寻人才、销售，还是战略咨询等，搜寻成本的降低是促使总部集聚的意愿之一。

②金融行业提供多产业的资金支撑

金融服务是企业总部最为重要的职能之一，没有资金的企业就像

---

① 张弘，蒋三庚. 中央商务区（CBD）产业布局与发展研究［M］. 北京：首都经济贸易大学出版社，2015：137.

无本之木，在当前的竞争格局下，资金链能够支撑着一个企业的正常生产运转及技术创新等。

目前，大型的国际金融公司多以综合性的金融服务为主，主要代表为高盛、摩根士丹利等，其不仅能够提供主营的投资和金融业务，还能够提供战略咨询、商务服务等，是商务服务、战略咨询和金融服务的重要平台。

不同于有金融投资转向战略咨询的模式，以富基标商有限公司为代表，主要是在供应链服务的基础上向供应链金融的转变，基于在供应链服务过程中对零售商信用的了解，为零售商、银行之间搭建起了投融资的平台。[①]

③总部经济高端引领模式

在存在信息搜寻成本、交通运输成本、人力沟通成本的情况下，企业会更加偏好一体化的服务，这种倾向对于企业总部来说尤其如此，因为企业运行中生产环节的成本侧重于生产技术环节，而一个企业的信息搜寻、市场寻找、策略规划、战略咨询等环节多集中在企业的总部中，因此，企业总部天然具有一种功能融合发展的倾向，而驻扎在CBD 内的高端大型企业更是如此，如图 5 - 2 所示。

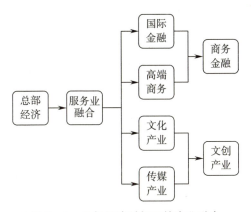

图 5 - 2　总部经济引领下的产业融合

---

① 北京 CBD 产业融合发展研究［J］．环球市场信息导报，2015（1）：42 - 47.

（2）产业融合的优化措施

就目前趋势来看，产业融合和产业集聚已是产业发展的现实必然选择。结合北京市 CBD 内的产业系统和现状，我们应从以下几方面做好产业融合的工作。

①依据核心产业，引领产业融合聚集

在产业的发展中，一是产业内部对软要素的依赖日益加深，如对信息、知识和服务的依赖，第三产业在产业结构中所占的比重不断上升以及大量新兴产业的崛起是产业结构升级和产业融合的必然结果；二是高新技术产业和其他的知识密集型产业的发展刺激了大批新型产业群的发展，进一步带动了相关产业发展，使生产要素组合的水平和效率得以提高。

因此，核心产业的带动作用是不容忽视的，通过核心产业的带动作用，其他相关产业可以借鉴其经验和结构而使自身得到更好的发展。此外，核心产业的规模还存在不足，进一步地提升也是今后经济发展的关键。利用产业规模的扩大，来带动相关产业的快速发展形成规模大而有序、发展快而不乱的发展格局，结合核心产业的整体素质的提高，使用先进的产业组织管理模式，从而增强核心产业的整体效能。

发展前景较好和竞争力较强的高新技术产业的集聚，能够大幅度提升 CBD 的核心竞争力，此外，CBD 独具特色以及集中度较高的产业结构特征促进了自身的繁荣。北京 CBD 以发展服务业为重点，以国际金融、会计、信息咨询等现代服务业为中心内容，形成较系统的金融产业体系。同时借助于核心总部企业资源推动文化传媒产业发展，依托央视、路透社、美联社、网络平台等落户 CBD，使文化产业成为北京 CBD 新的增长点。因此，应大力推进产业融合发展，适应产业发展的新要求，加强中心城市总部经济的带动作用。

②制定良好政策，发挥政府积极作用

面对全球经济竞争日趋激烈的现实，政府应积极创造条件，加大研究不同国家和地区的 CBD 高端企业总部集聚的力度，借鉴各国和地区 CBD 发展的经验，并结合北京的实际状况，制定并实施产业结构优化政策，创造良好的网络环境，完善市场体系，协调市场与政府的关系，营造有利的政策环境，进而使经济快速发展，提升北京在我国乃至世界的产业链条中的竞争地位。政府的作用不仅体现在为企业的发展建立良好的外部环境，而且还主要体现在政府对资源环境和要素的控制力和引导力上，政府制定的相关政策，可以促进不同高端资源和要素的聚集与整合，进一步优化资源配置。典型的如陆家嘴 CBD，由于地处上海国际金融中心和自贸试验区的规划范围，具备两方的双重优惠政策。另外，上海政府出台的"新 40 条"对于陆家嘴 CBD 的发展做出了详尽的发展规划。正是由于陆家嘴 CBD 有着独特的政策和体制优势，才使其得以快速发展。

政府在制定政策时，一方面，财政的支持和保护政策可以起到一定的推动作用，例如实施合理的税收优惠和财政补贴政策，税收的减少和政府的财政补贴可以减少企业的经营成本，从而提高企业自身的经济效益，使企业总部在该地区的期望收入得到了提高，加快了总部经济聚集区的发展进程。另一方面，通过区域规划及基础设施建设推动区域的建设开发和功能的形成，以区域规划为参考，构建区域品牌和形象；以产业规划去吸纳高端产业聚集；以要素市场导入及核心企业的吸纳，而快速形成特有的区域功能。

③实施产业政策，引导现代服务业发展

从 20 世纪 80 年代至今，世界上主要发达国家开始转变经济重心，服务业成为发展的重点，以发展服务业来带动其他相关产业的发展成为趋势。在近些年中服务业在国家 GDP 中的所占比重逐渐上升，发达国家的产业结构也都开始由"工业型经济"向"服务型经济"转型，特别是向现代服务业的转型。中心城市的高端企业总部集群为现代服务业的发展提供了充分的发展空间和良好的物质资源，进而带动一个城市现代服务业的发展，同时对周边地区的辐射作用增强。现代服务业是总部经济的重要组成部分，是影响总部经济集聚发展的关键因素，只有以先进的现代服务业为基础，总部经济才能得到更好的生存和发展。

现代服务业集聚区的统一规划、功能集聚、形态新颖和生态协调是加快现代服务业发展的突破口，集聚的结果是资源和空间的最大化利用，产业之间竞争力的提升。但现代服务业的集聚与生产型企业集聚区别明显，现代服务业的集聚涉及了诸多经济问题如企业区位选址理论和集聚经济等，有利于提高城市的综合能力并完善一个城市的形象。集聚区内企业之间的竞争与合作，赋予产品供给多样化，丰富了现代服务业的发展，增强现代服务业在国际上的竞争力，这主要体现在：一是集聚区作为总部经济集聚地有能力将商业、会展和其他相应的各类服务业集聚于此，促进自身良性发展；二是集聚区对全国的产业具有较强的辐射作用，并结合区域经济对现代服务业的影响，利用为其提供的有利机会得到更好的发展。

伴随经济的快速发展，国内各地方政府为了实现现代服务业的快速发展，开始把建设中央商务区作为重点，进而使中央商务区成为现代服务业的集聚之地。此外，现代服务业的发展方向决定了城市经济的发展方向，并直接影响着各城市产业的布局和升级。因此，对中央商务区现代服务业的集聚效应研究有利于城市经济的发展。

产业政策对现代服务业发展的引导，能够为总部经济聚集区提供多方面的完善服务，如法律、会计、咨询等。但从京津冀协同发展的战略考量，一方面北京空间资源紧缺，北京"大城市病"突出，首都非核心功能的疏解困难；另一方面，北京对周边地区所产生的"虹吸"现象严重，致使大量的人才和资源流入北京。这是因为北京和河北的产业梯度大，彼此不协调，不融合。因此，政府应该制定相关政策促进CBD 区域内现代服务业的发展，发挥现代服务业的发展对整体经济发展的带动作用，这样，不仅能促进产销分离、融资升级，而且还能增强产业竞争力，获得提升式发展。

④调整产业结构，实现经济增长方式转变

国际经验表明，只有走出一条以现代服务经济为主的经济发展结构，不断使产业结构趋于合理化和高度化，实现经济增长方式的转变，才能达到经济快速可持续发展的目标。由于总部经济集聚区产业之间关联度强，这将对整个社会服务网络的形成非常有利，况且，由于产业集聚所带来的资源共享、规模经济的优势，使资源和空间得到充分地利用，推动了技术在产业之间的合理流动，扩展了溢出效应，进而降低贸易的交易成本，拓展了服务经济新的发展空间，增强了外部经济优势。

经济发展的硬性约束条件是有限的土地和资源，因此以最小的投入和污染实现产出最大化是经济方式转变的关键，遵循科学性、系统整体性、可比性、可操作性原则，减少对石油、天然气和水资源的过度开发和利用，而现代服务业集聚区正是产业集聚、节约用地、充分利用现有资源使产出达到最大化进而提高经济效益的典范。通过合理布局和有效开发，将会有助于在较短时间内形成以服务业发展为核心并带动相关产业发展的新高地，有利于现代服务业向集约节约型发展和组织机构网络化的实现，推动科学技术的进步和创新，大力吸引多方面人才，提高就业率。

第二节　北京 CBD 总部经济人口、资源、环境的协调发展

1. 人口、资源、环境、社会与经济协调发展研究现状

随着生产力的发展和经济社会的进步，人口、资源、环境、社会与发展的关系问题（简称 PRED 问题）已经成为摆在当代人类面前的难题。在党的十八大报告中做出了经济建设、政治建设、文化建设、社会

建设、生态文明建设"五位一体"总体布局。经济、政治、社会、文化和生态协调发展。北京面对人口急剧增长、资源承载力下降和环境污染严重的压力，如何实现经济和人口、资源、生态环境和社会的协调发展成为必须着力解决的一个重要命题。在研究北京市 CBD 内总部经济发展的问题时，我们需要对北京市的人口、资源、生态环境和社会问题加以考察，以期望能够实现 CBD 内总部经济和人口、资源、生态环境和社会的协调发展。

德国物理学家赫尔曼·哈肯教授于 1977 年出版《协同学》一书，提出协同论。他将协同论定义为"协同合作之学"，协同论的诞生在控制科学和耗散结构的基础之上，通过采用系统动力学的模式，将多个学科、不同系统内容进行整合，提出了该理论。该理论被学者们应用在了包括社会科学在内的多个领域。耗散结构理论由伊利亚·普里戈金于 1969 年提出，该理论原本脱胎于化学热力学领域，后被人们当作一门重要的方法论而加以利用，在自然科学和社会科学中均有应用。耗散结构理论认为：一个远离平衡态的非线性的开放系统（不管是物理的、化学的、生物的乃至社会的、经济的系统）通过不断地与外界交换物质和能量，系统内产生随机的"小涨落"，这些"小涨落"可通过相关效应不断增长形成"巨涨落"，变成破坏原结构的因素，而使系统改变成一个新的稳定的有序状态的"触发器"，使系统由原来的混沌无序状态转变为一种在时间上、空间上或功能上的有序状态。因此，可以认为涨落是系统要素协同作用，产生有序结构的源动力。一个系统产生耗散结构必须满足四个条件：系统必须是开放的，从外界吸取的负熵至少能够补偿系统耗散的负熵；系统必须远离平衡态；系统内部必须存在非线性作用；系统必须存在涨落现象。满足以上四个条件的经济系统则必定会有耗散结构，考虑到总部经济，从长期看，则必然也会满足耗散结构。首先，总部经济是一个开放的系统，地区总部经济的发展同区域经济状态有着密切关联，与人口、资源、环境、制度等方面都有着深入的经济交互作用；其次，总部经济是动态发展的，由于地域结构、城市经济、技术革新等均是在不断变化的，因此总部经济也在不断的发展变化之中；最后，总部经济是一个复杂自发调节系统，如前文图 4-3 所示，总部经济表现出一定的自组织能力，即具有从紊乱状态回归到稳态的能力。综合来看，由于总部经济涉及了人口、资源、环境、社会等方面，故其各组成部分直接的协同作用程度影响着总部经济的整体效果，耗散理论和协同理论都能够给予启示。

自 20 世纪以来，众多经济学家和世界组织机构也在探索人口、资源、环境、社会与经济发展的关系，"绿色经济" 一词最早由英国的环境经济学家皮尔斯于 1989 年在《绿色经济蓝图》一书中提出，随后 Jacobs 与 Postel 在 20 世纪 90 年代延续绿色经济学的思路，继承并发展了传统经济学的生产要素，将绿色经济学的生产要素概括为以下四点：人类资本、生态环境资本、人造资本和社会组织资本，其中社会组织资本即某种经济组织（地方、商业团体等）。从绿色经济学的视角来看，不论这些组织的等级和机构如何，它的存在就必然会衍生出本组织的传统、文化和价值观等，这些也是生产要素的一部分。在理论上绿色经济学突破了 "经济人" 的假设，其将人想象成 "生态人"，并以 "生态人" 作为逻辑起点，来研究生态、经济、社会的协同发展关系。从研究的主体上看，绿色经济既可以指具体的一个微观单位经济，又可以指一个国家的国民经济，甚至是全球范围的经济。北京市 CBD 内总部经济的发展也面临着人口、资源和环境方面的问题，打造北京市高效 CBD 总部经济，我们需要正确处理人口承载力、资源环境承载力与经济发展的关系，发展绿色总部经济。

在对人口、资源、环境、社会和经济的协调发展中，有众多学者进行了深入的研究分析，吴跃明、张子衍、郎东锋（1996）认为 "环境—经济" 系统包括了人口、资源（环境）、经济和技术四部分，依据赫尔曼·哈肯的协同论，"环境—资源" 系统能否协调运作不取决于系统的均衡稳态特征，而是取决于系统内部各子系统之间的协调作用。叶民强、张世英（2001）运用区域经济、社会、资源与环境复合系统（ESREn），从几何空间描述和弹性分析两个角度，分别提出区域经济、社会、资源与环境系统协调发展衡量的静态与动态评价模型，为区域可持续发展实践和评价提供决策参考与定量模型。张晓东、池天河（2001）对区域经济和环境的协调度做出了如下定义：区域经济与环境协调度是指在衡量经济不同发展阶段，区域环境状况与经济发展水平之间的关系，具体体现在以时空为参照系，经济与环境相互作用的界面特征。作者提出由于环境和经济的不确定性，经济发展同环境之间只会存在一个理论上的最优解，在现实中则是以一个合理区间的形式而存在，进而测算了我国主要城市环境协调度，证明了我国经济环境协调度呈现"U"形分布，在工业扩张时，协调度最低。黄建欢、杨晓光、胡毅（2014）在环境和经济系统（Resources, Environment and Economy, REE）的基础上提出了效率—无效率下的环境和经济系统分析框架（Coordination of Resourses, Environment and Economy Based on Efficiency and Infficiency Analysis），作者用绿色效率反映 REE 的协调度，用无效率反映不协调的程度，研究结果发现环境无效率是导致 REE 不协调的主要原因，而环境不协调主要表现在于烟尘和固体废物的产出无效率。

在针对我国城市的协调发展的研究中，学者们从产业间、人口、自然资源、社会等方面入手来进行了研究。谭峻、苏红友（2010）对北京市土地利用的情况分析后发现北京市土地利用系统整体比较协调，经济效益系统的协调度高而社会、环境效益系统协调度不够；考察各城市功能区，经济效益系统协调度不相上下，但社会效益系统、环境效益系统协调度差别较大。童玉芬、刘长安（2013）构建了由人口子系统、环境子系统和经济子系统组成的协调系统，经过测算发现北京在近些年的协调度呈现向好趋势，但协调水平不高，仍然有进一步提升空间。陈颖（2007）选取了由人口子系统、经济子系统、环境子系统、人口子系统和社会子系统构成的协调发展体系来测评西北地区的发展的协调程度，同样得出了协调程度总体较好的结论。

2. 北京市 CBD 总部经济与人口的协调发展

随着经济的发展，北京作为我国的政治中心、经济中心、文化中心对于人口有着强大的吸引力，如图 5 - 3 所示，进入 2000 年以来，至 2014 年，北京市以平均每年新增 60 余万人的速度，由 1364 万人增至 2151.6 万人。

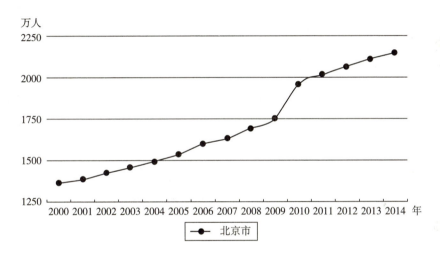

资料来源：《北京市统计年鉴》（2001—2015 年）。

图 5 - 3　北京 2000 年至 2014 年常住人口的变化

人口承载力是指在一定时间内，某个特定区域的资源环境所能承受的最大人口数量。一般来说，在技术水平和生产效率变化不大的时候，一个地区的人口承载力是稳定在某一特定的水平上。随着北京 CBD 区域内总部经济的发展，越来越多的人口尤其是高校毕业生选择来到北京工作和生活，给北京的人口承载力带来严重影响，人口总量屡屡突破北京市政府所设定的上限，人口结构不合理，人口老龄化现象严峻，空间资源与人口不协调的现象日益凸显。如何在提高北京市 CBD

总部经济发展速度的同时，实现 CBD 总部经济与人口承载力的协调发展，已经成为摆在我们面前的重要问题。北京市人口状况大致有以下几个特点：

第一，迁移人口居于新增人口主导地位。北京市近些年的新增人口以迁移人口为主，自然增长率较低。北京市近些年来人口增长率显著，不仅常住人口，而且非常住人口增加也很快，究其原因是大量的外来人口的涌入。随着经济水平的发展和社会基础设施的完善，尤其是在总部集聚经济的强势带动下，CBD 区域吸引了大量的外来企业和政府机构等进驻，本身就为 CBD 地区带来了大量的迁移人口。企业的进驻会反哺 CBD 区域，使得总部经济的发展得到更加强劲的动力，反过来就会吸引越来越多的人口涌入。另外考虑到北京市工资水平较高，生活服务业较为发达，使得北京常住人口总量呈现上升趋势。

第二，人口自然增长率较低。北京市的常住人口出生率总体水平较高，呈现波动状态。总体来看，近几年的人口自然增长率不足 5%，其呈现阶段性下降的趋势。2015 年北京市人口自然增长率为 3.01%，较 2014 年增速下滑 37%。北京人口自然增长率在 2003—2007 年由 5.06% 上升至 8.61%；2007—2010 年出生率又呈现下降态势，降至 7.27%；2010 年之后一直呈现上升趋势，且上升趋势较为强劲；直到 2014 年，北京市常住人口出生率和自然人口出生率均达到峰值。死亡率一直处于较为稳定的下降趋势，这就导致北京市常住人口的自然增长率虽然有所波动，但是在总体水平上还是呈现稳定的上升趋势。只有在 2003 年的时候人口自然增长率为 -0.09，首次出现了负增长。随着北京市 CBD 总部经济的发展，为了吸引更多的外来人才和资金，政府在很大程度上改进了北京市的医疗制度、社保制度、教育制度等，再加上放开计划生育和新出台了二胎等人力方面政策的放松，导致北京市的出生率上升，死亡率下降，人口自然增长率自然而然呈现上升态势。

第三，人口老龄化严重。纵然北京的空气质量较差，但良好的医疗和养老保障水平仍然让北京市的人均期望寿命 81.81 岁（《健康白皮书》，2014 年数据）其中男性 79.73 岁，女性 83.96 岁，其中北京东城区和西城区的期望寿命分别为 84.38 岁和 84.26 岁，2014 年在北京市户籍人口中 60 岁以上老年人口占比 22.6%，达到 301 万人，即平均 5 个北京户籍人口中就有 1 个老人，这意味着北京集聚非劳动力过多。由表5-3 可以看出，北京市人口总量在 0~20 岁间有 297.6 万人，在 20~60 岁间有 1534.1 万人，大于 60 岁的人口是 321.2 万人。国际上通常看法是，当一个国家或地区 60 岁以上老年人口占人口总数的 10%，或 65 岁以上老年人口占人口总数的 7%，即意味着这个国家或地区的人口处于老龄化社会。北京高水平的生活水准与高水平的医疗和养老保障在某种程度上加速了老龄化进程的加快。如表 5-3 所示。

表 5-3　　　　　　　　北京市人口年龄结构组成　　　　单位：万人，%

年龄段	数量	比重
0~20 岁	297.6	13.8
20~60 岁	1534.1	71.3
>60 岁	321.2	14.9

资料来源：《北京市统计年鉴》（2015 年）。

　　人口的集聚和经济发展具有相生相伴的关系，人口的大量进入为产业发展提供智力支持，扩大了市场的规模和潜力，另外也会带来 CBD 内的总部经济交易成本和生活成本的上升。

　　首先，人口的集聚为北京总部经济的发展带来了人口红利。北京市 CBD 总部经济的发展，聚集了大量的高层次人才，为总部经济的发展提供了充足的动力，为高层次人才服务的产业也得到较快发展，这些产业所需的劳动力也在增加。在总部经济发展过程中，巨大的人口优势带来了发展过程中的"人口红利"，在为企业发展提供智力支持、扩大市场的潜在需求能力、城市基础设施建设方面都发挥着不可替代的作用。尤其是各高校毕业生的加入，使得 CBD 区域聚集了大量的人才，加速了科技创新的速度，提高了科技创新的质量。从这方面来说，CBD 区域内大量的人口集聚对总部经济的发展不可或缺。

其次，过多的人口集聚降低了总部经济发展的效率。北京市大量的常住人口的存在也在很大程度上成为制约总部经济进一步扩大发展的阻力。2015 年，北京市的常住人口总量达到了 2170.5 万人，实际人口总量远远超过了北京地区的人口承载力，给经济和社会发展带来诸多问题：一是经济发展和人民日常生活所赖以依存的自然资源已达到或接近潜力极限，依靠外部的输入很难从根本上解决问题。以北京市为例，在北京市实施南水北调工程前，北京人均水资源量不足 100 立方米，不到全国平均水平的 1/20，仅为世界人均水资源的 1/40。在 2014 年实施南水北调贯通工程后，北京市生活刚性需水得到基本满足，有效缓解了水资源紧张状况，地下水全面超采的趋势有所缓解，但人均水资源量仍远低于国际公认的年人均 500 立方米的极度缺水标准，生态环境用水需求仍存在较大缺口。二是城市基础建设速度惊人，但与城市发展的需要相比，仍然承受着很大的压力，交通拥挤导致工作节奏过快，压力过大。三是社会公共服务供给能力不足，基础教育资源短缺，人均医疗资源不足，影响人们生活质量。四是城市生态环境无力承载过多的人口，土地资源稀缺，致使房价和房屋租金过高，使得生活成本显著上升。

3. 北京市 CBD 总部经济与资源、环境协调发展

北京市作为首善之地，在经济发展、文化交流、科技进步和环境保护等方面具有得天独厚的优势。尤其是随着 CBD 总部经济的发展，更是聚集了大量的人力、物力和财力。在讨论北京 CBD 总部经济与人口协调发展的基础上，对总部经济与资源、环境的协调发展进行研究。在经济发展过程中，除了人口承力力对发展的巨大制约外，资源承载力和环境承载力也对经济发展起到巨大的影响作用。

环境承载力最早产生于环境科学，后来被引入到社会科学中，在分

析经济发展的可持续性时被经济学科所使用。

国内外学者对环境承载力的内涵展开了深入的研究。William Vogo（1949）把环境看作是人类赖以生存的基础，认为人类的生存完全取决于环境，环境是人类生存的唯一条件；Bishop（1974）把人类的生存水平和环境联系起来，认为环境承载力是在可以接受的生活水平的条件下，一个区域所能永久承载的人类活动的强度；Schneider（1978）从环境保护和动态发展的角度出发，强调环境承载力的扩展能力，认为当环境在不遭到严重破坏的前提下，自然环境或人造环境系统对人口增长的容纳能力；Malcolm sleeser（1985）提出 ECCO 模型，该模型综合考虑了人口、资源、环境与发展之间的关系，通过模拟不同策略方案下人口变化与承载力之间的动态变化，建立了一套同时满足人口、政治、环境与资源的目标和政策。叶文虎（1992）、唐剑武（1997）认为环境承载力即在某一时期，某种环境状态下，某一区域环境对人类社会经济活动支持能力的阈值。所谓某种环境状态是指环境系统的结构不向着明显不利于人类生存方向转变，并采用多种指标综合的状态空间法对区域环境承载力的量化做了初步尝试，本书沿用叶文虎和唐剑武的研究思路。

环境承载力与资源承载力在很大程度上是相通的，是指在现有的资金、科技等因素的影响下，自然环境和自然资源所能承载的经济发展速度和人口总量。尽管自然环境具有自我修复能力，但经济的发展已经超过了环境的自我修复，讨论环境承载力的问题已经刻不容缓。一般来说，由于资源承载力和环境承载力是密不可分的整体，所以我们在讨论资源、环境与经济发展的关系时，通常会从总体来进行研究，即研究经济发展与资源环境承载力的关系。资源环境承载力的提出，统一了资源利用与环境保护的关系，所谓资源环境承载力（Resource Environmental Bear Capacity），是指在特定的时段内，自然资源和资源储量所能承载的人类活动的总和，包括交通承载力、水资源承载力、土地承载力、生态环境承载力等。这些因素和它所能承受的外部力量，是从系统性、综合性的角度影响整个经济发展，而不是独立、单摆浮搁地对经济活动产生影响。资源的不可再生性和环境被破坏后的不可逆转性使得资源环境承载力成为影响经济发展的基础性因素。

具体到北京市现有的资源和环境的禀赋来看，北京市地处华北平原的北部，东部与天津市毗邻，东南距渤海约 150 千米，其余均与河北省交界，总面积 16410.54 平方千米，其中平原面积 6338 平方公里，占 38.6%，山区面积 10072 平方公里，占 61.4%，城区面积 87.1 平方公里。由这些数据我们可以看出，北京市山区面积比重较大，占到总面积的一半以上，适合人口居住的平原面积仅占 38.6%，地域上的狭小在很大程度上制约了北京的发展，尤其是在寸土寸金的 CBD 区域内，土地问题就更成为首要问题。随着经济的快速发展，土地稀缺的问题进一步加剧，城市基础设施建设用地不足问题、北京市的过高房价等问题成为制约区域发展的瓶颈。在一定程度上，北京市总部经济的突破发展，需要依赖土地所能够提供的运营空间。从 2001 年以来，北京市的土地资源环境状况如图 5－4 所示：

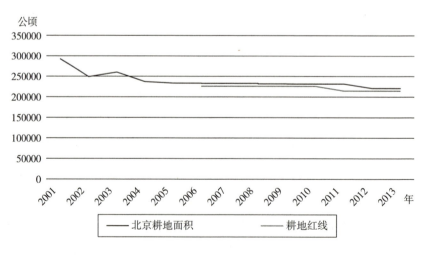

资料来源：《中国国土资源统计年鉴》（2002—2014 年）、《北京市统计年鉴》（2002—2014 年）。

图 5－4　北京土地资源环境变化情况

北京市的土地资源情况：北京市的耕地始终维持在耕地红线附近，2015年北京市三产比例为 0.61%、19.71%、79.68%，北京市的第一产业为北京所提供的经济产值贡献越来越少。另外，北京市区的人口越来越多，根据2015 年数据，北京市年末人口高达 2171 万人，城镇人口占当年人口的86.5%，故北京的人口需求和土地资源配置之间存在着严重的不协调。虽然北京市先后出台政策进行人口分流，以期合理利用土地，但收效甚微。

在水资源方面，北京属资源型重度缺水地区，属于全国 111 个特贫水城市之一，人均水资源占有量不足 300 立方米，是世界人均水资源量的 1/30、全国人均水资源量的 1/8，远远低于国际人均 1000 立方米的缺水下限。由于北京市的缺水状况，建国后修建了大量水库，其中大型水库有 4 座，分别是密云水库、官厅水库、怀柔水库、海子水库，但水库的建设并未缓解北京的缺水事实，如表 5 - 4 和表 5 - 5 所示，北京历年的水资源情况存在一定的波动，并未得到优化。

表5 -4　　　　　　　　　　　北京历年水资源情况

年份	全年水资源总量	地表水资源	地下水资源
2001	19.2	7.8	15.7
2002	16.1	5.3	14.7
2003	18.4	6.1	14.8
2004	21.4	8.2	16.5
2005	23.2	7.6	15.6
2006	22.1	6.7	15.4
2007	23.8	7.6	16.2
2008	34.2	12.8	21.4
2009	21.8	6.8	15.1
2010	23.1	7.2	15.9
2011	26.8	9.2	17.6
2012	39.5	18	21.6
2013	24.8	9.4	15.4
2014	34.2	6.5	17.8
2015	26.8	9.3	17.4

资料来源：《北京市统计年鉴》（2002—2016 年）。

表 5 – 5　　　　　　　2001—2015 年北京市水资源按来源分布概况

年份	地表水	地下水	再生水	南水北调	应急供水
2001	11.7	27.4			
2002	10.4	24.2			
2003	8.3	25.4	2.1		
2004	5.7	26.8	2		
2005	6.4	23.1	2.6		2.5
2006	5.7	22.2	3.6		2.8
2007	5	21.6	5		3.2
2008	4.7	20.5	6	0.7	3.2
2009	3.8	19.7	6.5	2.6	2.9
2010	3.9	19.1	6.8	2.6	2.9
2011	4.8	18.8	7	2.6	2.7
2012	4.4	18.3	7.5	2.8	2.9
2013	3.9	17.9	8	3.5	3
2014	7.7	17.5	8.6	3.5	2.8
2015	2.2	16.7	9.5	7.6	2.3

资料来源:《北京市统计年鉴》(2002—2016 年)。

如表 5 – 6 所示,在用水量的指标中,除了北京市的生活用水逐年增多之外,不管是农业用水总量、工业用水总量还是万元 GDP 的耗水量,北京市的水资源的利用率逐年提高,但是由于基数过大,目前北京市的水储备已经不能够满足北京市的需求,随着 2014 年 12 月南水北调项目中线陶岔渠的开闸,包括北京、天津、河北、河南 4 个省市沿线约 6000 万人将直接喝上水质优良的汉江水,近 1 亿人间接受益。其中河北省每年配额 34.7 亿立方米,北京市每年配额 12.4 亿立方米,天津市每年配额 10.2 亿立方米,北京市的配额基本上占到了现在北京市供水量的三分之一左右,这说明近几年开始施行的再生水和南水北调工程在一定程度上对保护北京的生态资源环境起到了效果,但北京缓解水资源的问题不能仅靠南水北调此类的救济工程,此类工程并不能解决实质性问题,把握好人口、环境、资源、社会和经济的协调发展才是真正的解救之路。

表 5 - 6 北京市的水资源消耗情况

年份	农业用水总量（亿立方米）	工业用水总量（亿立方米）	生活用水总量（亿立方米）	万元 GDP 水耗（立方米）	万元 GDP 水耗下降率（%）	供水总量（亿立方米）
2001	17.4	9.2	12.0	104.92	13.79	38.9
2002	15.5	7.5	10.8	80.19	20.25	34.6
2003	13.8	8.4	13.0	71.5	6.91	35.8
2004	13.5	7.7	12.8	57.35	15.41	34.6
2005	13.2	6.8	13.4	50.1	10.84	34.5
2006	12.8	6.2	13.7	42.25	12.01	34.3
2007	11.7	5.8	13.9	35.34	11.38	34.8
2008	11.4	5.2	14.7	31.58	7.56	35.1
2009	11.4	5.2	14.7	29.92	8.12	35.5
2010	10.8	5.1	14.8	24.94	10.14	35.2
2011	10.83	5.06	15.6	22.13	5.49	36.0
2012	9.3	4.9	16	20.07	7.38	35.9
2013	9.1	5.12	16.2	18.66	5.85	36.4
2014	8.18	5.1	17	17.58	3.93	37.5
2015	6.5	3.9	17.5	16.6	4.65	38.2

资料来源：《北京统计年鉴》（2002—2016 年）。

在北京市的能源消耗方面，如表 5 - 7 所示，万元 GDP 耗能逐渐减少，第一产业耗能、第二产业耗能、第三产业耗能依次递减，耗能的减少就减少了燃煤，减少了有害气体的排放。近些年，北京市致力于产业结构的升级，从环境承载力角度说，有助于降低环境所承受的承载量，但北京的空气不合格天数超过了 40%，节能减排还有很长的道路要走。

表 5 - 7 北京第三产业的单位 GDP 耗能

年份	第一产业万元 GDP 能耗（吨标准煤）	第二产业万元 GDP 能耗（吨标准煤）	第三产业万元 GDP 能耗（吨标准煤）
2000	1.333	2.347	0.527
2001	1.305	2.072	0.481
2002	1.249	1.932	0.447

续表

年份	第一产业万元 GDP 能耗 （吨标准煤）	第二产业万元 GDP 能耗 （吨标准煤）	第三产业万元 GDP 能耗 （吨标准煤）
2003	1.188	1.665	0.405
2004	0.98	1.437	0.4
2005	0.973	1.334	0.395
2006	1.039	1.265	0.365
2007	0.952	1.113	0.33
2008	0.859	0.971	0.312
2009	0.837	0.891	0.3
2010	0.807	0.805	0.273
2011	0.736	0.663	0.251
2012	0.78	0.62	0.26
2013	0.7399	0.5090	0.2304
2014	0.6973	0.4578	0.2232
2015	0.721	0.422	0.211

资料来源：《北京市统计年鉴》（2001—2016 年）。

资源环境承载力是资源环境系统功能的外在表现，即资源环境系统具有依靠能流、物流和负熵流来维持自身的稳态，有限地抵抗人类系统的干扰并重新调整自组织形式的能力。资源环境承载力是描述环境状态的重要参量之一，即某一时刻环境状态不仅与其自身的运动状态有关，还与人类对其作用有关。

可以看出，资源环境承载力既不是一个纯粹描述自然环境特征的量，又不是一个描述人类社会的量，它反映了人类与环境相互作用的界面特征，是研究资源环境与经济是否协调发展的一个重要判据。当今环境问题，大多是人类的活动超过了资源环境承载力的极限所造成的。

针对不同的经济行为方向和环保投入水平，可以画出环境承载力和环境承载量随经济规模的变化图（图 5 - 5）。图 5 - 5 中曲线 EBC_1、EBC_2、$EBCn$ 表示不同的环保投入水平下的环境承载力；曲线 EBQ_1、EBQ_2、$EBQm$ 表示不同的经济行为方向的环境承载量；交点 C_{ij}（$i =1$，

2，…，n；j =1，2，…，m）及其相应的经济规模（C_{011}…）表示某一经济行为方向和环保投资水平下的环境承载力和环境承载量平衡点及其对应的最佳经济规模。

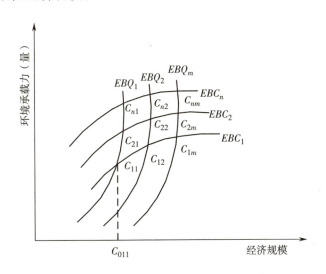

图 5 - 5　环境承载力（量）随经济规模变化示意图

根据资源环境承载力的理论，北京市实现城市环境和经济的协调发展，有两种方式：一是减少资源环境承载量；二是提高资源环境的承载力。

总部经济和资源环境作为两个完整的系统之间并非完全隔离，二者之间存在着互为彼此的依存关系以及互相制约的制衡关系。产业结构、城市空间布局、人才流动都能够成为二者之间相互作用的桥梁。以人才流动布局为例，总部经济的发展需要大量高素质人才的支持，但是这在很大程度上加剧了人才的过分集中，而大量的人才集聚就会对住房、交通基础设施建设、公共服务等产生强大的需求。若政府没能做好空间规划布局，则会导致在某一集中区域资源的极度紧张，反应到承载力上就是资源环境承载量在某地区某时间段过大，则不利于环境和经济的协调。反之，若总部经济的发展促进了当前的产业结构不平衡问题的解决，促进了产业结构合理化和高级化，生产性服务业的比重提升，对资源环境的冲击变小，从而改善了资源环境，良好的资源环境对CBD 内企业总部的办公效率有所提升，也加大了 CBD 内企业总部的入驻意愿。

在当前北京市的空间资源紧张、出现环境过载现象，此时选择发展总部经济，会对环境的承载量的冲击是比企业总部集聚前更小还是更大。简要来说，当总部经济所产生的对资源环境承载量的冲击小于资源环境系统的承载力时，总部经济系统和资源环境系统彼此协调共生，协同发展，如图 5-6 所示；反之，当总部产生的对资源环境承载量的冲击大于资源环境系统的承载力时，总部经济系统和资源环境系统彼此互相制约，发展失衡，如图 5-7 所示。

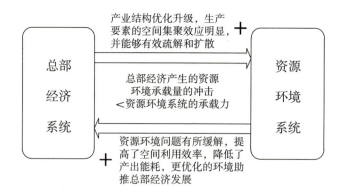

图 5 - 6　互为正效应的总部经济协同和资源环境系统

如前文所述，北京市的资源环境承载力日渐降低，主因是人口增长过快，经济发展以外延式为主，制造业占有一定的比重，尤其是非首都核心功能占有相当大的部分，对资源环境消耗过大。英国伦敦用了近30 年治理雾霾、日本四市哮喘病事件的爆发等环境污染案例层出不穷，历史给予了我们警示，转向可持续的协调发展刻不容缓。

北京市的自然资源与环境条件并不足以支撑其快速的发展，这说明自然资源与环境对于北京的发展并非决定性因素。北京的发展更多

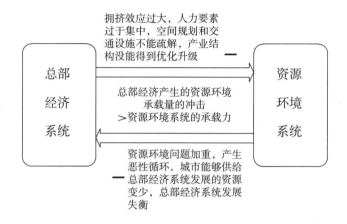

图 5 - 7　互为负效应的总部经济系统和资源环境系统

地体现在产业优化、人才集聚、智力集聚等方面。北京 CBD 营业收入超过 5800 亿元，地均产出率达 830 亿元/平方公里，劳均产出率达到 187.6 万元/人。北京 CBD 产出效率较高源于其产业特征，这里主要集中在金融、投资、理财等服务和科技创新企业，这些企业就业密度最大，需要高素质的人才多，导致了大量的劳动力在此聚集。北京市拥有大量的知名高校，提供了大量的高素质的毕业生，高素质的人才队伍越来越庞大，导致了集聚在此的总部企业科研创新能力随之越来越强，为总部经济的繁荣发展奠定了良好的基础。同时，强劲的科研创新能力能够在最大限度上提高资源和环境的利用率，一定程度上增强了资源、环境的承载力。

于是问题又再次回到过度集聚上来，在 CBD 的人口过分集聚催生了城市的一系列病症：交通拥堵、尾气排放、空气污染、地价提升、生活成本升高，故总部经济的发展应该追求环境承载力、资源承载力和经济的协调发展。

4. 北京市 CBD 总部经济与社会的协调发展

北京市作为全国的政治中心、经济中心和对外交流中心，在社会环境和资源方面存在着得天独厚的优势。据北京市教育委员会资料，截至 2015 年末，北京市共有各类学校 3445 所，其中普通高等教育学校有 91 所，普通高等教育在校学生达到了 60.36 万人，每年高等教育毕业人数为 15.44 万人。完善的教育制度和雄厚的师资力量吸引了大量的外来学生进入北京高校求学，这就为北京市尤其是总部经济的发展培养了大量的高素质人才，形成了拔尖的人才队伍。

高素质的人才保证了科研创新的原动力，在科技创新方面，北京市尤其是 CBD 区域一直走在全国的前列，形成了以中关村国家自主创新示范区为代表的众多科技创新区域。在科研方面，2015 年，北京市规模以上工业企业 R&D 项目经费为 2440875 万元，规模以上工业企业 R&D 项目数为 7554 项，高水平的科技创新能力为北京市的发展提供了强劲的增长动力，使得 CBD 内总部经济的发展获得足够的技术支持。

在体育卫生资源方面，北京市也形成了较为完善的系统。据不完全统计，截至 2015 年末，北京市的卫生机构共有 9771 个，不管是从医疗的效果水平还是医疗覆盖的范围，北京市的医疗机构都取得了不菲的成绩，完善的医疗基础设施建设为北京市居民提供了巨大的保障；另外在体育资源方面，2015 年，北京市的体育场地有 20075 个，北京市内有良好的体育氛围，各种体育比赛应接不暇，可以想像随着 2022 年冬奥会的举办，北京将有更多的居民投入到体育锻炼中；北京市于 2016 年发布了《促进生活性服务业发展项目申报指南》，将支持连锁化经营企业或行业协会开展"互联网＋"、公共信息系统、公共服务平台等示范项目；支持连锁化经营生活性服务业企业参与京津冀合作项目；支持生活性服务业示范街区建设项目。综上，北京市生活服务业发展相对较好，为北京市总部经济提供了一定的支撑。

另外，就总部经济来说，北京市的优惠鼓励政策政策也是一个良好的外部条件。针对 CBD 内的金融行业，北京市先后出台过多项举措来保障金融业的发展，包括但不限于如下几条[①]：一是健全社会信用体系。由朝阳区计委牵头，工商、税务等政府职能部门根据本区企业经营、纳税情况开展信誉等级评定，为金融机构开展业务提供参考依据。积极提供法律支持，充分发挥司法部门的职能作用，强化法制宣传教育，提供优质高效法律服务，严厉查处恶性逃废银行债务的行为，全力维护金融机构的合法权益。加强对区域金融机构的安全保卫工作，确保驻区金融单位资金运行和交易的安全。二是对入区金融机构实施审批代办制。由朝阳区计委和 CBD 管委会负责为新入驻 CBD 的金融机构代办与政府部门相关的各类审批事项。提供资源信息服务，利用政府数字化平台，为金融机构发展提供环境、土地、人才、政策等资源信息支撑。加强与北京市有关部门协调，为解决在 CBD 区域内注册并在朝阳区纳税的金融机构所属高级职员及其家属进京户口提供方便。积极帮助驻区金融机构高级管理人员解决子女入学及入托等方面的需求。三是设立"朝阳区金融发展专项资金"，将新入驻 CBD 的金融机构自形成区级财政收入起，前三年对区级财政收入贡献总额的 80% 作为"专项资金"的主要来源，同时，由区财政提供 1000 万元启动资金。将"朝阳区金融发展专项资金"中每年新增部分的 70% 用于对新入驻 CBD 的金融机构提供购（租）房补贴。凡是在朝阳区注册纳税并在 CBD 区域内购置（租用）办公用房的金融机构，在其对区级财政收入做出贡献的当年，由"朝阳区金融发展专项资金"以当年金融机构购房总数为基数，按比例给予购房企业一次性补贴。将"朝阳区金融发展专项资金"中每年新增部分的 20% 用于支持区域内有突出贡献的金融机构发展。将"朝阳区金融发展专项资金"中每年新增部分的 10% 用于对引进国内外著名金融机构的组织和个人进行奖励。四是建立政府与驻区金融机构的联系制度，定期听取金融机构对政府的意见和要求，及时帮

---

① 据北京朝阳区 CBD 管委会官网整理得到。

助金融机构解决问题。成立外资金融机构俱乐部，强化外资金融机构内部及其与政府部门的联系与沟通。创造一流的商务硬件环境。充分利用政府融资平台的支持功能，发挥财政资金的引导效应，加快通惠河治理和朝阳路等主干道路的建设，加密 CBD 区域内的路网，全面推进市政配套设施和绿化美化项目。完善金融机构发展的配套体系。加快 CBD 区域内酒店、餐饮、娱乐、信息咨询、会计法律服务等行业的发展，建立国际化医疗、教育机构及其他生活服务设施。营造良好的舆论环境。广泛运用电视、广播、网络、报纸等新闻媒体，加大对区域形象、投资环境以及驻区金融机构的宣传力度。

5. 解决北京总部经济与人口、环境、资源和社会协调发展的措施

北京市 CBD 区域内人口、资源、环境、社会总部经济的协调发展是实现总部经济效应的关键环节，并且影响到 CBD 区域的总体发展水平。所以，北京 CBD 区域总部经济的协调发展成为需要解决的重大问题。事实上，实现北京市总部经济与人口、资源、环境的协调发展需要坚持两个基本原则：即总体原则和具体原则。

总体原则是指我们应该从北京市整体人口、资源、环境与经济发展的协调研究入手，把握整体范围存在的问题，实现整个北京市的协调发展，为 CBD 内总部经济的发展提供良好的外部环境。具体原则是指我们应该坚持具体情况具体分析的原则，针对 CBD 总部经济发展存在的具体问题，采取相应的措施实现总部经济的协调发展。

（1）完善北京市 CBD 区域内人才引进制度

北京市 CBD 区域在发展总部经济的过程中，应该逐步完善人才引进制度。在满足 CBD 区域总部经济发展的基础上，控制高素质人才和普通劳动力的进入数量，提高进入人群的质量。通过以年龄、学历等因素为指标，实现人才和劳动力的分流，从而达到"精兵简政"的效果。这样，不仅可以为北京市的 CBD 区域总部经济的发展提供高质量的智

力和劳动力支持，还可以在很大程度上控制进入北京市的人口数量，优化北京市现有的劳动力市场结构，减少对人口承载力和资源环境承载力所形成的巨大压力。

（2）合理规划北京市的 CBD 区域

北京市 CBD 在形成过程中，最早是以朝阳区为中心兴起的"CBD 经济圈"，北京市应该在发展过程中逐步完善 CBD 总部经济能够辐射范围，扩大 CBD 经济区域。可以发挥总部经济发展效果明显的地区的带动作用，实现 CBD 的小范围到大范围的转变。在这种转变过程中，逐步扩大 CBD 区域的覆盖范围，实现总部经济的整体带动作用。在这种转变的过程中，不仅需要注重 CBD 总部经济总量的发展，而且更要重视总部经济质量的提高。

（3）实施严格的资源环境管控制度

北京市的自然资源存储量较低，尤其是水资源、土地资源等就更加稀缺。为了增强发展的协调性，防止破坏资源承载力和环境承载力，北京市应该出台严格的资源环境管控制度，实现有限资源的合理利用，避免资源浪费严重和环境无节制污染的问题。要知道，充足的资源供给和良好的生态环境是实现北京市经济协调发展必不可少的因素。

（4）完善基础设施建设

巨大的人口数量对北京市的基础设施和公共资源提出了更高的要求，为了适应经济的发展水平和发展速度，继续加强完善基础设施的建设和医疗卫生等资源的合理分配成为重要的配套措施。比如，加强公共交通网络的建设，完善地铁和城市轻轨规划，整合医疗资源等。为了减轻北京市整体的压力，将非首都功能外迁也成为重要的举措。

（5）提高整体科研创新能力

科学技术是第一生产力，一个国家或地区科技创新能力的高低预示着其经济发展的潜力。对于北京 CBD 区域来说，科技创新能力就是其发展的生命线。所以，北京市 CBD 总部经济的发展应该充分利用政策优势，利用国家或北京市政府的支持，积极参与到科技创新的浪潮中；完善企业内部的科研创新机制，鼓励企业的自主创新、引进学习创新等形式；加大对高素质人才的吸引，北京市具有众多的高校，对企业来说，挑选大量的优质人才成为可能；积极引进外资，充分发挥外资的技术溢出效应。

(6) 发挥总部经济的辐射带动作用

北京、天津和河北具有地缘上的优势，在发展的过程中也应该充分利用这种地缘优势，实现协调发展。对于北京市总部经济的发展，我们可以以天津和河北为依托，将研发中心、决策中心在北京集中的同时，实现生产中心、销售中心的外溢。这样不仅仅可以实现总部经济的发展，也能充分利用各地的发展条件，实现京津冀的协调发展。

第三节　总部经济与世界城市

1. 世界城市研究概况

所谓世界城市，是指被囊括在世界城市体系中，以发达的生产型服务业作为核心，同时兼顾政治、文化、商业等职能，具备强大集聚力和辐射力的城市。

世界城市的概念由弗里德曼提出，从 20 世纪开始，学者们对世界城市的研究大致有：弗里德曼（Friedmann）于 1986 年发表《世界城市假说》一文，从新的国际劳动分工角度，提出了世界城市的七个著名的论断：主要金融中心、跨国公司总部（包括地区性总部）、国际化组织、商业服务部门的高速增长、重要的制造中心、主要交通枢纽和人口规模。

萨森（Sassen）在 1991 年基于微观的视角，从企业区位选择的角度研究了世界城市，认为世界城市发展的动力在于集中优良的基础设施和服务，并对世界城市的格局进行了划分：以美国纽约、英国伦敦和日本东京的城市结构组成了世界城市三角分布格局。

之后的研究中，出现了以斯科特（Scott）、苏贾（Soja）等学者为代表的洛杉矶学派，其主要以美国洛杉矶为研究对象进行了世界城市的研究；基于信息技术革命和世界城市发展关系的研究，代表学者有克斯塔尔（Castells）、沃尔夫（Warf）等；随着发展中国家的崛起，研究的重心落到了发展中国家的新兴大城市。

总体来看，世界城市理论的发展离不开经济发展的历史时段，在全球化萌生之时，便埋下了世界城市的种子，随着经济的全球化加速，则世界城市的出现便是对经济全球化的空间表征，随着技术的进步，发展中国家和城市的崛起，新的世界城市体系和格局正在重塑。

2. 北京总部经济同世界城市的相互作用

（1）北京在世界城市中的地位

对世界城市的划分，早期的学者以弗里德曼的划分为标准，亚洲的世界城市核心是东京，因为当时的北京在全球范围内并不具有竞争优势，缺乏对世界具有影响力的文化和经济控制力量，并未被划进世界城市的核心中。然而，随着近几十年来中国和北京的发展，在亚洲的世界城市格局中，已悄然地发生变化，北京、香港、上海等城市的快速发展推动着亚洲的世界城市格局向着多极化方向发展。

当前，北京市在塑造国际城市中已经取得了不菲的成绩，仅在北京朝阳区的 CBD，就吸引了大量的跨国企业总部入驻，初步形成了总部基地。2014 年北京共有 52 家世界 500 强企业入驻，比 2013 年增加了 4 家，超过了日本东京的 43 家，蝉联了全球城市第一，成为名副其实的世界 500 强企业"总部之都"。入驻北京的企业总部，有很大的比例在 CBD 内积聚，如摩托罗拉公司、三星电子公司、雷诺公司、东芝公司等都选址于此；CBD 同时拥有包括德意志银行、普华永道、摩根士丹利、德勤等世界服务业企业 252 家，占北京市的 70% 以上，另外有占北京约 30% 的五星级酒店。依据 2012 年数据北京市与 72 个国家的 124 个首都和大城市有友好往来关系，其中已与 37 个国家的 41 个城市建立了友好关系。

（2）总部经济同世界城市的相互作用关系

第一，产业结构契合。北京作为世界城市的定位同北京作为总部经济城市的定位十分契合。萨森（Sassen）提出作为一个世界城市必须是一个金融高度集聚、生产型服务业高度集中的城市。徐颖（2011）认为当前北京市的世界城市模式同东京很相似，在发展路径上属于产业中心型，在东京汇聚的世界企业总部不光有金融业还有很多制造业的总部，因此其对生产型服务业有着巨大的需求，所以称为一个世界城市对于北京来说能提升北京市的产业结构等级，高等级的产业也符合北京自身的城市定位。

另外，北京成为世界城市可以实现以产业带动区域发展。结合京津冀一体化和疏解非首都功能来看，世界城市都提供了一个发展的契机和模式。天津和河北有着广阔的生产腹地，这样集聚在北京的制造业企业总部不会成为无根之木，津冀的广阔腹地所具备的经济潜能并未被完全释放，原因之一便是北京和津冀之间联系不够，在总部经济的"总部—制造基地"模式的带动下，只要能做到功能的完善疏解，基础设施的完备，总部研发功能的提升必然会带动制造基地的经济发展。

第二，战略定位符合。2005 年制定的《北京市城市总体规划（2004—2020）》就已明确北京市为"国家首都、国际城市、文化名城、宜居城市"，不再提"经济中心"。但长期以来，北京市经济中心的地位十分明显。2014 年 2 月，习近平总书记在北京市考察时明确指出北京市的城市战略定位："坚持和强化首都全国政治中心、文化中心、国际交往中心、科技创新中心的核心功能"，从国际城市变为国际交往中心，并增加了另一个城市核心功能：科技创新。实际上，频繁的国际交往、繁荣文化和经济、科研创新中心都是作为一个国际城市的典型特征。

（3）当前北京市作为世界城市面临的问题

第一，基础设施的不足。据高德地图发布的《2015年第二季度中国主要城市交通分析报告》，北京依然是全国最为拥堵的城市，根据荷兰交通导航服务商TomTom2015年发布的全球拥堵城市排名中，北京排在第15位，拥堵程度超过伦敦、纽约、东京、香港等典型的世界城市。拥堵率仅是北京交通状况的一个缩影，但从这个现象中，我们看到北京市的交通状况堪忧，已成为北京市发展的瓶颈之一，提升交通的便利性是北京发展总部经济和世界城市急需解决的一个棘手问题。

第二，空间整合效率较低。斯科特（Scott）认为，世界范围的经济发展区域模式已渐渐从"中心—外围"模式演变为由大城市区主导的斑块结构，此类观点同"核心—外围"观点有相似之处也有革新之处，不管从何种观点出发，紧邻世界城市，拥有一大片发达的城市区域是为了对世界城市起到支撑作用。纽约在全球经济的控制能力更多地取决于美国东海岸大都市带的强大支撑，而东京在全球经济中的地位则主要来源于东京大都市圈和日本太平洋沿岸工业经济带的强大经济基础。[①] 在周围城市和空间的支撑力度上，北京有所欠缺，从近到远看，北京除了首都功能核心区（东城区、西城区）和城市功能拓展区（海淀区、朝阳区、丰台区、石景山区）之外，城市发展新区（通州区、顺义区、房山区、大兴区、昌平区）和生态涵养发展区（怀柔区、平谷区、门头沟区、密云区、延庆区）的就业密度都较低，城市发展新区和生态涵养发展区实质上成为劳动力的居住区，由此而产生了巨大的通勤成本和交通不便利，这是北京市内部需要从空间上进行调整的；再往外看，在京津冀地区，由于河北省地域较广，但人力资本较

---

① 李国平. 北京建设世界城市的空间模式［J］. 科学中国人，2010（1）：29 – 30.

差，且由于北京的极化作用，人才被集聚到了北京，导致河北省已经产业空心化，人才空洞化越发严重，协同北京总部经济的区际产业链的制造基地环节是河北省亟待建立的产业。协同首都经济圈、京津冀经济圈和环渤海地区的优势互补共同发展是我们发展总部经济、区域经济的必由之路。

（4）北京市发展总部经济和建设世界城市的对策

建设总部经济和世界城市应该把握好几个基本的定位：一是把握好世界城市体系的高点。北京的总部经济模式依然保证北京在国内处在第一梯队，但在国际的产业价值链条中，北京仍不是最为主要的极点，成为世界城市体系中的极点关乎到中国的国家层面的经济发展战略。二是利用北京的世界城市地位来带动我国更大区域的发展。中国地域广阔，不可能沿用新加坡、香港等地区的城市经济发展模式，提升整个中国经济发展水平，消除贫富差距，提升人民的整体福利水平仍然是中国的一项任务。

具体到协同发展总部经济和世界城市的对策方面，北京应从以下几方面着手：

第一，合理选择产业发展方向。具体来说，就是要在保证产业结构高度化的同时，又要侧重北京市自身的产业平衡。北京走的是类似于东京的多产业协同发展的路径，不应只强调金融行业，除此之外的商业、企业总部的研发部门、营销部门都是北京市可以选择吸纳的。另外，生活服务业，包括文创产业、休闲旅游产业等也是北京发展不可或缺的。

第二，做好承接和转移的双向联系。北京在国内虽处在产业优势地位，但在国际上仍处于不重要的极点，所以北京才要吸纳国外的高端企业总部，高端产业在很大程度上还处在承接国际产业的地位，所以对于北京来说，承接和转移是都要面临的工作。铺就一条衔接合理，覆盖国内区域较广的产业链条尤为重要。

第三，坚持"走出去"战略。我国内部经济转型，缓解区域经济发展压力，不应仅在内部消化，还应该更多地以"走出去"的战略来消解内部经济的不平衡，以总部设在北京的亚洲基础设施投资银行为例，通过投资于亚洲的基础建设，便可以将我国过剩的外汇储备和产能进行疏解，构建金融、经济的新秩序需要我国的参与，就像习近平总书记在 2016 年新年贺词中说的"世界那么大，问题那么多，中国不能缺席"。

第六章

北京CBD总部集聚的辐射效应
——基于京津冀协同发展的视角

第一节　京津冀区域协同发展背景下的总部经济

Jan Tinbergen（1950）立足于国际经济，提出了区域经济化一体化的思路。B. Balassa（1975）就经济一体化提出了经典性定义，指出经济一体化即产品和生产要素的活动不受政府的经济限制。这一定义包括过程和状态两个层面，过程层面指为消除各国经济单位之间的差别待遇的种种举措；状态层面表现为各国间不同形式差别待遇的消失。这种围绕"过程"和"状态"来解释经济一体化，为之后许多经济学家的研究指明了方向。F. Machiup（1966）发展了 Balassa 的定义，认为 Balassa 对区域经济一体化的定义仅说明了不同国家形成类似于一个区域集团的经济一体化，而忽略在一个国家内各地区之间可能进行经济一体化的基本事实。事实上，不仅国家之间的经济可以一体化，一国之内区域间也可以实现经济一体化，这一表述进一步拓展了经济一体化的内涵和外延，使经济一体化的定义更加符合实际。

国内学者的研究更多关注于区域一体化，朱金海（1995）提出区域经济一体化是冲破行政管理体制的界限，以市场为纽带，以企业为主体，并由宏观调控组织引导，建立功能合理分工、资源合理配置、产业相互协调、资金互为融通、技术相互渗透、人才互为流动的现代经济一体化区域。韩佳（2008）认为区域经济一体化是指，在单一主权国家范围内，以获取生产、消费、贸易等领域利益为目的，地域邻近或地理特征相似省区、省内的城市等地区经济主体间产生的不受区域限制的市场一体化过程，包括从商品市场、生产要素（劳动力、资本、技术、信息等）市场、服务市场到经济政策及管理的统一。区域经济一体化在空间过程上表现为各种生产要素在空间地域上的流动；空间状态上表现为通过生产要素的流动所形成的经济扩散点和集聚核心。朱耀人（2003）在对区域经济一体化的深入研究基础上，提出了推进长江三角洲区域经济一体化思路，一是统一发展理念，促进共同繁荣；二是建立协调机构，共商合作；三是统一区域规划，协调基础建设；四是构筑统一市场，推进产业整合。梅志雄（2016）在对珠三角区域经济发展同环境协调度的研究中发现，珠三角地区城市经济与环境协调发展水平总体上呈"核心—外围"结构，且城市总体空间差异先有所扩大后明显缩小。赵弘（2005）在总结京津冀一体化发展存在的问题的同时，提出了总部经济之所以能够存在于京津冀地区，其中一个很重要的原因是京津冀地区的经济发展不平衡，差异较大，并在此基础上提出了京津冀一体化背景下北京总部经济的发展策略，实施大区域合作战略，构建互补性的"总部—基地"经济链条、加快区域基础设施建设，构建通畅的区域交通体系和完善的信息服务网络、完善为总部服务的专业化服务体系，优化区域合作的环境建设、完善大市场体系，强化市场机制对于生产要素的配置功能。田新豹、王顺彦、陈建成（2006）提出总部经济会带动区域的发展水平、深化区域的产业和劳动分工。

概括来说，总部经济的存在和区域经济的存在是相辅相成、和谐共生的。

1. 区域经济的发展催生了总部经济

从发展历程看，总部经济可以说是区域经济的深化和创新，当区域经济发展到一定程度后，由于要素的充分流动、生产链条的空间延展，作为基本生产单位的企业也会由于区域发展而流动，包括最初的人员流动一直演化到部门流动。企业总部和生产环节逐渐分离，充分利用各地区的资源禀赋和比较优势，发挥专业化分工和地区合作形成的集聚效益、规模经济效益以及范围经济效益。这样区域经济也成为总部经济的发展基础和重要支撑，概括起来区域经济由于以下两点催生了总部经济。

（1）区域内要素形成的集聚催生总部经济

企业的总部所需要的生产要素和资源与其制造部门是不同的，因此在区域中的要素集聚是企业总部与企业内其他部门能分离的前提，各个部门均可在寻求更优的要素配给方案，毋庸置疑，空间上的便捷性是最好的选择。在区域要素集聚方面，大致可以包括以下几点：

第一，异质劳动力集聚。区域的发展会使得异质性的劳动力得以分散和再集聚，具有不同劳动技能的劳动者对于区域经济发展具有不同的影响。普通劳动力主要通过市场放大效应、前后向关联效应从消费端促进经济增长。在当前冰山成本越来越低的趋势下，消费端的集聚并不能够成为企业集聚的缘由。与之相反，具有高技术的劳动力则会作为企业生产的核心要素。考虑到企业总部所需要的技能和企业的制造部门是不同的，以空间经济学的 FE 模型的自由企业家为例，企业能够创造效益的核心是具有固定投入，而这部分固定投入是由高技能的劳动力所提供，而企业的核心技术同样也体现在企业总部的高技能人员上，FE 模型则告诉我们区域中的高技能劳动力和普通劳动力会在区域经济的发展中产生分离，FE 模型为总部集聚和总部经济提供了关于异质劳动力方面的理论支撑。

第二，资本集聚。现实的区域金融演进历程表明，金融资本同样具有异质性和不规则性，这种空间异质性使得金融资本在空间上呈现了非均衡分布的形态。区域发展中金融资本不仅在总量上出现了地域分化，更在诸如资本形成能力、资本构成、金融创新等方面出现了差异，这些差异也是导致企业集聚和分化的原因。以北京 CBD 为例，北京 CBD 的金融机构管理的金融资本数额，超过了津冀的总和，所以处于融资的便利性和渠道的多样性，企业会选择在北京 CBD 融资，这也是企业总部与企业制造基地发生分离的原因。

第三，科学技术集聚。所谓的科学技术集聚，主要是指从事科技活动的主体以及科技活动所需的各种科技资源在地理空间上集聚。科学技术之所以能够在区域经济的发展中形成集聚，主要原因是由于科学技术的传播的三类特点：科技的地理路径传播、技术链条传播和科技的组织传播。地理路径传播指的是科技由于地理的社会和经济活动而传播，技术链条传播指的是某区域在某一时刻的研发同其他区域的研发成果具有互相启发、借鉴和相互作用的关系，科技的组织传播是指科技研发组织如具有相似性，则更有可能去合作和协同创新。研发总部是企业总部的重要职能之一，而由于区域科学技术的集聚，企业中的各个环节倾向于寻求更适合自身的技术要素，由此就导致了企业总部的集聚。

（2）区域内生产链条的形成

区域内企业的区位选择和区域产业链条的构成是协同作用的关系，对于区域产业链环节应该布局在什么地方，企业会根据不同区域的特点和优势来选择。由于每个区域不可能在区域产业链的所有环节上都具有区域优势，不同区域有适合不同产业链发展的特点，企业会选择有利于自身发展的区域布局，企业总部和制造基地也会各自选择有利于自身发展的区域布局，最终实现产业链各环节和企业内部产业链在空间上的分离，形成了跨地区的产业链。

需要注意的是，企业总部分离后的企业价值链条各环节在选择集聚地区时不仅要考虑单个部门的区位优势，还要考虑企业价值链同区域价值链是否吻合，是否符合上下游环节间的联系等方面。

2. 总部经济对于区域经济的影响

总部经济对于区域经济的影响主要表现在两个方面：一是促进区域经济的发展和优化；二是在区域内形成合理分工。

（1）促进区域经济的发展

在弗朗索瓦·佩鲁（Francois Perroux）增长极理论中，增长以不同的强度首先出现在一些增长点或者增长极，进而可以通过不同渠道向外扩散，对整个经济产生不同的终极影响。而总部经济拥有很强的辐射功能，可以拉动整个地区产业链，有效形成该区域增长极。并且在对区域发展的带动过程中，又可以吸引更多的投资进入该地区，使该地区经济实现长远增长。总部经济对区域经济的发展主要表现在以下几个方面：

第一，促进地区的城市化进程。我国的城市化是伴随着改革开放和工业化进程展开的，大致有两种类型：一是自上而下的城市化，其主要动力是来自中央政府发动的工业化，农村的推力几乎不起作用，我国大中城市的发展几乎都是依靠工业化来拉动的；二是自下而上的城镇化，主要是由农村自发的工业化推动的，促进了小城市的发展，乡镇企业的崛起，民营经济的发展推动了城镇化的发展。有的学者从城市化动力的视角进行分析，认为还存在着一种"分工型"的城市化。总部经济的发展属于分工促进城市化的类型，总部经济区的营造和形成，可以有效促进城市布局、城市规划、城市建筑在符合区域经济发展目标的轨道上合理发展，使城市化进程得到极大提升。

第二，提高地区的城市综合竞争力。总部经济体现了城市的综合竞争力。一个城市的综合竞争力由软件和硬件、传统与现代、低层次和高层次等多方面组成。总部经济的发展状况能够在很大程度上反映一个地区高端竞争力水平，世界主要高度国际化大都市如纽约、伦敦、东京、香港、新加坡等都存在总部经济的集聚，完善的法律体系，开放的商务环境，便捷的信息服务，高效廉洁的行政管理，这些企业发展的有利外部条件是总部型城市能够吸引企业总部的重要因素。各大公司总部集聚于这些城市，占据国际经济活动的要冲，可以快速有效地利用当地优越的区位条件和国际影响力，从而占据市场竞争的主动权，实现全球范围的资源有效配置。另外也可以为整个城市的经济文化发展增添活力，帮助这些总部型城市在国际舞台上塑造更加良好的形象，实现城市和企业的双向协调发展。

第三，推进地区的市场化进程。对于市场化发展，总部经济区域的建设也有很强的推进力，如形成集聚规模的大量金融企业总部能够促进区域金融市场的建设。总部经济的发展改变了地区的经济结构、空间配置结构，提高了整个地区的效率，同时由于人口和企业的大量集聚，从而也提升了市场对于生活用品、生产型服务业的需求，提升了市场的规模。

第四，加速了地区的信息交流。由于企业总部的高密度集聚，使得企业之间能够更好地共享信息。在当前网络时代下，信息对于经济的作用越发明显，加速了信息的交流和互动，无异于加速了经济的循环，从而提高了经济发展的成效。

（2）形成区域间的合理分工

中心—外围理论对总部所在地与区域之外进行合理分工的影响和作用进行了分析，从不同的角度解释了总部经济对区域经济发展的影响。美国经济学家弗里德曼（J. Friedmann，1996）最早提出了"中心—外围"效应理论，之后不同经济学家不断丰富这一理论。中心指区域增长主要推动中心，如都会区等，而外围指中心周围的腹地和边缘区域。这一理论认为在经济发展初期，由于中心区域基础设施较为完善且费用较低，人口、产业和资本、技术会自发集中于该区域，到了区域发展成熟期这种集聚和增长趋势会逐渐放缓，到了后期，中心区由于外部不经济现象的出现，如地价高涨、交通阻塞、噪声污染、空气污染等问题，产业、人口等会出现向外围区域转移的趋向。企业总部集聚中应用"中心—外围"效应理论，中心区域和外围合作分工协调关系的形成可以使不用区域的比较优势得到发挥，资本、技术、人才等高附加值因素向相对较发达的中心城市聚集，而其他外围地区依赖于其土地价格、劳动力成本等优势，则能够形成比较稳定的加工基地。在区域内中心区利润更高，而外围地区收益较稳定，通过产业组织的再架构和创新，合理协调区域产业布局，使要素在区域内重新组合，重新积聚，更好地实现价值。

第二节　京津冀协同发展与总部经济

京津冀一体化由首都经济圈的概念发展而来，涉及京津和河北省 11 个地级市。具体而言，包括北京市、天津市以及河北省的保定、唐山、石家庄、邯郸、邢台、衡水、沧州、秦皇岛、廊坊、张家口和承德，人口总数约为 1.1 亿人，国土面积约为 21.6 万平方公里，辐射范围囊括了北方中东部主要区域。2014 年京津冀协同发展座谈会上，习近平总书记明确提出了要实现京津冀协同发展，探索完善京津冀城市群布局和形态，促进人口经济资源环境相协调的政策并把京津冀的协同发展上升到了国家战略的层面。

伴随着经济不断发展，城市化进程日益加快，传统制造业的梯度转移、老旧工厂不断关闭，而包括水、土地等资源短缺日益严重和气候环境的进一步恶化，这些问题成为城市中难以回避的问题，尤其是对于中国这样的发展中国家，如何在这个发展的关键节点成功实现转型已成为北京、上海、广州和深圳等大城市面临的一个重大战略问题。北京是京津冀一体化发展的重心，作为区域总部经济中心城市，寻求好经济增长新的动力，实现好城市产业升级和功能转型，是保持北京乃至整个中国大陆区域持续发展和繁荣的关键。总部经济作为一种传统发达国家成功实践的经济模式，对我国大城市实现经济转型和持续发展提供了很好的借鉴。

1. 京津冀的经济发展阶段

区域产业的空间集聚和区域整体的经济发展水平是不可分离的，京津冀区域协同发展作为一项国家战略，如何推进并取得实效，首先要对这一区域的经济发展水平和内部产业的空间结构进行深入地研究。2015

年京津冀地区（包括 13 个城市）的空间 GDP 基尼系数为 0.53[①]，经济区内部存在着显著的不平衡，不平衡的原因可能来自历史、政治、区位等方面的问题，但最为重要的是由城市产业职能分工的不同导致的。然而，产业的布局和区域分工并非一成不变，当技术进步、区域内外部发展不均衡的现象发生改变时，产业布局的具体形态在区域发展的不同阶段将发生深刻的变革。因为产业空间布局同区域经济发展水平有着密切的关联，不同的经济发展阶段会有不同的产业布局予以匹配。

尽管研究城市发展的学者理论背景不同，对城市经济发展阶段的切入点不同，但这些学者都持有一个共同点，即区域经济的发展演化与产业空间结构的变迁是分不开的。戈特曼（1961）提出了经济区的演化四阶段，即孤立分散阶段、区域性城市体系形成阶段、大都市带的雏形阶段和大都市带的成熟阶段。弗里德曼（1966）提出区域空间演化理论，该理论将区域空间的演化分成了四个阶段，分别是前工业阶段的区域空间结构、过渡阶段的区域空间结构、工业化阶段的区域空间结构、后工业化阶段的区域空间结构。陆大道（1988）将区域结构演变划分为四个阶段，分别是社会经济结构中以农业占绝对优势的阶段、过渡阶段、工业化和经济起飞阶段、技术工业和高消费阶段。目前已有的区域经济发展的阶段理论研究取得了丰富的成果，结合区域实际情况来看，由于中国经济存在着较为明显的"赶超西方"特质，因此，不同于西方区域发展的长时期自然演进过程，国内的区域发展演进较为快速，孙久文（2014）、安树伟（2014）等的研究也证实了这一点。城

---

① 自行测算。以基尼系数来测算京津冀地区的 GDP 发展差异程度，公式如下：

$$c_k = 2/n \sum_{i=1}^{n} [i x_i] - (n+1)/n, \quad x_i = y_i / \left(\sum_{i=1}^{n} y_i \right)$$

$$(x_1 < x_2 < \cdots < x_n) \tag{6-1}$$

公式中 x_i 代表各城市 GDP 占京津冀地区 GDP 份额从低到高的顺序排列，y_i 是各城市的 GDP，n 是京津冀地区中的城市数量，$n = 13$。

从 2002 年到 2012 年，京津冀地区的基尼系数式中维持在 0.5 以上，并且 2003 年最大达到 0.58，2012 年为 0.56，2015 年为 0.53。

市产业定位作为我国区域发展宏观调控的重要手段，在区域经济的发展中有着举足轻重的影响。因此，研究中国的区域经济发展阶段不能脱离产业空间布局的演进。

本节对京津冀三地的经济发展水平和产业空间集聚水平进行梳理和测算达到两个研究目的，其一，对京津冀三地的经济发展的历史水平予以明确的界定，从而为京津冀的发展提供政策依据；其二，从产业集聚的角度分析京津冀的产业布局，进而剖析其内部空间和产业结构的匹配问题。

这里借鉴钱纳里提出的发展阶段划分标准，由于目前国内对钱纳里标准的使用主要存在两个误区，一是忽略时间性，将现期美元计的人均 GDP 直接与以 1970 年美元给出的标准比较，高估经济发展水平；二是将人民币计的人均 GDP 转化为美元时采用现行汇率，低估经济发展水平。为此，本书以 1970 年美元为基准，通过购买力平价转换因子，将 1970 年美元的阶段划分推演至 1971—2010 年美元，并根据美元对人民币的汇率中间价换算成人民币。美元和人民币的划分标准如表 6 - 1 所示。

表 6 - 1　　　　钱纳里经济发展阶段标准（美元）

年份	前工业化阶段		工业化阶段			后工业化阶段	
	初级产品生产阶段 I	初级产品生产阶段 II	工业化初期	工业化中期	工业化后期	发达经济初期	发达经济时期
1978	285.72 ~ 400.01	400.01 ~ 800.03	800.03 ~ 1600.05	1600.05 ~ 3200.11	3200.11 ~ 6000.20	6000.20 ~ 9600.32	9600.32 ~ 14400.47
1985	743.57 ~ 1041.00	1041.00 ~ 2082.00	2082.00 ~ 4163.99	4163.98 ~ 8327.97	8327.97 ~ 15614.94	15614.94 ~ 24983.90	24983.90 ~ 37475.85
1995	2799.92 ~ 3919.89	3919.89 ~ 7839.78	7839.78 ~ 15679.55	15679.55 ~ 31359.10	31359.10 ~ 58798.32	58798.32 ~ 94077.31	94077.31 ~ 141115.97
2005	3368.30 ~ 4715.62	4715.67 ~ 9431.23	9431.23 ~ 18862.47	18862.47 ~ 37724.93	37724.93 ~ 70734.25	70734.25 ~ 113174.80	113174.80 ~ 169762.20
2015	2926.46 ~ 4097.04	4097.04 ~ 8194.08	8194.08 ~ 16388.17	16388.17 ~ 32776.34	32776.34 ~ 61455.62	61455.63 ~ 98328.98	98328.98 ~ 147493.5

尽管人均 GDP 包括的信息含量很多，能够为我们提供一个判断经

济发展水平的重要参考，但却不能够反映出一个区域经济发展的结构性特征。本书参照齐元静（2013）、陆春峰（2015）的研究，在人均GDP 之外，还设定了产业结构标准反应经济发展的水平，具体比例如表 6－2 所示。

表6－2　　　　　　　基于产业结构的钱纳里的经济发展阶段标准

	前工业化阶段		工业化阶段			后工业化阶段	
	初级产品 生产阶段 I	初级产品 生产阶段 II	工业化初期	工业化中期	工业化后期	发达经济 初期	发达经济 时期
产业结构	A＞I		A＞20% 且 A＜I	A＜20% 且 I＞S	A＜10% 且 I＞S	A＜10% 且 I＜S	

其中，A、I、S 分别代表第一产业、第二产业和第三产业的比重。考虑到数据的可得性，这里对 1995 年至今的数据进行了整理，与基于产业结构的钱纳里经济发展阶段进行对比，总结出如下特点。

首先，京津冀地区发展存在两极化。京津冀地区的经济发展水平从历史上看可分为两个层级，北京是第一层级，津冀地区是第二层级，津冀地区始终较北京落后 1～2 个发展阶段。北京作为京津冀地区发展的龙头城市，1995 年人均 GDP 达到了 12691 元，从人均 GDP 来看已经进入了工业化初期；2008 年，北京市在产业结构和人均 GDP 两方面都显示已经进入了后工业化的阶段。2010 年，天津市和唐山市的人均 GDP 已经达到了后工业化阶段，经济体量最小的邢台市的人均 GDP 也已处于工业化中期；2015 年，邢台市也已进入了工业化后期。从产业结构来看，除秦皇岛市外（秦皇岛市农业不发达，工业基础薄弱，由第三产业的旅游业和贸易业主导，故在产业结构上呈现了 10%＜A＜15% 且 I＜S 的结构，并不在钱纳里的产业结构判断标准中，但由人均 GDP 判断，2015 年秦皇岛市处在后工业化阶段），津冀目前均已经达到了工业化后期，在产业结构方面，津冀大致落后北京一个发展阶段，在同样的产业结构下，北京的人均 GDP 要高于津冀，说明了北京的产业经济发展质量要优于津冀。

其次，京津冀的发展呈现了从沿海向内陆辐射的模式。经过近 40 年的发展，享有贸易交通优势的天津、唐山、沧州和秦皇岛较其余城市具有明显的发展速度优势，交通贸易是沿海城市拉动京津冀腹地城市发展的重要动力之一。以天津市为例，其东临渤海、北依燕山、面向东北亚，腹地广阔，是欧亚大陆桥距离最短的东部起点，是联系国内外、连接南北方、沟通东西部的重要通道，特别是紧邻首都北京，具有独特的区位优势。2016 年 6 月，天津市实现进出口 596.5 亿元，同比增长 0.7%。其中出口实现 264.3 亿元，同比增长 2.4%；进口实现 332.2 亿元。另外，由于天津市自贸区政策的相继出台，天津市的政策辐射力度逐渐从沿海辐射到了京津冀腹地城市。

综上所述，京津冀地区发展形成了以天津、唐山、沧州、秦皇岛为东部沿海地区向西部内陆地区扩散，并且以北京为中心向周围扩散的区域经济发展特征。

2. 京津冀面临的困境

京津冀地区自古就属于京畿重地，战略地位十分重要。当前京津冀的发展在整体和个体上都存在着发展的困境。个体来看，北京现在有严重"大城市病"，所谓大城市病是指一个城市因规模过大而出现的人口拥挤、住房紧张、交通堵塞、环境污染等问题。也有学者将大城市病定义为在某一城市发展阶段，城市人口的过度集聚超过工业化和城市经济社会发展水平造成的，故大城市病也被称作"过渡城市化"（王桂新，2011）；河北当前最为重要的问题是产业污染过于严重，依赖于高污染的制造行业的发展虽然可以拉动 GDP，但非长久之计；而天津则像是一个孤立在外的城市，虽然有直辖市和港口城市的区位优势，但并没有将潜能充分发挥，日益污染的环境也在预示着天津的发展存在着问题。将三地统筹起来看，则有一个明显的集聚问题：河北、天津的人口和资源向着北京集聚，导致北京因人口、资源的过度集聚带来了一系列问题，于是中央提出了京津冀协同发展、疏解非首都功能的战略。2014 年 2 月 16 日，习近平总书记在北京市考察工作时提出要明确城市战略定位，坚持和强化首都在全国"政治中心、文化中心、国际交往中心、科技创新中心"的首都核心功能，所谓非首都功能是在这四项基本功能之外的功能。京津冀协同发展，其核心便是京津冀三地作为一个整体协同发展，推动公共服务共建共享，加快市场一体化进程，打造现代化新型首都圈，努力形成京津冀目标同向、措施一体、优势互补、互利共赢的协同发展新格局。

当前区域总人口已超过 1 亿人，面临着生态环境持续恶化、城镇体系发展失衡、区域与城乡发展差距不断扩大等突出问题。实现京津冀协同发展、创新驱动，推进区域发展体制机制创新，是面向未来打造新型首都经济圈、实现国家发展战略的需要。京津冀空间协同发展、城镇化健康发展对于全国城镇群地区可持续发展具有重要示范意义。

目前，京津冀三地面临的问题主要有以下四个方面：

（1）产业困境

自改革开放以来北京经济结构就处在不断调整中，第一产业、第二产业比重不断下降，第三产业比重不断上升。现阶段北京以第三产业为主，第三产业为北京市的生产总值贡献了大部分产值，全国尖端研发机构在此聚集，金融业、服务业等第三产业发展迅猛。有数据显示，其第二产业的比重已经由 1978 年的 71.14% 下降为 2015 年的 19.7%，而第三产业则上升为 79.7%。天津的重点在于加工和服务型产业，天津的工业发展主要以汽车、电子、生物工程等为主，其中高新技术产业已经成为天津新的经济增长点。重工业是河北省的支柱产业，长期以来以资源型产业为核心，钢铁、医药、石化、纺织等行业在河北甚至全国都占有重要位置，也正是依赖于这些基础产业的支持，区域经济和人民生活水平才得以发展和提高。2015 年的数据显示，三次产业的占比为 11.5∶48.3∶40.2，由此可见，第二产业占据河北省地方生产总值的半壁江山。较之京津两地，河北省以"三高"型第二产业且基础型产业为主，污染严重，技术落后，高科技人才匮乏，技术研发进程缓慢，从河北自身发展看，资源型产业是其主导产业，对经济提供了大部分产值，现阶段，按照京津两地产业结构进行经济转型，比较困难，产业结构落差大，绿色发展缓慢且艰难。钱纳里的发展阶段理论还揭示了一条规律，在经济水平提高的过程中，区域的产业结构、分配结构和发展动力将发生变化，所以其发展方向应进行及时调整。区域的产业结构变化问题是近些年一个研究热点，其中产业集聚是产业空间变化的典型特征。

　　首先，从产业集聚度入手分析。度量产业集聚程度的常规方法是通过建立指数，利用指数在上下限区间的相对位置来判断集聚程度的高低。指数越大，表明产业集聚程度越高，反之则越低。相关的集聚指数包括行业集中度、赫芬达尔指数、区域基尼系数、区位熵指数、集聚系数等，这里选取了应用最为广泛的区位熵指数测度京津冀地区的产业集聚演变趋势。区位熵指数有两种计算方法：一种是用地区中某行业的产值在地区总产值中所占的比重，与全国该行业产值在全国总产值中所占比重之间的比值表示；另一种是用该地区某行业就业人员数与该区域全部就业人员数之比，同全国该行业从业人员数与全国所有就业人员数的比值表示。区位熵指数大于1，可以认为该产业是本地区具有比较优势的部门；如果区位熵指数小于或等于1，则认为该产业是本地区比较优势欠缺的部门。基于数据的可得性，本书选用第二种计算方法来进行测算。

　　具体的计算公式为

$$L_{q_{ij}} = \frac{(G_{ij}/G_i)}{(G_j/G)}(i = 1,2,3,\cdots,n;j = 1,2,3,\cdots,m)$$

式中 $L_{q_{ij}}$ 为 i 城市 j 部门从业人员区位熵指数，G_{ij} 为 i 城市 j 部门从业人员数量，G_i 为 i 城市从业人员数量，G_j 为全国 j 部门从业人员数量，G 为全国总从业人员数量，在测算中，选取 G 为京津冀地区总从业人员数量。

　　京津冀一体化协同发展的核心是北京市的产业转移和津冀的产业

承接，按照空间经济学的逻辑，北京市和津冀地区由于自身的优势互补，会形成中心—外围的发展模式，处于中心位置的北京市会将自身的制造业进一步迁出，从而形成以生产型服务业拉动的模式。北京市由于高校和科研机构众多，因此具有良好的科技研发能力，这在北京市的发展进程中功不可没。而作为全国经济和信息中心，北京市的金融服务对于京津冀乃至全国都有巨大辐射作用。另外，交通一体化是京津冀协同发展的三大重要领域之一，破解当前三地交通难题，构建综合交通运输体系是三地协同发展的当务之急。另外，考虑到数据的可得性，这里选取了制造业、科技研发（科学研究、技术服务和地质勘察业）、交通运输、仓储和邮政业及金融业为例，得出表 6-3 至表 6-6。

表 6-3　　　　　　　　　制造业区位熵指数（2000—2014 年）

城市 年份	北京	天津	石家庄	唐山	秦皇岛	邯郸	邢台	保定	张家口	承德	沧州	廊坊	衡水
2000	0.799	1.479	1.249	1.187	1.070	1.027	0.927	0.949	1.224	0.910	0.796	0.687	0.941
2001	0.817	1.531	1.267	1.114	1.073	1.014	0.868	0.887	1.177	0.895	0.768	0.710	缺失
2002	0.844	1.507	1.298	1.112	1.079	1.002	0.824	0.899	1.181	0.871	0.749	0.755	0.902
2003	0.796	1.642	1.372	1.201	1.091	0.948	0.775	0.916	1.176	0.846	0.739	0.786	0.919
2004	0.778	1.742	1.447	1.299	1.122	0.965	0.806	0.973	1.229	0.883	0.766	0.826	0.972
2005	0.780	1.775	1.398	1.323	1.159	0.959	0.768	1.033	1.111	0.998	0.718	0.857	0.966
2006	0.782	1.623	1.245	1.201	1.041	0.835	0.697	0.948	0.986	0.921	0.657	0.854	0.865
2007	0.773	1.592	1.250	1.276	1.089	0.863	0.724	1.042	0.992	0.902	0.605	0.881	0.857
2008	0.752	1.614	1.298	1.309	1.233	0.804	0.734	1.091	1.004	0.875	0.613	0.976	0.858
2009	0.738	1.662	1.270	1.401	1.316	0.677	0.776	1.088	0.949	0.899	0.607	1.249	0.852
2010	0.721	1.699	1.284	1.370	1.349	0.756	0.733	1.091	0.900	0.875	0.586	1.452	0.822
2011	0.675	1.806	1.128	1.280	1.227	0.681	0.669	1.057	0.802	0.747	0.683	1.530	0.925
2012	0.656	1.818	1.023	1.430	1.187	0.571	0.984	1.014	0.770	0.707	0.717	1.476	0.881
2013	0.632	1.833	1.099	1.218	1.093	0.949	0.987	1.042	0.750	0.795	0.778	1.454	0.840
2014	0.618	1.852	1.111	1.260	1.099	0.925	1.006	1.066	0.695	0.765	0.755	1.601	0.899

资料来源：《中国城市统计年鉴》（2001—2015 年），其中衡水市 2001 年数据缺失。

制造业区位熵指数的演变能够更好地反映出工业劳动力在 2000 年

至 2014 年的流动趋向，在这 15 年中，区位熵指数呈现下降的只有北京
一个城市，而其余 12 个城市均呈现不同程度的增长趋势，其中增速最
快的廊坊市，增长了 233.04%，而集聚程度最高的是 2014 年的天津达
到了 1.852，说明天津是一个以制造业为主的港口城市，与世界著名的
经济区比较发现，临海的地理位置是经济能够快速发展的不可或缺的
重要方面。

表 6-4　　　　　京津冀科技研发区位熵指数（2003—2014 年）

城市 年份	北京	天津	石家庄	唐山	秦皇岛	邯郸	邢台	保定	张家口	承德	沧州	廊坊	衡水
2003	1.744	0.666	0.622	0.129	0.374	0.374	0.296	0.675	0.246	0.237	0.128	0.342	0.210
2004	1.536	0.716	0.722	0.146	0.409	0.301	0.243	0.798	0.296	0.252	0.181	0.433	0.167
2005	1.399	1.008	0.847	0.171	0.486	0.335	0.393	0.936	0.301	0.297	0.174	0.403	0.201
2006	1.854	0.696	0.720	0.146	0.451	0.289	0.323	0.681	0.254	0.266	0.169	0.338	0.173
2007	1.700	0.716	0.742	0.144	0.371	0.326	0.316	0.690	0.253	0.287	0.164	0.374	0.162
2008	1.669	0.702	0.680	0.130	0.372	0.326	0.248	0.743	0.234	0.258	0.152	0.634	0.152
2009	1.678	0.603	0.707	0.118	0.358	0.333	0.214	0.756	0.235	0.256	0.150	0.599	0.153
2010	1.650	0.612	0.690	0.125	0.434	0.334	0.232	0.743	0.244	0.289	0.183	0.614	0.156
2011	1.423	0.944	0.859	0.213	0.440	0.204	0.221	1.127	0.335	0.484	0.194	0.488	0.141
2012	1.669	0.568	0.804	0.145	0.397	0.286	0.203	0.931	0.274	0.325	0.241	0.800	0.141
2013	1.531	0.795	0.801	0.214	0.417	0.186	0.187	1.118	0.307	0.436	0.195	0.530	0.160
2014	1.423	0.944	0.859	0.213	0.440	0.204	0.221	1.127	0.335	0.484	0.194	0.488	0.141

资料来源：《中国城市统计年鉴》（2001—2015 年），其中衡水市 2001 年数据缺失。

从发展历程看，京津冀三地的科技研发水平呈现三个阶段，其中，北
京科研区位熵指数约是津冀平均水平的 3 倍，北京市的科技创新优势已经显
现，但其余城市与北京相比落差过大。按照京津冀的发展规划，区域内联网
智能制造业是未来的产业趋势，北京当仁不让地成为核心带动力的源泉所
在。按照《北京市"十三五"时期加强全国科技创新中心建设规划》，北京
将继续提升原始创新和技术服务能力，打造技术创新总部聚集地、科技成果
交易区、全球高端创新中心及创新型人才聚集中心。

表 6-5　　交通运输、仓储和邮政业区位熵指数（2000—2014 年）

城市\年份	北京	天津	石家庄	唐山	秦皇岛	邯郸	邢台	保定	张家口	承德	沧州	廊坊	衡水
2000	0.975	1.146	1.123	0.841	2.287	0.769	0.668	0.669	0.922	0.974	0.958	0.972	1.118
2001	0.955	1.197	1.098	0.883	2.304	0.762	0.711	0.706	0.960	1.009	0.938	0.941	缺失
2002	0.936	1.278	1.105	0.883	2.380	0.810	0.648	0.697	0.919	1.019	0.872	0.908	1.127
2003	1.092	1.087	0.994	0.800	2.082	0.658	0.536	0.593	0.691	0.815	0.684	0.752	0.889
2004	1.058	1.126	1.068	0.788	2.219	0.638	0.550	0.566	0.734	0.945	0.692	0.533	0.873
2005	1.103	0.966	1.054	0.742	1.980	0.665	0.531	0.571	0.793	0.866	0.756	0.547	0.800
2006	1.238	0.910	1.031	0.702	2.033	0.612	0.438	0.449	0.831	0.877	0.703	0.530	0.829
2007	1.261	0.898	0.970	0.721	1.890	0.604	0.422	0.437	0.663	0.829	0.710	0.529	0.833
2008	1.237	0.919	1.000	0.673	1.881	0.634	0.424	0.438	0.610	0.846	0.868	0.442	0.845
2009	1.218	0.918	1.034	0.692	1.821	0.626	0.438	0.489	0.627	0.812	0.791	0.424	0.862
2010	1.221	0.941	1.043	0.713	1.852	0.662	0.436	0.496	0.495	0.806	0.683	0.339	0.866
2011	1.355	0.689	1.124	0.721	1.896	0.653	0.418	0.388	0.516	0.674	0.549	0.356	0.660
2012	1.365	0.820	1.084	0.692	1.742	0.662	0.322	0.293	0.523	0.701	0.543	0.352	0.620
2013	1.336	0.794	1.179	0.743	1.683	0.614	0.447	0.410	0.558	0.718	0.556	0.278	0.763
2014	1.317	0.790	1.317	0.813	1.630	0.665	0.328	0.372	0.582	0.634	0.577	0.318	0.703

资料来源：《中国城市统计年鉴》（2001—2015 年），其中衡水市 2001 年数据缺失。

表 6-6　　　　　　　金融业区位熵指数（2000—2014 年）

城市\年份	北京	天津	石家庄	唐山	秦皇岛	邯郸	邢台	保定	张家口	承德	沧州	廊坊	衡水
2000	0.578	0.971	1.578	1.115	1.648	1.079	1.805	1.467	1.297	1.587	1.702	1.913	2.340
2001	0.614	1.020	1.537	1.118	1.977	1.114	1.752	1.500	1.272	1.514	1.808	1.888	缺失
2002	0.545	0.997	1.679	1.518	2.054	1.234	1.851	1.487	1.329	1.493	1.782	1.761	2.192
2003	0.746	1.019	1.225	1.253	1.790	1.091	1.676	1.346	1.163	1.341	1.488	1.445	1.905
2004	0.737	1.038	1.319	1.277	2.156	1.243	1.827	1.403	1.230	1.250	1.555	1.458	2.025
2005	0.720	1.056	1.355	1.422	2.121	1.256	1.716	1.533	1.257	1.360	1.321	1.524	2.157
2006	1.017	0.747	1.169	1.016	1.447	0.982	1.213	1.017	0.975	0.928	0.832	1.093	1.584
2007	1.032	0.747	1.166	1.049	1.392	0.944	1.154	1.057	0.994	0.881	0.841	1.028	1.338
2008	0.991	0.766	1.191	1.098	1.356	1.025	1.141	0.980	0.945	1.365	0.929	1.012	1.389
2009	0.977	0.790	1.243	1.029	1.291	1.105	1.123	0.954	0.955	1.361	1.021	0.917	1.544

续表

城市\年份	北京	天津	石家庄	唐山	秦皇岛	邯郸	邢台	保定	张家口	承德	沧州	廊坊	衡水
2010	0.988	0.793	1.238	1.053	1.278	1.029	1.084	0.966	0.939	1.396	1.042	0.833	1.475
2011	1.128	0.677	1.280	0.838	1.268	0.668	1.099	0.797	0.940	1.480	1.080	0.768	1.301
2012	1.218	0.626	1.189	0.866	1.162	0.755	0.891	0.568	0.891	1.455	1.056	0.769	1.171
2013	1.226	0.621	1.104	0.769	1.128	0.815	0.845	0.763	0.865	1.228	1.109	0.699	1.201
2014	1.226	0.637	1.081	0.772	1.125	0.724	0.808	0.779	0.898	1.457	1.065	0.641	1.132

资料来源：《中国城市统计年鉴》（2001—2015 年），其中衡水市 2001 年数据缺失。

就北京来说，以交通行业和金融行业为代表的第三产业的集聚度要明显高于制造业，这与北京市的发展定位是相符的，另外石家庄市在这两个行业中的集聚度也相对较高，这是由于除北京外，石家庄作为河北省的省会对周边的劳动力、资本等生产要素具备一定的吸纳能力。在京津冀交通一体化背景下，交通运输能力会进一步提升，京津石提出了构建三地中心城区与新城、卫星城之间的"1 小时通勤圈"，京津保唐"1 小时交通圈"，相邻城市间基本实现 1.5 小时通达。因此，可以预计京津冀地区交通行业的集聚度会呈现分散平均的趋势。

在金融业方面，三地分支机构间仍存在着一定的业务地域限制，即使像贷款等较为基本的金融服务仍未能实现跨区域开放。另外，随着我国加大去产能力度，津冀地区作为重化工业和产能过剩地区，其金融业面临着经营业绩和资产状况的压力，京津冀地区要协同配合，共同防范潜在金融风险。

与区位熵指数着重反映地区的行业比较优势不同，产业关联度侧重于地区的产业相似性。在各地区的产业相似度方面，本书根据《中国城市统计年鉴》（2015）对京津冀地区 2013 年的产业灰色关联度进行了测量。

灰色关联度的计算以区位熵指数为基础，具体计算方法如下：

各城市分行业的灰色关联度公式

$$\alpha_{0i}(k) = \frac{\min|X_i(k) - X_0(K)| + \theta\max|X_i(k) - X_0(K)|}{|X_i(k) - X_0(K)| + \theta\max|X_i(k) - X_0(K)|}$$

其中京津冀整体的产业结构为参考序列，记为 $X_0(K)$，各个城市的产业结构为比较序列，记为 $X_i(k)$，$|X_i(k) - X_0(K)|$ 为各变量序列进行初值化处理后的差序列，$\max_k|X_i(k) - X_0(K)|$ 为一级最大差，$\max_k \max_i|X_i(k) - X_0(K)|$ 为两级最大差，两级最大差为

$$\max_k \max_i|X_i(k) - X_0(K)|$$
$$= \max[\max|X_1(k) - X_0(K)|,$$
$$\max|X_2(k) - X_0(K)|,\cdots,\max|X_n(k) - X_0(K)|]$$

同理可得到两级最小差

$$\min[\min|X_1(k) - X_0(K)|,\min|X_2(k) - X_0(K)|,\cdots,\min|X_n(k) - X_0(K)|]$$

上式中 θ 为分辨度，在（0，1）内取值，θ 越小，关联系数间差异越大，θ 越大，关联系数间差异越小，通常取 $\theta = 0.5$。

则各地区的产业灰色关联度公式如下：

$$\gamma_{0i} = \sum_{k=1}^{n} \omega_k \alpha_{0i}(k)$$

其中，ω_k 为产业 k 的权重，这里选取京津冀地区具体产业就业人数与总就业人数的比值作为权重。

计算后的结果如表 6-7 所示。

表 6-7　　　　　　2014 年京津冀经济区各市产业结构灰色关联度

城市	北京	天津	石家庄	唐山	秦皇岛	邯郸	邢台	保定	张家口	承德	沧州	廊坊	衡水
灰色关联度 γ	0.842	0.838	0.896	0.861	0.859	0.826	0.831	0.831	0.808	0.827	0.828	0.826	0.830
排名	4	5	1	2	3	11	6	7	13	10	9	12	8

从 2014 年的产业集聚度看，石家庄市最为接近京津冀地区的整体产业结构，这同石家庄市的战略定位较为符合，既承接了北京和天津的

移出产业，又集聚了河北省的优势产业和人才。与京津冀地区产业结构差距最大的是张家口市，这是由于张家口市作为农业大市，同时借助于坝上草原的旅游天然优势，形成了农业＋旅游业的模式，与京津冀地区的工业主导模式相距较远。

从表 6-7 中，我们可以看出京津冀地区内部产业结构虽然存在差距，但相差不大，这说明三地之间的产业结构有趋同趋势。这是由于在京津冀地区发展历程中未能充分协调发挥各地的差别优势，导致了各地市各自为政。另外，随着京津冀一体化战略的实施，产业的转移和承接也在一定程度上抵消了三地之间的产业差距。

综上所述，从经济发展阶段来看，京津冀地区内部的经济发展水平存在着较大的差异。在改革开放后的 30 多年的发展中，京津冀地区大部分都已经进入了工业化后期，北京更是进入了后工业化阶段，京津冀三地的行业侧重点各有不同，北京侧重于第三产业，而津冀地区对于第二产业更为侧重。从产业结构灰色关联度来看，三地产业之间具有产业结构趋同的特点，这背后的逻辑是京津冀地区内部长久以来无关联式的发展，在京津冀一体化战略背景下，京津冀地区内部的产业转移和承接也会发挥一定的产业差距抵消作用。

（2）人口困境

第一，人口数大而不均。京津冀人口数量庞大，是我国人口较为密集的地区之一。截至 2015 年末，京津冀常住总人口 11143 万人，占全国常住人口比例为 8.1%；2000 年末，京津冀常住人口为 9039.14 万人，占全国常住人口比例为 7.15%；2000—2015 年，年均人口增长 131.49 万人，远超全国同期水平。京津冀三地的人口密度同样较大，2014 年，北京人口密度为 816 人/平方公里，天津人口密度为 1290 人/平方公里，河北的人口密度为 393 人/平方公里，三地平均人口密度为 489 人/平方公里，远远超过了全国的人口密度 142 人/平方公里，为京津冀中人口总量较大，是我国人口较稠密的地区之一。

值得我们注意的是，虽然京津冀三地人口增长率较高，但是人口自然增长率较低，尤其是北京和天津的人口自然增长率常年维持在 4‰ 以下，这说明北京和天津的人口主要以迁移方式来进驻，这无形中加剧了人口在中心城市的集聚，相比起自然增长，以外部集聚而产生的人口增长带有明显的经济特征，且多以成熟劳动力的形式存在。

在京津冀的区域内部，人口分布极为不均衡的极化现象严重。过多的人口集中在了北京、天津，甚至是石家庄，导致这三地的人口集聚密度远远超过京津冀的平均水平。以张家口、承德等为代表的北部山区城市，自身人口基数较小，且基本处在外流的状态中，张家口的常住人口不足 450 万人，2015 年张家口人口集聚密度为 123.61 人/平方公里且集聚密度不及全国人口密度。从 2000 年至 2015 年末，北京占京津冀的人口比例从 15.1% 上升至 19.48%，天津占京津冀的人口从 11.08% 上升至 13.88%。自 2000 年以来，京津冀地区共增加人口 2013 万人，其中北京吸纳了 787.6 万人，占 39%，天津吸纳了 515.86 万人，占 26%，河北吸纳了 709.75 万人，占 35%。这都说明极化现象愈发严重，空间分布越发不均衡。随着京津两地经济的强势发展，这一不均衡格局还会持续下去。

第二，京津冀三地人均收入水平差距较大。京津冀作为中国北方最大的经济群，2015 年创造的 GDP 为 69358.89 万亿元，占全国 GDP 总量 10.12%，但强大的经济总量后是区域结构的不均衡，2015 年，河北省 GDP 总量 29806.11 万亿元，同北京市 23014.59 万亿元的 GDP 相差并不甚远，然后两地的人口却相距 3 倍多，在这背后也必然意味着两地收入的差距。

如图 6-1 所示，选取北京、天津、河北省平均值、石家庄（作为河北省的发达城市代表）、张家口（河北省落后城市代表）和中国在岗职工工资数据进行了从 2000 年至 2014 年的数据对比，我们发现在这过程中的工资水平一直存在着北京 > 天津 > 全国 > 河北的趋势，且工资差距有逐渐拉大的趋势，张家口市作为河北省落后城市的代表，其工资水平低于河北省平均水平，且在 2012—2014 年同平均水平间的差距有放大的趋势。2000 年北京市工资为 15726 元，同期天津市和河北省的职工平均工资分别为 12480 元和 7781 元，北京的职工平均工资是天津的 1.26 倍，是河北的 2.02 倍，这一比例在 2014 年变为 1.30 和 2.15，这说明北京相对于天津和河北的职工平均工资差距被进一步拉大，同时天津和河北的职工平均工资也进一步拉大，三地的平均工资水平存在极度的不均衡。

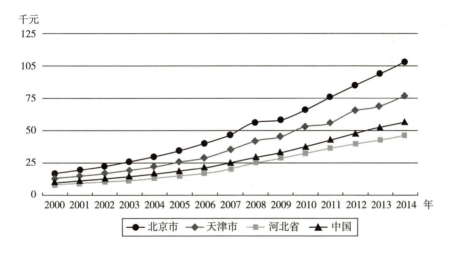

数据来源：《中国统计年鉴》（2000—2015 年）、《中国城市统计年鉴》（2001—2015 年）。

图 6-1 京津冀三地职工平均工资同全国的对比

人均收入的差距是一把双刃剑，适当的差距可以促使优秀的人力资源因工资提升的效应而集聚到高端的企业集群中，以 2013 年为例，在北京市的总部集群内，总部企业吸纳从业人员 308.3 万人，总部企业人均劳动报酬 12.5 万元，远高于 8.2 万元的社会平均水平。北京总部企业以占全市 0.4% 的单位数、25% 左右的就业人数，创造了全市近一半的增加值，实现了北京市近六成的收入和税收，是北京市必不可少的经济发动机。相应地，过度的收入差距则会使得河北的人口进一步地流向高工资地区，造成人才的进一步流失。

第三，人才等级的地区匹配存在隐患。北京作为京津冀地区的中心，近年来在吸引高端人才进入的同时，也吸引了大量的低素质的劳动力。2000 年北京常住外来流动人口为 256.8 万人，占常住人口的比重为 18.9%；2015 年为 822.6 万人，占常住人口的比重为 39.9%。低素质的人口进入北京后大多已从事生活型服务业和建筑业等劳动密集型的行业为主，以 2010 年为例，北京市 704.4 万人流动人口中，有 476.8 万人来自农村，占流动人口总量的 67.7%。而农村劳动人口受教育程度普遍偏低，拉低了北京市流动人口的整体受教育水平。2010 年的北京市 6 岁及以上外来人口中，大专以上学历人口仅占 24.5%；高中及以下流动人口占比高达 75.65%，其中以初中人口居多，占到 45.92%。

北京市要发展总部经济最为需要的是战略要素，周围城市则需要普通的生产要素，其中人才的战略要素需要的是高端技术人才，人才的普通要素则指的是相对低素质的人才，低素质的劳动力对于北京来说只需要达到一个门槛即可，过多的集聚后反而会削弱北京市的城市和产业效率，同时也会造成天津、河北乃至山东、河南等身份的人才一定的空心化，这种人才、地区和产业的错配桎梏了经济的总体发展。

（3）三地联系匮乏

在文魁、祝尔娟（2014）出版的《京津冀发展报告》一书中，对于京津冀城市群之间以经济联系强度和城市流进行了联系程度的刻画。

首先，经济联系强度包括经济距离和引力、引场。经济距离的计算以空间距离为基础，公式为 $E = \alpha \cdot \beta \cdot D$，其中 E 为经济距离，D 为城市直线距离，α 为通勤修正权数，β 为落差修正权数，前者由城市的交通状况决定，后者由核心城市和周边城市的人均 GDP 决定；引力、引场基于空间相互作用理论和距离衰减规律，对区域主体间相互作用及空间联系研究的理论模型有引力模型 $Y_{ic} = \dfrac{\sqrt{P_i G_i}\,\sqrt{P_c G_c}}{E_{ic}^2}$、潜能与场能模

型 $C_{ic} = \dfrac{\sqrt{P_c G_c}}{E_{ic}^2}$，其中 Y 为城市间引力，C 为核心城市的场强，P 为城市市辖区人口，G 为城市市辖区 GDP，i 为周边城市，c 为核心城市。

其次，城市流是指城市群地域内包括信息流、技术流、人流和物流等经济要素的流动，其强度指的是城市间的联系中的城市外向功能所产生的影响量。具体模型为 $F = N \times E$，F 为城市流强度，N 为城市功能效益，E 为城市外向功能量。用三个测算标准来衡量城市流，分别是产业区位熵、外向功能量和城市功能效率。

以 2011 年为例，将京津冀城市群之间的经济联系程度归纳为表 6－8。

表 6－8　　　　　　　　　　　京津冀城市联系程度

城市	功能效率（万元/人）	城市流强度（亿元）	经济距离（公里）		引力（亿元·万人/平方公里）		场强（亿元·万人/平方公里）	
			北京	天津	北京	天津	北京	天津
北京	24.29	2915.27		64.57		3085.63		1.05
天津	45.09	4513.56	64.57		3085.63		1.05	
唐山	48.29	1769.03	89.99	56.78	499.41	834.86	0.54	0.70
廊坊	21.63	272.37	33.88	47.04	680.51	234.94	3.83	1.91
保定	24.03	511.39	79.24	111.37	190.69	64.25	0.70	0.24
秦皇岛	28.30	496.36	158.59	126.17	39.63	41.67	0.17	0.18
石家庄	27.74	735.50	185.85	188.23	76.65	49.73	0.13	0.08
张家口	23.49	181.96	141.37	236.96	41.53	9.84	0.22	0.05
承德	23.79	130.62	126.35	151.55	33.28	15.39	0.28	0.13
沧州	36.78	341.00	102.26	53.98	71.90	171.73	0.42	1.00

资料来源：根据张晋晋、祝辉、安树伟（2014），《城市群演进机理及测度方法研究》整理。

由表 6－8 数据，结合各城市的空间距离，我们发现北京同天津单位空间距离为 115.3 公里，而北京和天津的经济距离为 64.57 公里，故北京天津两地的单位空间距离下的经济距离最小为 0.56 公里，另外不管在引力和场强等方面，北京和天津的联系都是较为密切的，北京同张家口的空间距离为 168.3 公里，经济距离为 141.37 公里，单位空间距离下的经济距离最大为 0.84 公里，另外张家口与天津的场强和引力都是所有城市中最低的，我们由此可以理性推测，张家口同北京市和天津的互动关系并不好，二者在经济结构上并未形成很强的关联，导致张家口和北京、天津联系稀疏的原因并非只有地理上的距离，更多的是张家口并未和北京、天津等地形成产业链联系。

张家口以第二产业作为核心支柱产业，但多以低端制造业为主，欠缺研发和知识溢出等，北京、天津等的资源张家口利用不到，同样张家口的产业发展也很难同京津地区协同起来，构成产业链。以副食品为例，张家口较为出名的长城葡萄酒和钟楼啤酒在张家口本市外并无太大需求，张家口身处在京津冀的广阔市场腹地之中，却并未能充分利用，市场营销总部的迁移至北京对张家口此类的知名企业来说应该是一个不错的选择。张家口的例子代表了当前京津冀地区中的一种典型情况：在自我城市的空间下自我为战，未能站在京津冀协同高度上统筹运作，也未能通过产业链、城市化、人口流动等方式来破除城市壁垒，总部经济形式是张家口值得选择的一种模式，驻扎在北京的张家口企业的总部可以为京张二市实现更好的分工与协作、城市功能互补以及区域结构的优化，从而进一步也会促使京津冀一体化程度的提升。

不管是测算城市之间的引力和场强、经济联系都离不开城市之间的空间距离和城市之间的交通可达性，交通的可达性程度在很大程度上提升了市场潜力、城市间的经济联系、引力和辐射能力。目前，京津冀的交通网络主要存在着四点不足：第一是整体的布局结构欠合理。当前京津冀交通布局主要呈现为一级集中机构，并未形成一个区域多城市可达性均较高的多中心的区域交通网络结构。第二是城际之间的运输能力较弱，负载率过高。京津冀人口、物流密集，相对于东京都市圈、纽约都市圈动辄几千公里的负载，京津冀的区际负载公里数过短。在一定程度上，交通的便利性影响到了地区的人口就业、城市和区域规划、土地利用、环境监管等方面，根据物流成本冰山理论，一个顺畅的运输条件，则必然会降低冰山成本，成为企业新的利润来源。第三是京津冀区域的枢纽一体化不足。重要枢纽衔接不到位，不仅体现在重要城市级别的枢纽，也体现在如总部集聚的北京 CBD、中关村这样一些就业、产业核心区，这些地区运输能力欠缺会形成一个瓶颈，使整个区际交通潜能都未能得到充分发挥。第四是存在着行政壁垒。由于市场和行政导致的地域分割，产生了在市场一体化下的行政风恶化，打破行政壁垒，完善协调机制成为京津冀一体化目前亟待解决的问题。

（4）环境困境

当前京津冀的生态污染和环境恶化已经到了难以为继的地步，治理环境与改变经济发展路径已经成为京津冀目前的首要课题之一。当前京津冀的生态环境问题主要表现在空气污染、水污染等方面。

在空气污染方面，近些年北京、河北及周边地区雾霾频发，在2015 年十大空气质量最差城市中，河北就以一省之地独占 7 席，京津冀 13 个城市中，11 个城市排在污染最严重的前 20 位，地点环绕京津，形成了"四面雾'埋'围京城"的态势，据推测，因大气污染每年造成死亡的人数就可能达到 50 万人。2014 年，京津冀区域 13 个地级及以上城市 $PM_{2.5}$ 年均浓度为 93 微克/立方米，同比下降 12.3%，仅张家口市达标，其他 12 个城市均超标；PM_{10} 年均浓度为 158 微克/立方米，同比下降 12.7%，13 个城市均超标；SO_2 年均浓度为 52 微克/立方米，同比下降 24.6%，有 4 个城市超标；NO_2 年均浓度为 49 微克/立方米，同比下降 3.9%，有 10 个城市超标；CO 日均值第 95 个百分位浓度为 3.5 毫克/立方米，同比下降 14.6%，有 3 个城市超标；O_3 日最大 8 小时均值第 90 个百分位浓度为 162 微克/立方米，同比上升 4.5%，有 8 个城市超标。全年以 $PM_{2.5}$ 为首要污染物的污染天数最多，其次为 PM_{10} 和 O_3。[1] 总体看来，京津冀在 2014 年比 2013 年大气污染有转好的趋势，

_____

[1]　数据来源：《2014 年中国环境状况公报》。

但是大多数城市和天数仍然未能达标。在重点城市的治理中，北京市 $PM_{2.5}$ 年均浓度为 85.9 微克/立方米，同比下降 4.0%。天津市 $PM_{2.5}$ 年均浓度为 83 微克/立方米，同比下降 13.5%。石家庄市 $PM_{2.5}$ 年均浓度为 124 微克/立方米，同比下降 19.5%。北京市由于大量的汽车尾气排放的原因，环境治理难以迅速奏效。

京津冀是我国水资源最为匮乏的地区之一，2012 年，京津冀地区水资源总量为 307.9 亿立方米，仅占全国的 1.1%，人均水资源量为 295.6 立方米，为全国平均水平的 1/7，近几年来进一步下降，目前平均水资源量不足全国 1%，人均水资源量仅为全国平均值的 1/9，水资源条件与经济社会布局极不相称。京津冀地区年均水资源总量由 1956—1979 年的 291 亿立方米减少到 1980—2000 年的 219 亿立方米，2001—2010 年均总量进一步减少到 166 亿立方米；入境水量由 20 世纪 50 年代的 100 亿立方米减少到 2000—2015 年的 24 亿立方米。分地区看，河北人均水资源量相对较多，北京人均水资源量最少，2015 年北京市人均水资源量为 123.8 立方米。值得我们警醒的是为了满足高密度人口生活用水和经济发展所需工业用水，近 5 年来年均供水量为 278 亿立方米，水资源开发程度达 109%，地下水占比高达 70%，对于水资源以一种杀鸡取卵的利用方式并不可取。另外，京津冀地区的生态系统在近些年也遭受到了一定的破坏，伴随着城镇化的进行，农田和湿地日渐缩减，在进入新世界的头十年中，农田和湿地的面积缩减面积和比例分别为 4728.10 平方公里（4.57%）和 273.76 平方公里（4.34%）。

深入分析会发现，京津冀环境污染情况是其产业结构、能源结构演化的表象，正是由于京津冀不可持续的产业发展模式，能源利用模式决定了生态环境的不断恶化。2010—2015 年，京津冀地区能源消费总量呈现增长趋势，2015 年能源消费量为 6852.6 万吨标准煤，占全国总量的 12.4%，比 2010 年增加 493.1 万吨标准煤，增长 7.8%。京津冀地区人口与资源环境之间的关系日益紧张。

京津冀污染的来源主要是河北省的工业，随着河北省经济连续增长，取得了巨大的成就，工业的贡献率就占到了地区 GDP 的一半左右，但是伴随着经济的高速发展，重化工业等传统产业的污染给区域环境造成了极大的破坏，工业的发展已经超过了该地区生态环境容量限制以及资源承载能力的限制，恶性环境事件层出不穷，资源短缺、水土污染、雾霾频发造成了一系列生态环境问题，严重影响到了百姓的正常生活，对当地居民的身体健康造成了严重影响，使人与自然的和谐发展受到严峻挑战，这种以牺牲环境和人类正常生活为代价的发展模式被否定。另外，京津冀地区化石能源如自燃煤和燃油等的燃烧构成空气污染成分的 60% 以上，在我国煤炭 36 亿吨总消耗量中，河北省消耗掉 3 亿吨。我国煤炭消费量在 2013 年就超过了世界上其他所有国家燃煤总和，煤炭在燃烧过程中还存在低质问题，高质量的好煤的数量越用越少，褐煤的使用越来越多，这些煤存在"消耗大、劣质、缺少清洁、排放缺乏控制"这四种特点。褐煤燃烧产生的污染物在低空排放，污染物的排放量早已经严重超出了环境可以消纳的最大容纳量，导致大气、水体、土地、动植物严重超负荷，生态系统已经难以自行调节工业发展释放出的污染物。仅关注于脱贫致富的低层次发展理念是当地经济发展和环境污染如影随形的根本原因，煤炭为主的能源结构和高耗能、高排放、制造业为主的产业结构，加上生产过程相对较低的资源利用率使河北省生态环境恶化，环境污染加剧。

为了经济发展造成了大气污染、工业污染、固体废弃物污染、水土流失、土地沙化、地下水位下降等环境恶化状况。这种发展模式严重超出生态环境可持续发展水平，对经济生活赖以维持的环境造成严重负担。因此，河北的这种由依靠规模扩张、过度消耗能源资源的外延式粗放发展促进经济增长的方式难以为继，京津冀的产业结构的不合理性导致了纵然实施了坝上生态农业建设、退耕还林、"三北"防护林建设等，其对于区域性生态环境改善仍然收效甚微。

3. 京津冀协同发展的机遇和挑战

（1）京津冀地区整体发展情况

从表6-9中可以看出，京津冀地区 GDP 占全国 GDP 很大比重，其中 2015 年就占全国 GDP 的 10.24%，呈现下降趋势，原因可能和节能减排有关，而从表6-10 可以看出京津冀常住人口占全国的比例大大低于 GDP 占比，2014 年常住人口达到最高值，全国占比为 8.08%，以上说明京津冀地区的整体经济发展水平较高。

表6-9　　　　　　　　京津冀的 GDP 水平与全国的比较　　　　单位：亿元，%

年份	北京市	天津市	河北省	京津冀总和	中国	京津冀占全国经济比重
2000	3161.7	1701.88	5089	15040.9585	99214.6	15.16
2001	3708	1919.09	5577.8	16923.9136	109655.2	15.43
2002	4315	2150.76	6122.53	18895.8115	120332.7	15.70
2003	5007.2	2578.03	6921.29	21807.4315	135822.8	16.06
2004	6033.2	3110.97	8477.63	26382.384	159878.3	16.50
2005	6969.52	3697.62	10117	31047.8112	184937.4	16.79
2006	8117.8	4462.74	11660.43	35977.393	216314.4	16.63
2007	9846.81	5252.76	13607.32	42432.4222	265810.3	15.96
2008	11115	6719.01	16011.97	50292.1656	314045.4	16.01
2009	12153.03	7521.85	17235.48	54495.484	340902.8	15.99
2010	14113.58	9224.46	20394.26	64348.3591	401512.8	16.03
2011	16251.93	11307.28	24515.76	76686.5462	473104	16.21
2012	17879.4	12893.88	26575.01	84159.9919	518942.1	16.22
2013	19500.6	14370.2	14370.2	48241	568845.2	8.48
2014	21330.8	21330.8	29421.2	72082.8	636463	11.33
2015	29806.1	22968.6	16538.2	69312.9	676707.8	10.24

资料来源：《中国区域经济统计年鉴》（2001—2016 年）。

表 6 - 10　　　　　　　　　京津冀地区人口与全国比较　　　　　单位：万人，%

年份	北京市	天津市	河北省	京津冀总和	中国	京津冀占全国经济比重
2000	1364	1001.14	6674	9039.14	126743	7.13
2001	1385.1	1004.06	6699	9088.16	127627	7.12
2002	1423.2	1007.18	6735	9165.38	128453	7.14
2003	1456.4	1011.3	6769	9236.7	129227	7.15
2004	1493	1023.67	6809	9325.67	129988	7.17
2005	1538	1043	6851	9432	130756	7.21
2006	1601	1075	6898	9574	131448	7.28
2007	1633	1115	6943	9691	132129	7.33
2008	1695	1176	6989	9860	132802	7.42
2009	1755	1228.16	7034.4	10017.56	133474	7.51
2010	1962	1299.3	7240.51	10501.81	134091	7.83
2011	2019	1355	7241	10615	134735	7.88
2012	2069.3	1413.15	7288	10770.45	135404	7.95
2013	2114.8	1472.21	7332.61	10919.62	136072	8.02
2014	2151.6	1517	7383.75	11052.35	136782	8.08
2015	2170.5	1562.12	7424.92	11157.54	137462	8.12

资料来源：《中国统计摘要》（2006—2016 年）、《北京市统计年鉴》（2006—2016 年）、《天津统计年鉴》（2006—2016 年）、《河北统计年鉴》（2006—2016 年）。

（2）区域都市化带的规模水平较大

京津冀地区大量的城际高铁、机场、高速公路缩短了城市的空间距离和经济距离（还有社会距离），还大大降低了城市建设的交易、运营和管理成本，促使优质的生产要素（高智力的人力资本、先进的技术条件、雄厚的资本投入）集聚在某一个大型城市成为可能，优秀生产要素的集聚使得这些城市成为经济区域的中心城市，而沿着产业链和地理延伸的城市便成为承接中心城市产业转移的制造区域。

（3）在京津冀地区内部，经济发展水平参差不齐

以基尼系数来测算京津冀地区的 GDP 发展差异程度，公式如下：

$$c_k = \frac{2}{n} \sum_{i=1}^{n} i\, x_i - \frac{n+1}{n}, x_i = \frac{y_i}{\sum_{i=1}^{n} y_i}$$

$$(x_1 < x_2 < \cdots, x_n) \qquad\qquad (6-1)$$

公式中，x_i 为各城市 GDP 占京津冀地区 GDP 份额从低到高的顺序排列，y_i 为各城市的 GDP，n 为京津冀地区中的城市数量，$n = 13$。

得出结果如图 6-2 所示：从 2000 年到 2014 年，京津冀地区的基尼系数逐年上升，从 2005 年起始终维持在 0.5 以上，并且 2014 年达到新高 0.53。

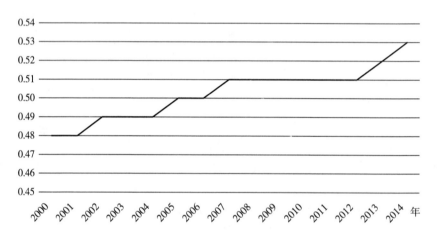

资料来源：《中国区域经济统计年鉴》(2003—2015 年)。

图 6-2　京津冀内部 GDP 基尼系数

京津冀地区中 13 个城市的经济发展差距不仅表现在 GDP 上，在具体的产业结构上也存在着差距，如图 6-3 至图 6-5 所示，北京市的产业结构等级最高，着重发展第三产业，天津其次，河北省的产业结构最低，这种产业结构的空间分布也符合了京津冀总部经济的发展模式，同时也揭示了在京津冀地区应该进行由北京市发起的产业梯度转移，而总部经济刚好符合产业梯度产业的要求。

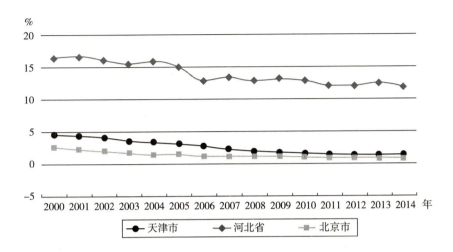

资料来源：《北京统计年鉴》（2001—2015 年）、《天津统计年鉴》（2001—2015 年）、《河北统计年鉴》（2001—2015 年）、衡水市统计局《2001 年国民经济和社会发展统计公报》。

图 6 - 3　京津冀内部 GDP 基尼系数

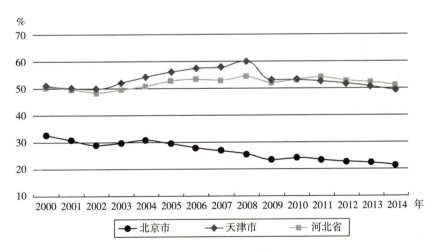

资料来源：《北京统计年鉴》（2001—2015 年）、《天津统计年鉴》（2001—2015 年）、《河北统计年鉴》（2001—2015 年）、衡水市统计局《2001 年国民经济和社会发展统计公报》。

图 6 - 4　京津冀内部 GDP 基尼系数

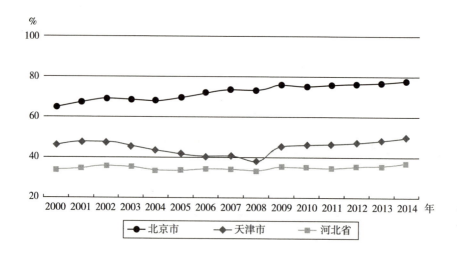

资料来源：《北京统计年鉴》（2001—2015 年）、《天津统计年鉴》（2001—2015 年）、《河北统计年鉴》（2001—2015 年）、衡水市统计局《2001 年国民经济和社会发展统计公报》。

图 6 - 5　京津冀内部 GDP 基尼系数

4. 京津冀协同发展与总部经济的挑战

（1）京津冀地区发展各自为战

在包括产业项目、基础设施、港口等项目上，三地存在严重的无序竞争，各自为政现象，对整个区域经济发展形成沉重负担，与同样处于沿海开放地区的长三角和珠三角经济区的差距逐渐拉大。北京作为经济中心的同时，还是中国的政治中心，也是北方最大的文化交流中心，其承担着很多的国际角色和国家角色，由于社会效应过于强大，以至于北京在经济发展上依靠着自身的特殊角色和对环境的过分利用，在经济上发展远远独立地领先于天津和河北省，与此同时天津市作为一个直辖市，也没能够将自身的贸易优势和河北的生产优势结合起来，基本上仍是独立发展的态势，但相对河北省，天津市在经济层面与北京的差距较小；河北省的 11 个城市中，基本都集中在第二产业，河北省的产钢量居于全世界第二位，在这 11 个城市中，以采掘业为优势产业的城市有 6 个（保定、承德、沧州、唐山、邯郸、邢台），以电力燃气业为优势产业的城市有 7 个（秦皇岛、邯郸、张家口、石家庄、唐山、承德、衡水）。在产业方面的巨大差距既是发展总部经济的机遇，同时也是对发展总部经济的潜在威胁。

（2）生态资源环境破坏对总部经济发展质量提出考验

当前京津冀地区环境污染较为严重，源于京津冀地区对资源环境的利用效率较低，甚至是破坏性使用，不惜牺牲环境来换取经济的发展。以京津冀城市群为例同全国的城市群进行比较，如表 6 - 11 所示：

表 6 - 11　　　　中国三大城市群 2015 年环境状况比较

城市群	人均 GDP（元/人）	地均 GDP（万元/平方公里）	工业 SO$_2$ 排放产出（万元/吨）	工业粉尘排放产出（万元/吨）	单位用水产出（元/吨）	单位工业用电量产出（元/千瓦时）
京津冀城市群	63631	3210	696	232	1689	36.7
长三角城市圈	90342	6401	1020	821	1005	35.7
珠三角城市群	103350	3701	1471	2928	808	34.2

资料来源：《中国城市统计年鉴》（2016 年）。

从表 6 - 11 中，我们看出京津冀城市群的人均产出和地均产出均落后于长三角城市群和珠三角城市群，这说明了京津冀的劳动人口利用率较低，没能充分发挥更大的劳动价值。工业排放方面，京津冀城市群工业 SO$_2$ 排放产出和工业粉尘排放产出也较低。当然，由于京津冀地区资源相对匮乏，单位用水产出与单位工业用电产出情况良好。

不可否认的是京津冀的生态承载力正在逐渐下降。在此情形下，经济转型升级就不可避免，一方面，这催生了总部经济；另一方面，这也对总部经济发展的质量能起到多大的辐射作用和改善环境提出了考验。

（3）经济效应和社会效应存在潜在矛盾

经济效应和社会效应之所以存在潜在的矛盾，主要源于劳动力的转移和目标的不一致。总部经济发展下的北京，集聚了大量的人才，随着劳动力的大量注入，人才的集聚，北京市区出现严重的拥堵现象，尤其在北京环境承载力较弱的背景下，提高总部经济的整体质量，吸引国际国内高端企业进入是必然的。因此，要进行劳动力的疏散不可避免，对这部分劳动力来说，一方面是被留在北京的各种社会福利和社会效应吸引，另一方面是迫于北京市经济发展下产生的被疏散压力，二者存在着个人和城市的矛盾。同时，河北省对于北京的产业承接，有不少是劳动密集型的，外来人口大量涌入长远看对于河北省也会带来极大困扰。

若单纯依靠总部经济的带动，形成区域经济向好发展，形成三地之间的多赢局面，任重而道远。总部经济必须同其他的经济发展模式结合起来共同开发京津冀区域、共同治理京津冀区域。

第三节　总部经济的区域合作模式

京津冀虽然存在着广大的区域经济腹地，但由于之前的产业链条较短，且产业层级差距较大，行政壁垒突出，彼此之间合作缺乏，经济协调程度较低，京津冀区域的一体化程度落后于长三角和珠三角，一体化的进程更多的是由政府来强行推动，市场并没有在区域经济一体化中发挥资源配置的决定性作用。

总部经济是一个自增长、自适应的经济系统，具有很强的集聚效应。总部企业在 CBD 集聚以及总部企业对外围企业的吸引能够导致总部经济效应的强化，并且通过由于总部集聚区内的各种经济效应作用于产业结构的调整，最终会促使产业结构升级，形成适应总部经济的产业链和产业布局。

当前京津冀协同发展中的一个重要课题就是产业转移，2015 年 4 月 28 日，在河北保定召开京冀市场转移对接洽谈会确定了产业一体化成为京津冀协同发展的主体内容。为理顺产业发展链条，推动产业有序转移承接，加快产业转型升级，三地的产业定位和方向现已明确：北京将主要发挥科技创新中心作用，天津优化发展高端装备、电子信息等先进制造业，河北积极承接首都产业功能转移和京津科技成果转化。

构建京津冀地区的区域产业链和区域内的产业转移都是从产业层面上对京津冀经济模式进行的改进。学者们针对产业链和产业转移进行了大量研究：

Hirschman（1958）从产业前后向联系角度论述了产业链概念，被认为是产业链理论的真正起源。在国外学者的后续研究中，波特（1985）的价值链理论尤为著名，每一个企业都是在设计、生产、销售、运输和辅助其产品的过程中进行种种活动的集合体。所有这些活动可以用一个价值链来表明，本质上价值链是产业链的微观形态表现，其在价值增值的原因和机理方面对产业链具有很强的解释作用。我国对产业链的研究集中在行业产业链和产业链的内涵两方面。张梅青、王稼琼、靳松等（2008）运用产业链理论、模块化理论和微笑曲线理论对文化创意产业链进行分析，发现文化创意产业链具有网络状特征，认为应该从价值整合和知识整合两方面实现文化产业链的整合。潘成云（2001）从价值链角度出发，并进一步按照价值链不同特点分出产业链类型，以价值链发育过程中的不同主导机制为标准分成技术主导型、生产主导型、经营主导型、综合型四种类型的产业链；以价值链的形成诱因分为政策诱致型和需求内生型产业链；从价值链的适应性分为刚性产业链和柔性产业链。吴金明、黄进良、李民灯（2007）根据产业链由龙头企业、核心企业和配套产业组成的，在此基础上提出产业链形成的三个驱动机制，分别是龙头企业需求拉动机制、核心企业的创新驱动机制和配套企业双向传导机制三类机制。刘贵富（2009）从两个视角分别对产业链形成的动因进行分析。首先是理论上，通过综合经济学理论、管理学理论、生态学理论、社会学理论等相关领域的理论详细阐述了产业链形成的动因；其次是影响因素上，以静态和动态视角分别分析了产业链形成的主要因素，并加以总结、提高和概括，得出产业链形成的动因。他还进一步详细分析，从企业个体角度出发，企业加盟产业链的目的可以概括为价值创造最大化，经营风险最小化两方面。企业为了实现这一目标可以从两个方面进行管理：一是产业链创造的价值，包括收益的提高，生产成本和交易成本的降低等；二是风险或不确定性（外界风险）的降低。袭勤林（2004）对区域产业链的形成机理进行研究，认为产业部门对优势区位的追逐、微观经济活动指向性是区域产业链形成的根本原因，并且产业链接通和产业链延伸是实现区域产业链的主要方式，其认为区域产业链的构建与优化是建立在分析区域自身资源和优势以及自身产业特点的基础上，在开放的产业系统内配置与选择适合区域自身发展的优势产业环节，通过这样的过程不断实现调整与优化，然后以我国东西部地区和四川省的产业链发展为例，通过比较东部和西部地区资源和产业特点，提出西部地区依托自身产业优势和资源特点进行产业链延伸的建议，并进一步分析四川省近些年对构建和优化产业链所做的实践工作，提出四川省不少市区在产业链实践中存在的问题。李冰（2010）在对京津冀地区资源特点、产业链现状分析的基础上，根据比较优势原理，提出电子信息产业链更加具有比较优势而适合该区域发展，认为应该重点优先发展区域内电子信息产品制造业链、医药产业链。袭勤林（2004）强调了产业集群与产业集聚是产业链形成的必要非充分条件，只有在特定区域空间上形成了经济活动的产业集群，产业集群内的企业和部门之间才可以更加容易形成多种经济和技术上的联系，为进一步引导和培育产业链提供土壤。在他的理论中产业链形成主要有三条途径：一是空间上同一若干专业化分工属性的产业部门的集中，这一产业链集结主要是出于拓展市场关联和降低交易费用；二是为加强前、后项联系，不同区域各层次专业化部门力求突破区域边界限制，实现区域产业链式一体化；三是在市场需求条件下，某一成熟产业部门衍生出若干依附于这一部门的关联产业，进而形成逐环相扣的部门产业链。

产业转移起源于国际经济理论，在赤松要（1930）雁行发展模式理论中，有利的国际经济环境和发展中国家自身的要素禀赋（主要指低成本劳动力优势和自然资源优势）相结合，使发展中国家能够通过依序动态承接发达国家国际转移产业，进而实现本国产业结构的分阶段升级。雷弗农（1966）产品生命周期理论从技术扩散角度阐述了地区间产业转移动因和规律，指出每一种产品都会依序经历引入期、成长期、成熟期和衰退期四个阶段，由于产品在生产销售上会伴随衰退期而丧失竞争优势，技术发达国家厂商为追求更大区位优势和更高利润而会采取产品生产转移至其他国家的策略，不同国家和地区间的产业转移由此产生。20 世纪 60 年代以来，技术进步和人口增长趋缓，伴随部分劳动密集型产业在发达国家比较优势的逐步丧失，这些产业逐渐被转移至发展中国家和地区。阿瑟·刘易斯（1984）的劳动密集型产业转移理论将产业转移现象与比较优势演变相结合，从赫克歇尔—俄林的要素禀赋理论出发，解释了劳动密集型产业转移规律。小岛清（1978）的"边际产业扩张论"则从转移产业出发，认为先进国家应从自身劣势产业出发开始产业的转移，即根据本国产业竞争优势动态演变特点，从边际产业开始依次实现劣势产业的转移。这种产业转移方式在利于产业输出国贸易和产业结构优化的同时，也可以推进产业输入国内部经济机构和产业发展的合理调整。国内的产业专门研究方面，罗浩（2003）运用刘易斯二元经济模型，以劳动力无限供给为假设，分析了产业转移过程中区域黏性问题，即源于农村剩余劳动力的无限供给，沿海发达地区外来劳动力实际工资增长将会缓慢，这将迟滞东部沿海劳动密集型产业的转移。吴汉嵩（2009）进一步指出，诸多因素导致的区域产业转移黏性使从东部地区向西部地区的产业转移难以大规模实现，主要表现为东部劳动力成本上升缓慢、产业集群化形成转移障碍，西部地区自身条件如基础设施、市场化程度及投资环境的缺陷。我国在国际产业价值链中地位较低，质量较差，胡兴华（2004）指出价值链增值空间、集群创新空间和溢出效应与知识产权优势是现代化价值链的重要表现，对我国优化制造业价值链结构，提高国际产业转移承接质量，更好融入全球价值链具有很强的指导意义。张少军（2009）探讨产业转移与区域协调发展在当今全球价值链模式下的关系。我国当前国际贸易面临要素成本上升、人民币升值以及贸易摩擦增加等不利因素，东部沿海产业开始出现向外转移现象，如何利用好现有优势构建国内价值链（National Value Chain，NVC）的同时，使国内价值链与全球价值链（Global Value Chain，GVC）相结合，对进一步利用全球资源和实践经验推动产业转移由东部地区向中西部地区进行的实现，带动区域均衡协调发展有深刻的现实意义。孙玉娟等（2008）则探讨了河北省产业转移与产业竞争力的提升，通过对河北环京津区位优势、港口群交通优势、港口工业优势及其外部挑战的分析，较早提出了借助京津冀都市圈的历史机遇，加快对京津产业转移承接对于河北经济发展的助推意义。

通过以上的理论回顾，只有当区域中既有需求，又有条件的时候才可以比较完美地构建一个区域的产业链，而区域内的产业转移加速和完善了区域产业链的构建。结合京津冀的现实状况，本书概括出京津冀产业链构建的几个要素：其一，区域中的经济体有前后联系需求；其二，区域内部存在比较优势，京津的科研优势和河北的制造优势相得益彰；其三，区域内存在产业转移和承接需求，产业间存在一定梯度。

与总部经济相结合，其存在有助于强化北京的比较优势，提升其产业结构，增加北京的产业转移需求，同时，只有实现产业的梯度转移和承接，才能相应实现产业升级。

北京作为总部经济中的中心城市，同时也是京津冀经济发展的增长极，其快速发展以高创新力和高端服务业发展为支撑。从本质上讲，总部经济这种新的经济形态是基于区域资源比较优势而产生的，在中心城市的产业升级和城市的创新力提升上能够提供新的力量源泉。

　　在京津冀协同发展过程中，北京的产业结构提升，有赖于天津与河北经济的发展和产业链的延伸，形成信息共享，优势互补，产业有效衔接的格局，通过产业链的再造和产业的转移，将比较优势不足的行业转移至天津或河北。天津、河北按照各自的比较优势发展相关产业，提高产业的层级，一方面强化北京 CBD 总部经济对北京周边的辐射力，增强经济核心区对周边的溢出效应；另一方面北京也可以利用天津和河北的特有优势，形成产业的集聚，在延长产业链的同时，构建高端的价值链。这样北京的产业层级不仅可以依靠 CBD 的总部经济得到提升，落实北京的非首都核心功能，而且也带动了本地区的发展，尤其是河北地区的经济发展和产业升级，更好地发挥天津的港口和高端制造业等优势，通过产业链微笑曲线可以很好地说明这一过程，如图 6-6 所示。

　　由图 6-6 中我们看出，在区域产业链的分工过程是一个 "U" 形曲线模式，在产业链链条的形成过程中，中心城市会利用自身的资源来选取价值链等级较高的区间来进行生产，这同时也是一个中心城市转移的过程。在一个区域形成协同发展的过程中，有两个转移的趋势：一

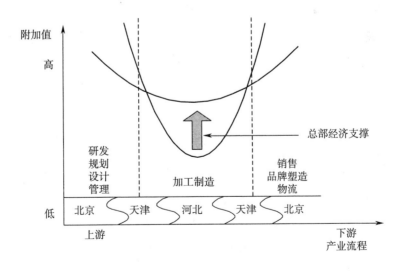

图 6-6　总部经济支撑下的区域产业链微笑曲线

是向两侧转移，这是区域协同发展的必然结果和前提条件，必须在区域内实现产业链条的分工；二是产业微笑曲线整体向上移动，同样的产业等级，但是产生了更大的附加值。

在实践层面上："总部—制造基地"模式根据产业特点和区域层次布局企业部门，在周边和外围城市布局企业生产基地，而把企业总部，包括销售中心、研发中心设立于中心城市，从而实现加工制造环节的外地转移和脑力研究等的中心城市集中，为城市制造业的发展提供了新的方向。如首钢迁移曹妃甸、北京与河北在正定县合作建设了集成电路分装测试的产业基地、神州数码等企业在天津和河北成立了 1000 多家分支机构和子公司等。

1. 京津冀联合创新

京津冀三地区应充分利用三地区产业结构、资源禀赋、发展基础等方面互补性，从而在新兴产业链研发，高消耗、高污染、低效益等传统产业淘汰，新能源开发上协力共赢。

北京、天津两地具有较河北省更多的研发人才，所以可以将研发中心定于北京或者天津，河北省则在研发创新中居于协同辅助地位。通过对京津科研院所、高等院校聚集优势的利用，使产学研可以紧密联合，实现科技成果、高端人才和发展理念的引进。河北省也需要利用北京企业外迁的机会，培养本地员工，配备具有学习能力的人员，积极学习技术，增加创造技能，努力创新。北京中关村科技创新高端资源密集，在引领全国创新发展道路，实现低碳经济上发挥着重要的示范作用。河北省已经有部分地区开始联合京津两地共谋发展。例如，廊坊市、承德市政府分别于 2011 年 7 月、2012 年 10 月与中关村管委会签署战略合作框架协议，2014 年 4 月，河北大学又同中关村共同发起成立了低碳研究院。河北省的保定、石家庄的正定位于北京一小时交通圈内，且具有较完备的低碳经济发展规划，应积极谋划，争取设立中关村低碳技术分园。

2. 大力发展第三产业

与京津两地区相比，河北省的第三产业，例如现代服务业、金融业、旅游业等传统服务业与京津相差甚远。更不要说现代物流、电子商务、金融服务、研发设计、服务外包、文化旅游、健康养老等现代服务业的发展速度与规模。

1978 年以来，北京在产业调整上始终侧重于第三产业比重的提升，数据显示，2015 年，北京的第三产业占比 79.7%，为北京市贡献了大部分产值。发展至今，北京的重点基于服务与知识型产业，北京工业以汽车、电子、机械等行业为支柱，以技术创新为重点，其技术核心使其在全国都具有很强竞争力；天津的重点在于加工和服务型产业，天津的工业发展主要以汽车、电子、生物工程等为主，其中高新技术产业已经成为天津新的经济增长点；而河北的重点在于资源、加工型产业，以煤炭、冶金、化工、石油及纺织等采掘业、重工业、加工业为主导产业。如此看来，京津大多是高端产业，而河北省大多属于中低端产业。因此，科研与技术服务业、金融业、现代物流业和附加值较高的第三产业对北京市经济发展意义重大，如旅游业等将可能成为今后一段时间河北在京津冀协作大背景下的发展重点。

河北省服务业的发展，要像近几十年抓工业一样努力督促发展，利用京津冀经济一体化的契机，加快服务业与工农业协同跨界创新发展。坚持生产型服务业和生活型服务业并重，着力抓好省级物流产业园区发展，完善钢铁、煤炭、农产品等大宗商品交易平台建设。

3. 加速产业对接

2014 年，河北以及天津两地承接了北京的中关村高科技企业精雕科技、四方继保、北汽现代四工厂、首钢机械、金隅集团等一批高端制造、节能环保等领域的著名企业，这些企业将生产基地、中试平台、生产性研发平台设在河北廊坊、保定、承德、张北，天津宝坻等地。这些企业是将生产性研发、产业配套和制造环节向河北、天津主动迁移，而总部研发中心则继续在北京聚集。2015年，北京现代、北京万生药业、精雕科技等数十家生物医药、节能环保、高端制造、新型建材、新能源、石化等领域的明星企业，也将从北京迁出，完成与京津冀产业协同对接。在河北渤海新区，为生物医药产业园规划的6.1平方公里土地已经处于待供状态，水电路气等基础设施建设已经全面启动，5万吨级的污水处理厂已经投入使用，固体废物燃烧填埋场全面开工，学校、医院、文体设施等也已建成。

在京津冀协同发展大背景下，河北应当积极承接北京企业，促使自身规划产业园区，为未来几十年发展做出完善计划。利用这次机会不断完善配套设施，引进先进设备，学习先进理念与经验技术。引进这些高端制造业等重大投资项目，未来将可形成较大的产值和税收，带动当地的产业转型升级。

4. 大力完善交通网络

北京大批企业外迁，必然伴随着相当一部分员工因工作地点变动而流动，但是举家搬迁的毕竟是少数，因此交通网络的完善是必然需要解决的问题。在河北省各个城市与京、津两地区域交通连接中，应当充分结合省会与省内城市间、中心城区与周边县域间的交通连接，实现各种交通方式的高效、方便换乘，从而尽可能方便人员流动，缩短出行时间。政府的相关部门应大力度支持，积极推进实施，切实解决好交通建设中遇到的问题，克服重重困难，通过一批短、中、长期重点交通项目的实施，形成现代化高技术交通网络。同时结合公共工程投融资体制机制创新，充分发挥市场在重点项目中的带动作用，通过引领社会资金向交通基础设施建设的流动，破解大型公共交通项目资金瓶颈。加快完善公路交通网，推进北京大外环、京秦、津石等高速公路建设；加快构建现代港口群，如协调好唐山港和黄骅港的煤炭、矿石运量运力，以及集装箱和通用泊位建设，进一步推进秦皇岛西港东扩改造和搬迁工程，加深同天津港的合作。在交通便利运用上，以石家庄这一城市为核心，建立京津冀商贸基地，建立商贸物流中心，打造功能齐全的现代化复合市场，争取建成全国最大的商贸物流基地。

5. 环境承载力总量控制

加大力度研究京津冀地区环境承载力，进行环境承载力总量控制，使经济发展适应资源开发力度，不能超过极限。针对每行每业制定专门的黄色、橙色、红色预警信号，行业协会进行上传下达的指令，并对下线进行监督：黄色预警对其加以提醒，橙色预警进行警告，红色预警必须进行勒令停产整改。增量工业投资要设立低碳标准准入，存量工业积极摒弃落后产能，改造污染企业。坚定有序地加快造纸、焦化、印染、水泥、皮革、化纤和平板玻璃等落后产能领域的转移淘汰步伐。

6. 发展京津冀的城市特色产业

石家庄是药都，要积极参与北京医药企业的对接工作，利用北京的研发能力和河北雄厚的研发资源共同研发高水平的医药制品；临海城市秦皇岛、唐山、沧州可以开发潮汐能等依托于海洋的清洁能源；张家口地区应加大重视和发展电子信息产业应用技术，在新一代宽带无线移动通信网技术、卫星导航等创新项目上形成新信息产业的集聚；而保定电谷，邯郸新材，宁晋晶龙新能源，廊坊、石家庄、秦皇岛电子信息料等产业基地的建设，能够带动区域高新技术产业规模化发展；邯郸、邢台等地可以通过引进欧洲先进工业园区项目，通过招商引资，吸引世界先进技术和资源来推进产业链增长，带动当地以至区域经济发展。

第四节　京津冀区域产业布局与主导产业选择

京津冀协同发展作为经济新常态下中国三大发展战略之一，通过空间资源的再配置，激发区域发展的潜能，使京津冀真正成为我国经济增长的第三极。然而，京津冀协同发展也面临着诸多难题，京津冀三地发展极不均衡，河北和京津两地间存在着明显的经济断崖。从人均数据来看，河北的人均 GDP 不足北京、天津的一半，而据各地平均数据统计，北京每年每平方公里的产出约为 1.73 万元，天津为 1.2 万元，而河北仅有 1500 元，甚至不足北京、天津的零头。当然，河北的广阔腹地为第二产业的发展提供了充足的空间。天津尽管具有悠久的工业基础和港口优势，但在强力的政治资源、信息资源、人才资源兼具的北京面前，仍显弱势，二者在竞争中不可避免出现产业同质化倾向，"双城"功能未能有效发挥。

同时，严重的能源消耗和生态环境笼罩着京津冀地区。高消耗、高排放、低循环、低效率的粗放式生产方式虽已明显下降但依然存在，即便在北京这个以服务业为主导的一线城市中，石油加工炼焦业、化学工业和金属冶炼加工业三大污染性工业的工业产值占 GDP 的比重仍在 15% 以上；而对于本就以工业作为主导产业的河北来说，过剩产能的问题更是迫在眉睫。重工业带来的环境污染日益严重，甚至已经引发民众对健康的担忧。因此，探讨京津冀协同发展的产业布局和主导产业选择至关重要。

1. 空间资源配置与产业布局的理论基础

一个特定区域的经济增长具体表现为该地区的产业发展和产业布局优化调整，实际是其空间内生产要素配置效率的提高。

（1）产业关联与区域产业联动发展

任何产业的生产和发展都不可能是孤立的，各产业间错综复杂的生产链关系和经济技术联系是实现区域内空间资源的有效分配，保证产业得以持续发展的关键。生产资源如何在产业间形成联系，产业间关联是否是有效率的，是影响城市产业发展和空间资源配置的重要原因。

产业关联分析，即对产业间经济技术上的数量比例关系的研究是综合测度一个产业带动其他上下游产业发展的主要方法和选择地区主导产业的决定性因素之一。当产业关联网中一个产业对资源的供求发生变化，可能引起整个区域内资源布局的转变。产业关联通过前向关联、后向关联和旁侧关联三种关联将所有产业的发展联系到一起，这些产业间或直接或间接的生产关联归根结底是区域内各种生产资源的联系。如果产业间未形成有效关联，资源就不能被充分利用，不良的产业关联会造成资源配置的非效率和资源浪费。

一个地区主导产业的选择对此地区的资源分配、产业布局和产业结构调整有决定性意义，实际上产业结构的升级是地区主导产业前后更迭的过程，新的主导产业与其他行业之间更高效的产业联系淘汰了旧的产业关联，实现了更有效的空间资源配置。

（2）产业集聚效应与空间资源配置

产业的集聚和分散是产业布局在地理上的直观体现。产业的集聚效应指各种产业和经济活动在空间上集中，并吸引投资和经济活动向中心集聚靠拢，对产业链的形成和发挥产业关联效应起重要作用。

首先，产业集聚有利于充分利用集聚效应带来的规模报酬递增，促进人口和资源的要素集聚，提高劳动、资本等要素资源在企业间的利用效率和周转速度，有利于产业的扩大和发展。产业关联强的企业在区域内的集聚，可以节约原材料和中间产品的运输费用，进一步加强产业间的技术关联和经济联系，通过降低资源利用成本，提高各个产业的产出效益和经济利益。

另外，产业集聚还为企业间的人力资本、实物资本以及信息技术等资源的市场共享和资源流动创造了优越的条件，有利于开展产业间和产业内部的专业化分工与合作。劳动力等其他资源将通过由专业化分工低的产业向专业化分工高的产业转移而得到更充分的利用，从而引发整个地区的产业结构和产品结构甚至是技术结构的优化调整。

其次，只有产业集聚到达一定的规模才能够充分有效地发挥产业集聚的扩散效应。产业的扩散效应是指处于经济扩张中心的周边地区，通过经济集聚区的资本、人才、技术资源的流动和刺激，经济状况得到改善并逐步赶上中心地区效应。由于产业集聚与资源配置间的互利影响是有限的，产业布局要在一个合理的规模上进行才能有助于区域内的空间资源配置和产业发展。产业空间布局失衡会导致社会资源的大量浪费和闲置，造成资源拥挤带来的产业效益损失。当产业集聚的规模报酬开始递减的时候，产业就会开始向集聚区外扩散，直到资源配置的最佳水平。

2. 京津冀地区的产业布局现状分析

（1）产业规模与产业结构

表 6 – 12　　　　京津冀区域三次产业 GDP 及其占比（2015 年）　　单位：亿元，%

	第一产业		第二产业		第三产业		地区 GDP 总值
北京	140. 2	0. 61	4526. 4	19. 71	18302	79. 68	22968. 6
天津	210. 5	1. 27	7723. 6	46. 70	8604. 1	52. 03	16538. 2
河北	3439. 4	11. 54	14388	48. 27	11978. 7	40. 19	29806. 1
京津冀	3790. 1	5. 47	26638	38. 43	38884. 8	56. 10	69312. 9

资料来源：北京、天津、河北统计局网站相关数据。

由表 6 – 12 的数据来看，京津冀都市圈 2015 年的经济规模已达到 69312. 9 亿元，其中北京、天津、河北的 GDP 贡献率分别占区域生产总值的 33. 14%、23. 86%、43. 00%。虽然从经济规模来看，三地对京津冀区域的 GDP 贡献显示出河北最高、北京次之、天津最低的比例，然而从人均 GDP 的贡献来看结果却正好相反。天津的人均 GDP 在 2011 年便超过了北京，成为京津冀区域中人均产值最高、增长最快的地区。

由表 6 - 12 的京津冀区域整体的三次产业 GDP 构成来看，京津冀区域总体经济结构呈现"三、二、一"的分布形态，"退二进三"的产业规划目标基本取得成功，但第二产业和第三产业的产值贡献差距不大，实际仍是一个服务业和工业核心并重，农业补充发展的产业结构高级化过程中的经济增长极。然而从区域内三个地区各自的产业结构来看，产业结构格局却与总体分布不太相同。

北京的产业结构高度化程度较高，第三产业在发展中占据绝对优势，目前已经形成了以第三产业服务业为绝对主导，第二产业辅助发展得较为高级的现代城市产业结构。天津的产业结构相对北京高级化程度略低，第二、三产业的产值贡献率差异不大，经济呈现工业和服务业齐头并进的双轮驱动模式。河北的产业结构则相对落后，呈现"二、三、一"的产业梯形分布，即以工业生产为主导，服务业辅助发展的状态，同时河北农业的发展对河北经济也会产生一定影响。

（2）经济效益与产业优势

利润是企业进行运营生产的主要目的，也是判断产能是否存在过剩和市场潜力的重要指标。

表 6 - 13　　　　　　　京津冀区域工业领域行业利润排名

利润排名	北京	天津	河北
1	电力、热力的生产和供应业	食品制造业	黑色金属矿采选业
2	医药制造业	通信设备、计算机及其他电子设备制造业	汽车制造业
3	通信设备、计算机及其他电子设备制造业	通用设备制造业	黑色金属冶炼和压延加工业
4	专用设备制造业	石油和天然气开采业	化学原料和化学制品制造业
5	通用设备制造业	医药制造业	电力、热力生产和供应业

资料来源：基于 2014 年 2 ~ 10 月的相关数据统计而得。

　　表6-13 简略地列出了京津冀三个地区利润排名前5位的工业行业。通过简单比较即可发现，北京与天津的高利润产业类别更为相近，其中"医药制造业""通信设备、计算机及其他电子设备制造业""通用设备制造业"3个相对技术含量要求较高的行业同时出现在了北京和天津的利润优势产业中，说明北京和天津的制造业目前已向资本或技术投入型工业倾斜，在现代制造业上显现优势。

　　而河北的优势行业却与京津两地完全不同，工业生产的重头依然是黑色金属、化学工业等高能耗、高污染的资源投入型工业，利润率最高的5个行业中尚未出现知识技术密集型工业产业，即河北依然是以传统的矿产开采加工工业、能源生产工业为主导，现代制造业和高新科技制造业发展相对滞后。

表6-14　　　　　京津冀区域服务业分行业规模（2014年）　　　单位：亿元，%

行业	北京		天津		河北		京津冀	
	增加值	百分比	增加值	百分比	增加值	百分比	增加值	百分比
金融业	3357.71	20.20	1422.28	18.34	1347.58	12.30	6127.57	17.34
批发和零售业	2411.14	14.50	1950.71	25.15	2255.13	20.59	6616.98	18.73
房地产业	1329.2	7.99	550.86	7.10	1119.78	10.22	2999.84	8.49
交通运输、仓储和邮政业	948.1	5.70	720.72	9.29	2396.4	21.88	4065.22	11.50
住宿和餐饮业	363.76	2.19	230.28	2.97	399.86	3.65	993.9	2.81
其他	8216.39	49.42	2880.15	37.14	3434.75	31.36	14531.29	41.12
第三产业	16626.3	100.00	7755	100.00	10953.5	100.00	35334.8	100.00

　　资料来源：《中国统计年鉴》2015年。

　　在第三产业方面，表6-14统计了京津冀区域内主要服务业的增加值和所占比重。从京津冀区域总体的发展来看，区域中增加值比重超过15%的行业有两个，依次为批发零售业和金融业。通过深入分析三个地区的差异更为显著。

　　北京的第三产业发展速度远远领先于天津和河北服务业的发展，从产值来看，北京第三产业的GDP是河北的1.52倍，天津的2.14倍。

其中北京在金融业上居绝对领先地位，产值超过天津和河北的金融业产值之和。除表 6 - 14 具体列出的 5 个行业之外，北京其他服务业的产值比例达到第三产业总产值的 49.42%，远高于河北、天津的水平，这也说明北京的服务业更加多元化，不再拘泥于传统服务业。天津的服务业水平与北京的差距较大，主导产业是相对低端的零售批发业，金融业虽在区域内也体现出一定优势，但与北京的金融业发展水平相距甚远。河北 45% 的服务产业集中于零售批发和交通运输业这两个相对知识性较差而劳动力密集的产业，且其他服务业比重较低，这也说明河北服务业依然是以传统项目为主，产业结构较为单一。

3. 京津冀地区的产业布局与主导产业选择

主成分分析是进行经济统计分析的常用方法，通过对多个变量进行线性变换简化原来的数据关系，以一组更低维度且相互无关的综合指标变量代替原有的相关指标。

第一产业在北京已不具备成为主导产业的可能性，故第一产业不在分析范围之内。本书分析的产业选择主要以《投入产出延长表》42 个产业部门的划分为标准，再依据《城市统计年鉴》的产业设置进行调整，最后将第二产业分为 25 个子分类，第三产业分为 14 个子分类，在此基础上分别从产业规模、投入要素、产业集聚和产业关联 4 个方面选出 8 个评价指标进行主成分分析。

在产业规模指标中，选择产值比重和产业规模增长率两个评价系数来描述和判断一个行业的市场规模和发展潜力。一个行业要作为主导产业，引领一个中心城市及其辐射地区的经济发展，必须是具有一定发展规模的行业；同时这个产业还必须为未来的发展留有余地，产业规模增长率持续为负的过饱和产业显然难以肩负起引领城市发展的重任。

资本、劳动、技术是影响经济增长的三个因素，主导产业的选择需考虑生产要素投入和使用效率。主导产业要带领全行业的经济发展，应是能够吸引大量资本投资，帮助关联产业实现就业，为劳动力市场带来巨大需求的产业。而技术进步又是提高经济水平的重要途径，因此分别选择资本投资集约度、就业贡献率和技术投入密度三个指标来评价影响经济发展的投入要素。

从产业布局角度看，一个地区的主导产业应在该地区具有空间集聚的产业布局优势，同时根据比较优势原则，地区主导产业的发展应在全国平均水平上具有一定比较优势，因此选择区位商系数来测度区域产业集聚的规模以及专业化生产优势。

最后，基于赫夫曼等学者的研究，"产业关联度"是重要的主导产业的判断标准，主导产业作为区域中的领导产业，应对促进和带动关联产业的发展起重要作用，充分发挥主导产业的扩散作用，故选择了感应度系数和影响力系数两个指标。

根据《中国统计年鉴2014》《中国工业统计年鉴2013》《北京/天津/河北统计年鉴2014/2013》《北京/天津/河北投入产出延长表2010》获得的数据得出如表6-15至表6-20所示结果。

（1）北京市主导产业选择结果

表6-15　　　　　北京市第二产业主成分分析综合分数排名　　　　单位：分

排名	行业	综合得分
1	建筑业	3.0995
2	煤炭开采和洗选业	3.0190
3	通信设备、计算机及其他电子设备制造业	2.5928
4	金属冶炼及压延加工业	2.5259
5	交通运输设备制造业	2.4807
6	通用、专用设备制造业	1.1338
7	电气机械及器材制造业	0.9960
8	化学工业	0.5504
9	电力、热力的生产和供应业	0.5282
10	金属制品业	0.4067

续表

排名	行业	综合得分
11	仪器仪表及文化办公用机械制造业	0.2197
12	废品废料业	0.0016
13	工艺品及其他制造业	− 0.2349
14	非金属矿物制品业	− 0.2552
15	金属矿采选业	− 0.4376
16	水的生产和供应业	− 0.6358
17	食品制造及烟草加工业	− 0.9153
18	木材加工及家具制造业	− 1.0609
19	纺织业	− 1.6878
20	石油加工、炼焦及核燃料加工业	− 1.8566
21	纺织、服装、鞋帽、皮革、羽绒及其制品业	− 1.9990
22	燃气生产和供应业	− 2.0026
23	非金属矿及其他矿采选业	− 2.0463
24	石油和天然气开采业	− 2.1866
25	造纸、印刷及文教体育用品制造业	− 2.2358

由表 6 – 15 中列出的北京第二产业主导产业的分情况来看，在本次统计的 25 个细分产业中，得分为正的产业有 12 个，其中超过 1 分的有 6 个。

由于近两年来北京的环境问题突出，因此北京主导产业选择应特别注意对环境的影响。在这综合评分较高的 6 个产业中，煤炭开采业和金属冶炼加工业属于能耗较高的重工业项目，虽然可以创造很强的产业关联效应，但与北京市的产业规划方向并不一致，且从近两年的产业发展情况来看，"煤炭开采和洗选业"和"金属冶炼及压延加工业"均属于增长率为负值的产业，因此在此不适宜选择这两个行业为主导产业。

"通信设备、计算机及其他电子设备制造业"和"交通设备制造业"作为技术经济含量较高的产业，非常符合北京高新技术产业的城市定位；而建筑业在产业规模和劳动贡献率上都显示出较强的优势，也被选为主导产业。

除此之外，通用、专用设备制造业的综合评分与上述 3 个产业有一定差距，但产业增长势头很好，在此可作为次优产业发展。

表 6 – 16　　　　北京市第三产业主成分分析综合分数排名　　　单位：分

排名	行业	综合得分
1	科学研究与综合技术服务业	2.9983
2	租赁和商务服务业	2.3815
3	信息传输、计算机服务和软件业	1.7817
4	金融业	1.3403
5	文化、体育和娱乐业	1.0695
6	卫生、社会保障和社会福利业	0.6658
7	教育	– 0.1074
8	水利、环境和公共设施管理业	– 0.1969
9	批发和零售业	– 1.0692
10	公共管理和社会组织	– 1.4365
11	房地产业	– 1.4393
12	居民服务和其他服务业	– 1.6457
13	交通运输、仓储和邮政业	– 1.7735
14	住宿和餐饮业	– 2.5687

第三产业得分超过 1 分的有 5 个，其中既包括了生产型服务业、高新知识技术服务业和文化娱乐型产业，非常符合北京既现代又人文的城市定位。

（2）天津主导产业选择结果

表 6 – 17　　　　天津市第二产业主成分分析综合分数排名　　　单位：分

排名	行业	综合得分
1	石油和天然气开采业	3.7385
2	金属冶炼及压延加工业	3.6342
3	通用、专用设备制造业	2.1645
4	石油加工、炼焦及核燃料加工业	2.0023
5	废品废料业	1.4286

续表

排名	行业	综合得分
6	通信设备、计算机及其他电子设备制造业	1.3707
7	交通运输设备制造业	1.3484
8	建筑业	0.7197
9	化学工业	0.5510
10	食品制造及烟草加工业	0.2761
11	煤炭开采和洗选业	0.2427
12	金属制品业	0.1894
13	电力、热力的生产和供应业	0.0044
14	水的生产和供应业	− 0.8407
15	非金属矿及其他矿采选业	− 1.0092
16	造纸、印刷及文教体育用品制造业	− 1.0294
17	工艺品及其他制造业	− 1.0691
18	电气机械及器材制造业	− 1.0966
19	燃气生产和供应业	− 1.1821
20	纺织、服装、鞋帽、皮革、羽绒及其制品业	− 1.5081
21	金属矿采选业	− 1.5861
22	非金属矿物制品业	− 1.6087
23	纺织业	− 1.9978
24	木材加工及家具制造业	− 2.0191
25	仪器仪表及文化办公用机械制造业	− 2.7235

由表 6 - 17 排出的综合得分结果来看，天津的第二产业中总分高于 1 分的有 6 个。由于天津平原和渤海地区丰富的石油和天然气资源，使得石油和天然气开采业有着先天的地理优势，从而也带动了天津石油加工业等相关行业的发展；金属冶炼及压延加工业为天津一贯的优势产业，对天津的产值及相关产业的带动作用十分显著；而"通用、专用设备制造业""通信设备、计算机及其他电子设备制造业"和"交通运输设备制造业"三大装备制造业的发展优势和产业规模的增长速度也十分强劲，符合天津地区建设现代高端制造业的发展方向，在此选择石油和天然气开采业；石油加工、炼焦及核燃料加工业；金属冶炼及压

延加工业；通用、专用设备制造业；通信设备、计算机及其他电子设备制造业和交通运输设备制造业 5 个产业为天津工业主导产业群。但随着天津产业结构的升级，金属冶炼及压延加工业可能会逐渐向区外转移。

表 6－18　　　　天津市第三产业主成分分析综合分数排名　　　单位：分

排名	行业	综合得分
1	交通运输、仓储和邮政业	3.2360
2	科学研究与综合技术服务业	1.9132
3	租赁和商务服务业	1.1218
4	批发和零售业	1.0253
5	金融业	1.0053
6	居民服务和其他服务业	0.8142
7	住宿和餐饮业	0.6179
8	水利、环境和公共设施管理业	－ 0.0396
9	卫生、社会保障和社会福利业	－ 0.3113
10	文化、体育和娱乐业	－ 0.7104
11	公共管理和社会组织	－ 1.7053
12	信息传输、计算机服务和软件业	－ 1.7427
13	教育	－ 2.2201
14	房地产业	－ 3.0043

天津市第三产业分行业分数大于 1 分的有 5 个。不难发现，天津的第三产业主要在生产型服务业上与据优势，这样的统计结果也十分符合天津的"十二五"规划——重点发展以现代金融、现代物流、科技和信息服务、中介服务为代表的生产型服务业。

（3）河北主导产业选择结果

表 6－19　　　　河北省第二产业主成分分析综合分数排名　　　单位：分

排名	行业	综合得分
1	金属冶炼及压延加工业	4.3230
2	化学工业	3.1907
3	通用、专用设备制造业	2.2465
4	仪器仪表及文化办公用机械制造业	1.7489

续表

排名	行业	综合得分
5	交通运输设备制造业	1.6278
6	电力、热力的生产和供应业	1.1761
7	食品制造及烟草加工业	0.4224
8	电气机械及器材制造业	0.4137
9	造纸、印刷及文教体育用品制造业	0.3529
10	非金属矿物制品业	0.2466
11	金属制品业	0.0318
12	木材加工及家具制造业	− 0.0390
13	通信设备、计算机及其他电子设备制造业	− 0.1184
14	燃气生产和供应业	− 0.3384
15	纺织、服装、鞋帽、皮革、羽绒及其制品业	− 0.4418
16	纺织业	− 0.4852
17	金属矿采选业	− 0.6961
18	水的生产和供应业	− 0.7235
19	石油加工、炼焦及核燃料加工业	− 1.1500
20	废品废料业	− 1.2286
21	非金属矿及其他矿采选业	− 1.3686
22	石油和天然气开采业	− 1.6360
23	工艺品及其他制造业	− 1.8487
24	煤炭开采和洗选业	− 1.9018
25	建筑业	− 3.8043

　　由于京津冀的城市规划和生态环境建设的战略调整，近两年来河北对钢铁、水泥、煤炭、玻璃等产能过剩和高污染行业实行了大规模的减产活动，因此有些行业增长率相对减缓。但金属冶炼及压延加工业和化学工业依然是河北的传统优势，仍然选这两个行业作为河北省的主导产业，但要注意限制产能过剩产品的生产，鼓励医药制造业等现代高端制造业的发展，促进产业内部行业的协调发展和高级化。另外，"通用、专用设备制造业""交通运输设备制造业"两个装备制造业在河北的产业扩张速度较快，是承接北京、天津现代高端制造业转移的优良选

择。"电力、热力的生产和供应业"对其他产业有良好的带动作用，也是主导产业选择之一。由于河北省内技术密度最大的"仪器仪表及文化办公用机械制造业"的产值相对较小，暂时不适宜作为主导产业。

河北的工业领域主导产业群为：金属冶炼及压延加工业；化学工业；通用、专用设备制造业；交通运输设备制造业；电力、热力的生产和供应业。

表6-20　　　　河北省第三产业主成分分析综合分数排名　　　　单位：分

排名	行业	综合得分
1	房地产业	2.6645
2	交通运输、仓储和邮政业	2.5922
3	批发和零售业	2.0596
4	信息传输、计算机服务和软件业	0.2639
5	水利、环境和公共设施管理业	-0.0239
6	教育	-0.1964
7	金融业	-0.3023
8	公共管理和社会组织	-0.4685
9	租赁和商务服务业	-0.7798
10	住宿和餐饮业	-0.9364
11	卫生、社会保障和社会福利业	-1.0196
12	文化、体育和娱乐业	-1.1842
13	居民服务和其他服务业	-1.2122
14	科学研究与综合技术服务业	-1.4570

从表6-20的排名结果来看，河北第三产业得分超过0分的有4个，排名前三的产业的得分领先其他产业较大幅度。在此选择房地产业、交通运输、仓储和邮政业、批发和零售业3个生产型服务行业为河北第三产业的主导产业。

4. 京津冀区域的产业定位与协同发展

京津冀地区地处环渤海经济圈的心脏位置，是中国北部经济规模最大，经济活力最强的地区，独特的行政地位和人才资本优势为其未来的发展奠定了坚实的基础。然而与此同时，京津冀又是一个拥有1个首都、2个直辖市、3个行政中心的特殊区域，省市间存在着较大的经济断崖。不同行政区域的产业规划如何制定和协调，如何帮助经济圈中的省市完成产业发展的承上启下，实现产业与技术由发达地区向欠发达地区的流动，加快各行政区域的产业对接，实现优势互补是京津冀区域产业协同发展的核心（见表6-21）。

表6-21　　　　　　　　　京津冀区域主导产业群

城市		主导产业群
北京	第二产业	建筑业；通信设备、计算机及其他电子设备制造业；交通运输设备制造业
	第三产业	科学研究与综合技术服务业；租赁和商务服务业；信息传输、计算机服务和软件业；金融业和文化、体育和娱乐业
天津	第二产业	石油和天然气开采业；石油加工、炼焦及核燃料加工业；金属冶炼及压延加工业；通用、专用设备制造业；通信设备、计算机及其他电子设备制造业；交通运输设备制造业
	第三产业	交通运输、仓储和邮政业；科学研究与综合技术服务业；租赁和商务服务业；批发与零售业和金融业
河北	第二产业	金属冶炼及压延加工业；化学工业；通用、专用设备制造业；交通运输设备制造业；电力、热力的生产和供应业
	第三产业	房地产业；交通运输、仓储和邮政业；批发和零售业

北京、天津、河北都有其各自的优势和不足，每个城市的定位和在经济圈内承担的任务也有所区别，结合此章为北京、天津、河北所做的主导产业模型所得的结果，可将京津冀三个地区的角色和产业定位整理为图6-7：

图6-7清晰地厘清了北京、天津和河北在区域中的产业定位。北京是以高新知识技术为核心的知识型区域。国内一流高校的群集为北京的发展不断注入高质量的人力资本和技术创新活力；以国有四大银行为首的众多银行总行全部落户北京，使北京具有得天独厚的资金优

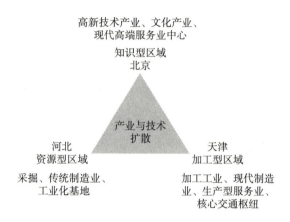

图 6 - 7　京津冀区域协同发展示意

势；产业高级化程度高，是国内最具现代化的城市之一；综合上述发展优势，北京最为适宜发展以高新信息技术、文化、金融等为核心的高端服务业，构建"高精尖"的产业结构，除电信制造业、航天航空制造业等技术性较强的制造业以外，其他的普通制造业和采掘工业都可向区域外转移，诸如零售批发、物流等知识密集度相对较低的生产型服务业也可以逐渐向天津和河北转移。

天津是一个以非农产品加工工业为主的工业生产区域。天津在京津冀区域内的地理优势十分显著，丰富的矿产资源及其地缘优势为其加工工业的发展创造了先天的优势条件；高技术制造业的产值达到工业总产值的30%，具有极好的现代高端制造业发展基础，应重点推进电子信息产业、面向世界市场的中高端汽车制造业等技术性较强的制造工业的发展；区域内生产型服务业已初具规模，为京津冀区域内的工业发展和产业调整提供保障；拥有华北地区最大的综合性贸易港口的天津港、最大的货运中心天津滨海机场占据交通枢纽的核心地位，要继续完善以港口为中心的立体式现代化运输网络，要做好由首都向外转移的交通运输和物流业等行业的承接工作。

河北则是一个资源型地区，在土地资源和劳动力资源上占据绝对优势。河北的工业生产主要是以矿产采掘、金属冶炼或化学工业为主的重工业生产，存在产能过剩问题，政府已下大力度控制产出，调整产成品结构。河北省要在化解本地区工业生产产能过剩的同时，做好产业升级和产业承接工作，为从北京、天津转移来的普通工业生产做好对接，尽可能地利用北京和天津具有的高新技术，在建造一个新型工业化基地的同时兼顾生态环境改造。此外，河北省的产业结构相对低级，服务业发展比较弱小，还需充分发挥劳动力资源优势，着力发展一些生产型服务业，做好对首都地区向外转移的零售批发等相对低端的服务业的承接工作。

总之，要实现京津冀区域产业的协同发展，北京作为区域核心的经济增长极，要充分发挥增长极的极化作用和辐射作用，将非首都核心职能的服务业和普通制造业向天津和河北转移，推动技术和人力资本向首都外的扩散，带动天津特别是河北的产业升级，实现京津冀经济圈的协调发展。

第七章

国内外CBD与总部经济的
发展经验及启示

第一节　国内外主要 CBD 高端企业总部集聚水平

从总体上看，以美国纽约、日本东京、英国伦敦、法国拉德芳斯、新加坡等为代表的高端 CBD 集聚了当前世界 500 强中的大部分企业总部，由于 500 强企业总部的巨大拉动力，每一个 CBD 都成为该区域的经济和金融中心。

表 7 - 1、表 7 - 2、表 7 - 3 分别是美国纽约、英国伦敦和日本东京的世界 500 强（2015 年）总部集聚情况。世界 500 强的总部共驻扎在世界 32 个国家的 100 个城市中，而纽约、伦敦和东京这三个主要城市共吸引了 74 个世界 500 强的总部，除此之外中国北京共吸引了 58 个世界 500 强总部集聚，这些企业的总部多驻扎在中心城市的 CBD 办公区内，可以说，目前的总部集聚在全球范围内也形成了极化格局。

在 2015 年世界 500 强中，驻扎在美国的企业总部占到了 134 个，这 134 个企业总部分布在美国 90 个城市中，美国是世界上总部集聚最为均衡、最为发达的国家之一。以美国最大的总部集聚城市——纽约市为例，该市驻扎了 18 个企业总部，这其中金融企业总部有 11 家，纽约市也成为名副其实的金融之都。与纽约集中在金融业集聚所不同的是，日本东京和英国伦敦的集聚呈现了多行业集聚态势，没有哪一个行业在两地的集聚企业中占据明显的优势。究其原因，可能是因为日本和伦敦地域较小，同时国内企业较为发达，企业总部只能在有限的空间内寻求最佳的地理集中位置。这点也为中国提供了借鉴之处，中国地域广阔，且区域之间发展不平衡，如果所有高端企业的总部均集中在发达城市，那么无疑会造成一种资源的浪费，同时也会使得集聚的中心城市超负荷运转。所以，中国的总部集聚应该借鉴美国模式，在做好自身区域经济的同时，引导总部经济均衡发展，让更多的企业总部集聚在更多的城市，惠及更多的地区，带来更多的福利。

表 7 - 1　　　　　　　　　纽约的世界 500 强总部集聚情况　　单位：位，百万美元

2015 年排名	2014 年排名	公司名称	营业收入	利润
30	41	威瑞森电信（VERIZON COMMUNICATIONS）	131620.00	17879.00
55	61	摩根大通公司（JPMorgan Chase & Co.）	101006.00	24442.00
70	86	花旗集团（CITIGROUP）	88275.00	17242.00
104	121	大都会人寿（METLIFE）	69951.00	5310.00
127	141	百事公司（PEPSICO）	63056.00	5452.00
150	152	美国国际集团（AMERICAN INTERNATIONAL GROUP）	58327.00	2196.00
186	211	辉瑞制药有限公司（PFIZER）	48851.00	6960.00
198	297	美国纽约人寿保险公司（NEW YORK LIFE INSURANCE）	45890.60	256.60
252	278	高盛（GOLDMAN SACHS GROUP）	39208.00	6083.00
263	306	摩根士丹利（MORGAN STANLEY）	37897.00	6127.00
291	349	美国教师退休基金会（TIAA）	35181.30	1214.20
298	352	国际资产控股公司（INTL FCSTONE）	34693.20	55.70
302	325	美国运通公司（AMERICAN EXPRESS）	34441.00	5163.00
360	375	二十一世纪福克斯（TWENTY - FIRST CENTURY FOX）	28987.00	8306.00
376	415	时代华纳（TIME WARNER）	28118.00	3833.00
397	438	Travelers Cos. 公司（TRAVELERS COS.）	26800.00	3439.00
398	398	菲利普—莫里斯国际公司（PHILIP MORRIS INTERNATIONAL）	26794.00	6873.00
476	495	美铝公司（ALCOA）	22534.00	-322.00

资料来源：据《财富》杂志 2015 年数据整理。

表 7 - 2　　　　　　　　伦敦的世界 500 强总部集聚情况　　单位：位，百万美元

2015 年排名	2014 年排名	公司名称	营业收入	利润
181	195	巴克莱（BARCLAYS）	49490.10	-74.90
126	74	英国保诚集团（PRUDENTIAL）	63105.90	3940.20
193	145	英国劳埃德银行集团（LLOYDS BANKING GROUP）	47192.30	1313.90
279	123	英杰华集团（AVIVA）	36251.70	1402.50
288	301	森宝利（J. SAINSBURY）	35391.40	709.20

续表

2015 年排名	2014 年排名	公司名称	营业收入	利润
296	222	力拓集团（RIO TINTO GROUP）	34829.00	-866.00
369	411	英国电信集团（BT GROUP）	28670.20	3896.60
415	468	BAE 系统公司（BAE SYSTEMS）	25647.20	1402.50
435	455	阿斯利康（ASTRAZENECA）	24708.00	2825.00
471	486	英国国家电网（NATIONAL GRID）	22757.60	3901.10
477	474	Greenergy Fuels Holdings 公司（Greenergy Fuels Holdings）	22479.40	3.90
498	479	渣打银行（STANDARD CHARTERED）	20976.00	-2194.00
499	498	罗尔斯·罗伊斯公司（Rolls-Royce Holdings）	20969.10	126.80
500	466	英国耆卫保险公司（OLD MUTUAL）	20923.30	938.10
10	6	英国石油公司（BP）	225982.00	-6482.00

资料来源：据《财富》杂志 2015 年数据整理。

表7-3　　　　　　东京的世界 500 强总部集聚情况　　单位：位，百万美元

2015 年排名	2014 年排名	公司名称	营业收入	利润
8	9	丰田汽车公司（TOYOTA MOTOR）	236591.60	19264.20
36	44	本田汽车（HONDA MOTOR）	121624.30	2869.90
37	38	日本邮政控股公司（JAPAN POST HOLDINGS）	118762.10	3548.30
53	59	日产汽车（NISSAN MOTOR）	101536.00	4363.50
60	65	日本电报电话公司（NIPPON TELEGRAPH & TELE-PHONE）	96133.90	6145.20
79	89	日立（HITACHI）	83583.50	1434.00
92	110	软银集团（SoftBank Group）	76468.60	3949.70
113	116	索尼（SONY）	67518.80	1231.10
131	92	JX 控股公司（JX HOLDINGS）	62510.60	-2319.90
135	142	日本第一生命保险（DAI-ICHI LIFE INSURANCE）	61090.10	1487.00
138	125	丸红株式会社（MARUBENI）	60809.90	518.60
151	132	三菱商事株式会社（MITSUBISHI）	57688.60	-1244.40
169	157	东芝（TOSHIBA）	52031.90	-3831.80
177	161	东京电力公司（TOKYO ELECTRIC POWER）	50561.10	1172.70

续表

2015 年排名	2014 年排名	公司名称	营业收入	利润
179	184	Seven & I 控股公司（SEVEN & I HOLDINGS）	50098.60	1333.60
191	201	三菱日联金融集团（MITSUBISHI UFJ FINANCIAL GROUP）	47599.80	7925.00
231	256	MS&AD 保险集团控股有限公司（MS&AD INSURANCE GROUP HOLDINGS）	41757.50	1512.00
238	204	新日铁住金（NIPPON STEEL & SUMITOMO METAL）	40877.80	1211.30
243	243	日本三井住友金融集团（SUMITOMO MITSUI FINANCIAL GROUP）	39750.50	5386.80
245	213	三井物产株式会社（MITSUI）	39647.20	-694.80
248	251	富士通（FUJITSU）	39477.30	722.70
261	290	东京海上日动火灾保险公司（TOKIO MARINE HOLDINGS）	38142.70	2120.30
271	267	日本 KDDI 电信公司（KDDI）	37201.90	4118.80
276	291	三菱电机股份有限公司（MITSUBISHI ELECTRIC）	36604.00	1903.30
284	263	日本明治安田生命保险公司（MEIJI YASUDA LIFE INSURANCE）	35622.60	1783.40
307	319	日本三菱重工业股份有限公司（MITSUBISHI HEAVY INDUSTRIES）	33709.00	531.70
308	350	住友商事（SUMITOMO）	33409.10	621.00
324	361	三菱化学控股（MITSUBISHI CHEMICAL HOLDINGS）	31845.60	386.90
332	334	佳能（CANON）	31400.90	1819.50
333	340	普利司通（BRIDGESTONE）	31318.10	2349.10
371	337	日本钢铁工程控股公司（JFE HOLDINGS）	28585.60	280.40
388	396	Sompo Japan Nipponkoa Holdings 公司（Sompo Japan Nipponkoa Holdings）	27123.30	1329.30
395	452	富士重工（Fuji Heavy Industries）	26924.00	3637.20
399	412	日本瑞穗金融集团（MIZUHO FINANCIAL GROUP）	26782.50	5588.80
412	307	日本出光兴产株式会社（IDEMITSU KOSAN）	26147.20	-299.80
424	454	Medipal 控股公司（MEDIPAL HOLDINGS）	25224.10	256.30
447	476	东日本旅客铁道株式会社（EAST JAPAN RAILWAY）	23883.10	2043.40
452	444	日本电气公司（NEC）	23499.80	572.70
492	—	阿弗瑞萨控股公司（ALFRESA HOLDINGS）	21460.90	291.30

资料来源：据《财富》杂志 2015 年数据整理。

回顾我国的总部经济发展历史可以看出，香港的总部经济发展轨迹和北京、上海不同，前者是在国际贸易中逐步形成，后两者是在政府引导下完成。但香港的发展历程同新加坡有几分相似之处，二者均经历了从制造业转向金融业发展的过程，同样也经历过被外国殖民和入侵的历史阶段，二者最终都摆脱了外据时代，最终在经济上走向了独立自主的模式。目前集聚在香港的企业总部数目庞大，并且企业呈现高端化，商务中心作用发挥明显。按母公司所在地统计的驻港总部和办事处合计共有 3845 家，2006 年，1228 家企业在香港设立了地区总部；1991 年到 2006年，外资公司在香港设立地区总部的数字以每年 5% 的速度增加，其中2003 年至 2004 年由于香港与内地更为紧密的经贸协定的签署，该增幅一度飙升到了 14%。2010 年，跨国公司在香港设立的地区总部数目共计1285 家，2353 家地区办事处，2923 家当地办事处，地区总部和地区办事处数目计 3638 家，在 2015 年世界 500 强中有 6 家总部设立在香港，如表7－4 为 2014 年总部驻扎在香港的跨国公司情况。

表 7－4　　　　　　　　截至 2014 年末香港的跨国总部分类

金融类	HSBC 汇丰控股（全球行政总裁办公室）、汇丰私人银行、Standard Chartered 渣打银行（亚洲区行政总裁办公室）、AIG 美国国际集团、AIA 友邦保险、英国保诚集团、加拿大宏利金融集团、AXA 安盛集团、NewYorklife 纽约人寿集团、JPMorgan Chase & Co. 摩根大通、Morgan Stanley 摩根士丹利、Goldmansachs 高盛、Deutsche Bank 德意志银行、Banque de l'Indochine 法国东方汇理银行、Pricewaterhouse Coopers 罗兵咸永道会计师事务所（环球信息管理）、Zurich 瑞士再保险公司、瑞士 EFG 银行、芝加哥商业交易所、伦敦证券交易所、法国兴业银行、荷兰 ING 集团、Cushman & Wakefield 世邦魏理仕、Blackstone Group 黑石集团、Apollo Global Management, LLC 阿波罗全球房地产、Credit Suisse Group AG 瑞士信贷银行、BNP Paribas 法国巴黎银行、SunLife Financial 加拿大永明金融、日本大和证券、道富环球投资、Renaissance Capital（俄国最大投资银行）、AON 美国怡安集团、Standard Bank 标准银行、WELLS FARGO 美国富国银行、西班牙毕尔巴鄂比斯开银行（BBVA）、法国 Natixis 银行、意大利忠利保险、RBS 苏格兰皇家银行、ANZ 澳新银行、满地可银行、加拿大丰业银行、多伦多道明金融、美国万通保险集团、MetLife 美商大都会人寿、德勤国际税务中心、（亚太）日本野村集团、巴克莱企业银行、巴克莱资本、瑞士宝盛、美国银行、美银美林证券、标准普尔、穆迪公司、德国商业银行、戴德梁行、（北亚区）安永会计师事务所

传媒类	路透社（Reuters）、法新社（AFP）、道琼社（Dow Jones）、彭博社（Bloomberg）、亚洲华尔街日报、金融时报、远东经济评论、国际先驱论坛报、英国广播公司（BBC）、美国有线电视新闻网（CNN）
时装类	黛安芬、NIKE、ADIDAS、PUMA、LVMH 路易威登、BULGARI、DIESEL、FENDI 芬迪、FILIVIVI、FRETTE、GAS、GIORGIO ARMANI、PRADA 普拉达、VALENTI-NO、FILA、TIFFANY & CO
其他类别	歌诗达邮轮集团、Bayer Material Science AG 拜耳材料科技、Pfizer 美国辉瑞科研制药、Eli Lilly 美国礼来公司、英美烟草公司、Federal Express 美国联邦快递、DHL（北亚区）、Emerson Electric Company 美国艾默生电气公司、德国 Avira 公司、Coca - Cola 可口可乐、星巴克咖啡、沃尔玛百货、AOL 时代华纳、Philips 飞利浦电器、栢诚公司、IDT 环球电话、亚太环通、Freescale Semiconductor, Inc. 飞思卡尔、欧司朗光电半导体、富士通个人计算机、AC 尼尔森市场调查、巴斯夫股份公司、马士基航运（北亚）、日立电器（大中华）

资料来源：自行搜索整理。

　　上海作为长三角的中心城市，其总部经济的发展一直领先于全国，不仅国内的大型企业公司将总部设置在上海，而且对跨国公司同样具有强大的吸引力，如表 7 - 5 所示，为 2002—2012 年跨国公司在上海的机构设置情况。截至 2014 年 10 月末，外商在上海累计设跨国公司地区总部 484 家，其中亚太区总部 24 家，投资性公司 295 家，研发中心 379 家。

表 7 - 5　　　　2002—2012 年上海跨国公司总部机构数　　　　单位：家

年份	跨国公司地区总部	外商投资公司	外资研发中心	跨国公司总部机构总数
2002	25	—	—	—
2003	56	—	—	—
2004	86	105	140	331
2005	124	130	170	424
2006	154	150	196	500
2007	184	165	244	593
2008	224	178	274	676
2009	257	190	304	751

续表

年份	跨国公司地区总部	外商投资公司	外资研发中心	跨国公司总部机构总数
2010	305	213	319	837
2011	353	240	334	927
2012	403	265	351	1019

资料来源：江若尘（2014），《中国（上海）自由贸易试验区对上海总部经济发展的影响研究》。

第二节　国内外总部集聚的经验和启示

1. 地理位置与空间资源配置

（1）城市内部 CBD 的空间资源配置

多中心的城市格局是 CBD 内城市空间配置的典型特征，如表 7 - 6 所示，典型城市的主要格局均呈现了多中心的态势，城市中的每个中心均有不同的定位。

表 7 - 6　　　　　　　　　　　主要 CBD 城市地理布局

CBD 城市	城市空间格局
纽约	曼哈顿 CBD：上东区、中城、下城
伦敦	伦敦金融城、道格斯岛 CBD、伦敦西区
东京	千代田区 "丸之内"、新宿、涩谷、池袋
新加坡	新加坡河南岸、珊顿大道
香港	中环、九龙
上海	陆家嘴、人民广场、虹桥地区、徐家汇地区等

资料来源：自行搜索整理。

从空间和经济运行效率来说，有效的城市空间结构或形态有助于空间溢出效应的提升，从而推动城市劳动力市场共享、降低生产成本、推动技术和管理的推广和扩散。虽然城市中的不同中心都有可能发展

CBD，但即使如此，CBD 在城市空间地域中所占份额也比较小，但对城市的贡献却非常巨大。

①纽约的城市空间布局

纽约市是世界上最早形成总部集聚的城市，历史上曾一度集聚了世界 500 强中的大部分企业，随着城市发展和行业竞争，目前的纽约市形成了以金融集团总部为主导的集聚模式。纽约的集聚经济主要集中在曼哈顿地区，著名的百老汇、格林威治村、华尔街、联合国总部、帝国大厦、中央公园、大都会歌剧院、大都会艺术博物馆等名胜均集聚在这里，同样在这里还集聚着 3000 多家金融和保险公司，10000 多家外国银行和办事处。①

曼哈顿的 CBD 布局由上东区、中城和下城组成，各有分工。在上东区汇聚了美国的众多金融机构的总部，银行、保险等多在这里设立总部。中城则以百老汇大街、洛克菲勒中心和时代广场最为著名，中城集聚了大量的公共机构，包括娱乐业、广告业和政府机构等，从而中城是曼哈顿 CBD 中最适合人们居住的地区，下城汇聚了全球最为著名的华尔街、纽约证券交易所等，同时纽约联邦储备银行、美林、美国运通等公司均在此设有总部，在 9·11 事件后下城经历了很长的重建，如今已恢复生机。

在曼哈顿的上东区，不光有着琳琅满目的购物中心、文化场所，同时还是纽约市最富有的人的居住地。著名的中央公园就位于上东区，在一片高楼林立之中，这一片静谧的绿色难能可贵，整个纽约市的生活质量得到了极大地提升。毋庸置疑，一个成功的总部经济离不开良好的宜居、舒适的外部环境，而纽约市的中央公园恰恰为曼哈顿 CBD 地区的总部经济提供了优良的宜居条件，众多的文化地标和政治地标的集聚为曼哈顿的上东区提供了高端的消费、文化和政治环境，正是因为优美

---

① 周瑜，何莉莎. 一个影响世界的地方：服务经济时代的 CBD［M］. 北京：知识产权出版社，2014：158.

的自然条件和良好的人文环境聚集了大量的高端企业，以及包括高端人才在内的各种企业总部所需要的战略要素。

曼哈顿的中城区脱胎于纽约的制衣区。曼哈顿第 5 大道至第 9 大道，35 街至 41 街之间的交叉地带，传统上被称为"制衣区"。中城区虽然不如上东区和下城区引人注目，甚至有着些许的没落，但良好的艺术氛围令中城区却独辟蹊径，成为以艺术为主题的城区，最为著名的当属时代广场，作为全球著名的文化中心，时代广场彰显着中城著名艺术区域的地位，位于西 42 街与百老汇大道交汇处，范围东西向分别至第 6 大道与第 9 大道、南北向分别至西 39 街与西 52 街。驻扎在纽约中城区的部分企业总部如下：Six Flags、Kant Nast publishing company、纽约时报、Diamond Management & Technology Consultants、Ernst & Young、Instinet、路透社、Lehman Brothers（2008 年金融危机中已破产）、Morgan Stanley、Bain & Company、MTV Networks、世达律师事务所（Skadden，Arps，Slate，Meagher & Flom）、路透社、维亚康姆（Viacom）、EQW Radio Station 等。中城区高端企业聚集印证了良好艺术氛围对于总部企业的吸引力，彰显出高水平的 CBD 需要高雅文化艺术的推动和烘托。

下城区长久以来被公认为世界的重要金融中心，同时也是美国金融业的核心地带，著名的华尔街就位于下城区。虽然华尔街总面积不足 1 平方公里，总长约 1.5 公里，但却拥有世界上几十家大型银行、保险公司和交易所，同时还有纽约证券交易所（NYSE）和一些知名的金融机构，例如纽约证券交易联邦储备银行、美林、所罗门美邦国际、美国运通、纽约银行、德意志银行等。曼哈顿金融中心的地位主要是通过华尔街以及巴特利花园城来体现的。[①]

2001 年 9 月 11 日，位于下城区的双子大厦遭受恐怖袭击而倒塌，

---

① 周瑜，何莉莎. 一个影响世界的地方：服务经济时代的 CBD ［M］. 北京：知识产权出版社，2014：161.

这次事件让美国遭到恐怖袭击的同时，也使曼哈顿地区的发展总部经济蒙上了一层阴影，并迫使更多的企业从下城区中搬出，转而迁移到纽约的中城或者郊区，使得曼哈顿的总部经济空间配置发生了变化，新建后的纽约世贸大厦在时隔 13 年后，于 2013 年 11 月 3 日正式运营。

②伦敦的城市空间布局

伦敦市的城市空间布局，包括三个中心，伦敦金融城、新兴 CBD 所在地和伦敦西区。伦敦金融城主要为传统的金融机构所在地，新的 CBD 则指的是道格斯岛 CBD，伦敦西区是伦敦市的另外重要的中心城区，以政治、文化活动为主。

古老的伦敦金融城孕育了现代金融业的发展，一定意义上说，伦敦金融城的历史是现代金融业发端的历史。伦敦金融城位于泰晤士河畔，圣保罗大教堂东侧，此处被称作"一平方英里（Square Mile）"，这是因为它最初的面积只有 1.4 平方英里而得名。数以百计的银行和金融机构驻扎于此，因而伦敦金融城也被称作伦敦的华尔街。与其他国际金融中心相比，伦敦金融城的国际化程度和开放度是最高的，它服务于全球贸易和发展，高度自由化和开放的市场环境，吸引了一大批跨国公司和金融机构落户。同时，金融城还享有其他郡所不能相比的特权。它虽是大伦敦区的一部分，但在很多方面保持高度自治。金融城拥有自己独立的市长、法庭、警察和财税系统。

道克兰 CBD 是以道格斯岛为主体、位于伦敦泰晤士河畔下游的东区，面积约为 8.8 平方公里。道克兰地区的发展虽不及古老的伦敦金融城般历史悠久，但其从 19 世纪开始向服务业发展，从最初的转运货物、船泊修理的港口业务逐步发展到适应现代国际商务的经济区划模式。在这期间，也曾因为环境破坏、交通拥堵、经济滞后等原因经历了数十年的衰败时期。

道格斯岛从一个航运贸易中心转变为一个纯粹的金融贸易中心经历了漫长时期，一方面是因为英国伦敦经济发展模式的转型，欧洲乃至世界的多元化发展需要伦敦发挥更大的金融服务的作用；另一方面是因为金融城的地域限制，导致空间饱和，伦敦需要另外的区域作为补充来充当金融中心，于是道格斯岛便应运而生。最为著名的金丝雀码头位于道格斯岛，在这里近 20 年兴建了众多的楼宇，其地理位置有着无可匹敌的优势：交通便利、四通八达，紧邻伦敦机场，地铁和公交都可以方便地到达，现在，金丝雀码头已成为伦敦新的金融和商业的中心，第一加拿大广场（One Canada Square，也称"金丝雀码头塔"Canary Wharf Tower）、第八加拿大广场（8 Canada Square，也称"汇丰银行塔"HSBC Tower）和花旗集团中心（Citigroup Centre），这三栋英国最高的建筑（均高 199.5 米）和最高层的写字楼群均坐落于此。

伦敦西区，即伦敦的西敏寺所在地区，其特点可以用两个词来概括：政治和文化。该地区的政治代表是整个英国的象征，主要体现在白金汉宫和皇室花园。白金汉宫是英国著名的王室所在地，英国王室在这里办公、举行各种仪式，这里也寄予着英国人的精神诉求，每逢英国遇到重大的事情，人们便会选择在这里集合进行情感的表达。皇室花园占地 18 公顷，为乔治四世所设计，园内各种景观林立，湖泊、草地、珍奇花草等在园内数不胜数。与此同时，全国的各界人士也会把受邀来到白金汉宫当作一种荣誉。

在西区，除去政治因素外，最吸引人的莫过于西区的艺术，西区的艺术不同于现代艺术，其更多的是一种古典的艺术氛围：各种艺术馆、展览馆、画廊一应俱全，品位高雅。据统计，伦敦共有各类文化设施 620 多家，仅伦敦西区的剧院就达 50 余家，风格特异，每年有 200 多种巨幕演出在这里上映，包括歌剧、话剧、舞蹈剧等，每年吸引各国观众约 1400 万人次。

③东京的城市空间布局

东京占地面积 2165 平方公里，东京圈的人口为 3000 余万人，相比于北京 16411 平方公里的面积，2000 多万人常住人口，东京可谓寸土寸金。日本的自然资源稀缺，同时也是地震多发国，国家的忧患意识强烈。东京都包括三个区，即千代田区、中央区和港区。千代田区的"丸之内"是东京的金融中心，集中了东京 70% 的银行总部和 25% 的企业总部。

随着日本经济体量的增大，大公司为了追求规模效益和政策优势纷纷将总部迁移至东京，由于东京的服务业设施良好，高端人才也把东京视作良好的工作和生活的场所，如此一来，东京便出现了交通拥堵、建筑密集的城市症状。由于空间经济容量不可能被无限放大，在此情形下，日本政府采取通过建立 Sub – CBD 的方式来缓解这一问题，并取得了良好的效果。早在 1945 年，学者哈里斯（C. D. Harris）和厄尔曼（E. L. Ullman）就提出了 CBD 的多核心理论，即城市中交通最发达的地区成为 CBD，而其他次级中心则分别发展为外围的商业中心。城市住宅区的最内层仍然是工人（低收入）住宅区，只是空间的分布形态不再是传统的圆环形、扇形或楔形，而是一种新型的块状结构。而住宅区外围的居民则为中等收入阶层，高收入阶层并不居住于市区中心，而是更多地位于城市边缘区和郊区，这是由于交通的易达性所导致的新的聚集方式。该理论充分考虑了城市 CBD 的发展因素和城市结构的影响因素，打破了一个城市只能有一个 CBD 的理论束缚，并认为 CBD 不一定是城市的地理中心，在一个城市中可以拥有不止一个 CBD，有可能分布在一个或多个次级商业中心，这实际上是后来 Sub – CBD 的理论萌芽。东京的发展离不开这些大大小小的商业中心，附近的工业、商业和住宅的联合扩张促成了东京成为当今国际化大都市。

最典型次级商业中心当属日本东京的新宿 CBD。1935 年，在日本大地震 10 年后，日本东京 CBD 经过重建已面貌一新，但与此同时迅速膨胀的人口令日本东京 CBD 不堪重负，日本遂定下将新宿、涩谷、池袋三地定为次级商业中心，从此日本 CBD 进入了多核心系统的新阶段。后来的发展证实，如今的新宿 CBD 成为提供最多经济效益的中心，也是各大银行竞相进驻的地区，东京的这种 Sub-CBD 模式不仅在很大程度上解决了国内人口和城市、产业和城市之间的矛盾，而且有助于扩散自身的次级功能，加强了城市对于资源的控制力，从而为建设国际城市奠定了基础。如表 7-7 所示为东京市各城区的功能概要。

表 7-7　　　　　　　　　　　东京市城区功能

名称	主要功能定位
东京中心	政治经济中心/国际金融中心
新宿	第一大副中心，带动东京发展的商务办公、娱乐中心
池袋	第二大副中心，商业购物、娱乐中心
涩谷	交通枢纽、信息中心、商务办公、文化娱乐中心
上野—浅草	传统文化旅游中心
大崎	高科技研发中心
滨海副中心	面向未来的国际文化、技术和信息交流中心

资料来源：自行搜索整理。

（2）CBD 的贸易优势

纵观全球著名的 CBD 发展进程，我们大致可以得出一个结论，几乎所有的 CBD 都聚集在港口城市，如表 7-8 所示为世界著名的 CBD 及其港口。

表 7-8　　　　　　　　　　著名 CBD 城市的港口

CBD 城市	港口位置
纽约	美国东海岸的东北部，同时位于美国东北部哈得逊河河口，东临大西洋的纽约港是美国最大的海港，也是世界最大海港之一。自 1980 年其吞吐量即达 1.6 亿吨，并且多年来纽约港的吞吐量都在 1 亿吨以上，平均每年有 4000 多艘船舶进出
伦敦	伦敦位于英格兰东南部，跨泰晤士河下游两岸，距河口 88 公里。伦敦是英国最大的港口，也是世界著名的港口之一，全港包括皇家码头区、印度和米尔沃尔码头区、蒂尔伯里码头区，与 70 多个国家的港口建立了联系，年吞吐量约 4500 多万吨
东京	日本首都商港。位于本州南部东京湾西北岸，日本交通中心。海上与千叶、川崎港相邻，距横滨港 10 海里，至名古屋港 212 海里，至神户港 364 海里，至上海港 1057 海里，海空航线连接五大洲

CBD 城市	港口位置
新加坡	新加坡是东南亚的一个岛国，也是一个城市国家。该国位于马来半岛南端，毗邻马六甲海峡南口，其南面有新加坡海峡与印尼相隔，北面有柔佛海峡与马来西亚相隔，并以长堤相连于新马两岸之间。国土除新加坡岛之外，还包括周围数岛，都可用于贸易
香港	地处中国华南地区，珠江口以东，南海沿岸，北接广东省深圳市，西接珠江，与中华人民共和国澳门特别行政区、广东省珠海市以及中山市隔着珠江口相望，其余两面与南海邻接
上海	上海市位于太平洋西岸，亚洲大陆东沿，中国南北海岸中心点，长江和黄浦江入海汇合处。北接长江，东濒东海，南临杭州湾，西接江苏和浙江两省，是长江三角洲冲积平原的一部分

从各大城市的发展历程看，几乎每一个 CBD 在最初的发展都受益于城市港口所带来的贸易条件和生产腹地条件。以香港为例，香港经过了 50 多年的发展和三次经济转型由一个边陲小镇发展成为一个集工业、商业、地产业、金融业、旅游业的多元化国际大都市，虽然面积不足全球的十万分之一，人口不到全球的千分之一，但它的转口贸易总值位居世界第一，人均对外贸易值位居全球第二位。香港的发展历程与其地理优势紧密相连，每一次的战略转型都立足于其地理优势。

从 1841 年到 20 世纪 50 年代的一百多年间，香港是以转口贸易为主的自由港，这一阶段香港主要依托的是自身的地理条件因素：香港位于世界航道要冲，背靠中国大陆，面向东南亚，有着得天独厚的地理条件；被誉为"世界三大深水良港"之一的维多利亚港，为香港开展转口贸易提供了天然优势。从 20 世纪 50 年代开始，朝鲜战争的爆发以及联合国对华禁运政策的实施迫使中国香港走上了工业化道路，经济上实现了第一次转型，并很好地适应了战后世界经济形势的发展。此次经济转型的主要方向是从转口贸易向劳动密集型的加工制造业方向发展，逐步形成了从海外进口原材料，港内加工港内销售、两头在外的出口加工工业。这一阶段，香港制造业快速增长，同时也带动了交通运输业、建筑业、房地产业、电信业、旅游业的发展，金融业发展尤其迅速。20世纪60年代末，香港制造业在 GDP 中的占比已经达到了30%，几乎世界各地都能看到香港出口的产品，其中服装、钟表、玩具等十种产品的出口位居世界第一。50年代初，香港出口产品的比重仅有10%左右，而到了60年代末，这一增幅扩大到了80%左右，这标志着香港经济结构的转变：即经济由转口贸易为导向转变为以轻工业制造业为导向，轻工业已经成为香港经济的支柱产业。

香港经济的第二次转型发生在20世纪70年代，香港劳动密集型的制造业开始向土地、劳动力成本低下的内地发起进攻，其中与香港毗邻的珠江三角洲地区成为主要的迁移地，"前店后厂"的格局就这样诞生了。内地廉价的资源维持了香港制造业的成本优势，产品通过香港港口出口至世界各地，同时也带动了香港港口、航运、物流、资本市场以及其他相关服务业的发展。总体来说，香港此次的经济转型依托于紧邻内地制造业基地的优越格局。香港在遭受金融风暴的重创后，以股市、房地产拉动的经济泡沫已经破裂，社会资产价格暴跌、消费、投资大幅减少，长期以来以资产价格上升带动经济增长的传统模式已难以持续。因此，新一轮的经济转型已迫在眉睫。

香港经济的第三次转型是从20世纪80年代初开始的，此次经济转型的动力主要是内地的改革开放所释放的改革红利，具体表现为以香港和内陆的进一步贸易往来和产业转移。

首先，20世纪80年代起，香港与内地的经贸关系开始进入到频繁互动阶段，这一趋势一直持续至今。2014年香港与内地货物贸易总额达39660亿港元，占香港对外贸易总额的50.3%，其中香港出口和转口内地货物总额达19790亿港元，占香港整体货物出口总额的53.9%。在金融方面，截至2013年末，香港直接投资存量中31.9%来自内地，达33416亿港元，1980年到1996年，广东的出口贸易额达到了2714亿美元，其中80%左右的贸易额是出口到香港，达2000多亿美元，而同期广东的进口贸易额为 1814 亿美元，其中从香港进口的占了 70% 左右。

其次，内地与香港相比，大部分产业的等级仍然处于较低的层次上，香港借内地大规模扩张的机会，将低端产业北迁至中国内地，从而这一时期城市制造业大规模北移，而香港抓住机会实现自身的产业升级，将自身的产业集中在最高等级的高端服务业，到 80 年代末，香港GDP 中服务业占比超过了 80%。香港经济成功从制造业主导转变为服务业主导。

这一时期的香港经济为总部经济模式提供了根基：企业总部在企业中更多的是提供一种智力型和管理型的工作，而香港的产业结构在这次经济转型后同样也趋于服务业，与总部经济之间达到了一定程度的契合。企业将生产制造环节迁移至内地，而将大量需要人力、资本、信息等技术条件的高端服务环节（即总部经济环节）留在香港，在香港企业总部往往都承担着企业的研发、营销、资本运作、战略管理等职能。服务型经济模式同香港总部经济密不可分，从本质上说，总部经济也属于高端服务业的一种。由此，香港的经济结构逐步从以制造业为导向转向以服务业为导向，并且香港着重发展各种高端服务业用来为制造业服务。在这一过程中，虽然大量的企业将制造加工部门外迁，但香港凭借人才、资本、信息等方面的优势，使得企业选择将它们的企业总部和研发、营销、资本运作、战略管理等职能部门继续留在香港，香港经济的发展也呈现明显的总部经济特征。可见，服务型经济结构的确立与香港总部经济发展密不可分，二者相互促进。服务型经济吸引了企业总部的聚集，总部聚集促进了服务型经济发展。这种相互推动作用带来了香港经济的新繁荣，香港的金融业在 20 世纪 80 年代后期得到了迅速发展，全球外汇、黄金、股票在香港实现交易，成为亚洲、欧洲、美洲金融时钟昼夜交替转动中不可或缺的中心交易站，也是世界各大银行主要聚集的国际金融中心。

（3）地理位置与空间资源配置的启示

纵观世界范围 CBD 和总部经济的形成，在自然环境、区位优势和空间格局方面，世界上绝大多数成功的 CBD 都依托于港口城市，凭借得天独厚的地理区位，集聚了一些知名企业总部，形成总部经济，逐渐成为城市的商务中心（CBD），因此，CBD 和总部经济在某种程度上都打上港口城市的烙印，比如纽约曼哈顿、伦敦道克兰和金融城、东京新宿、新加坡、香港等地。而在全球范围内的非港口城市所产生的较为著名的 CBD，大约只有巴黎和北京。因此，北京的 CBD 空间规划必然不同于港口城市 CBD 所实行的模式，港口城市相比于内陆城市具有一种天然的市场活力，拥有广阔的市场，畅通的信息渠道，人流、物流、信息流集中，交通便利，更多地依靠市场机制自发作用形成，而内陆城市往往缺乏这些优势，在具备相应的条件后，更多地需要政府加强规划，实现内陆城市与港口城市的对接和相互补充，在一个更广阔的空间谋划 CBD 的发展。因而，北京在发展总部经济中，应格外重视北京的定位和其所在的区位，尤其是与天津和河北在地理上的联系，在京津冀协同发展的大背景下，政府应主动调控总部经济在北京乃至京津冀地区的空间配置，实现空间结构的总体优化，形成总部中心（北京）、港口城市（天津）和制造基地（河北）三者的统一。

从我国整体的角度考虑，目前我国的总部集聚形式更接近于日本，后者总部集聚多发生在东京一城，我国多集中在北京和上海，这种极端的集聚模式与我国的经济发展历程、不均衡发展的区域政策等密不可分。随着我国经济转型和城市群发展战略的相继出台，全国范围内更为均衡的城市群将在经济发展中扮演越来越重要的角色。我国的 CBD 的发展模式也要改变，从不均衡向均衡逐渐转变，但北京的 CBD 发展必须具有自身的特色，和北京的定位"政治中心、文化中心、科技创新中心、对外交往中心"相一致，成为促进文化和创新企业总部集聚的中心。

2. 政府引导与政策扶持

相比于海外一些国家和地区的政府，我国政府主导色彩尤为强烈，具体表现在 CBD 的空间规划和产业规划方面，政府的主导力度和方向明显，一定程度上左右了 CBD 的发展方向，政府首先为 CBD 的生产做好设计，然后通过政府行政措施、政府指令引导 CBD 的建设、招商引资、后期维护。从理论上讲，在强势政府介入的情况下，难免出现政绩工程甚至寻租行为，不同程度地影响着 CBD 的良性运行。因此，有必要对国外 CBD 的经济结构、产业发展和集聚的脉络进行梳理，分析政府在推动 CBD 发展中的政策经验，在此基础上，结合我国特有的经济模式，探究适合我国 CBD 的政府管理模式，包括对政府作用的合理界定、规范和定位，解决好政府和市场的角色问题，这是推动我国 CBD 特色发展，快速发展和健康发展中迫切需要破解的命题。

（1）国外经验

①纽约：吸引人才政策

美国政府为了吸引全球的优质人才，在引进人才方面制定了很多详细的、多元化的、优惠的政策。这些政策包括技术移民、临时工作签证、留学绿卡、聘请外国专家、国际合作与跨国投资等。纽约市则顺理成章地成为美国政府政策下的最大受益城市之一。在技术移民方面，美国为了吸引更多的精英人才，不惜放宽了相关人才的引进标准，20 世纪 30 年代，美国曾多次修改移民法，规定只要是"精英"，不论其国籍、资历和年龄，一律允许优先进入美国。1965 年，美国又颁布"优惠制"新移民法。每年专门给来自国外的高级人才留出 2.9 万个移民名额。1990 年，布什总统签署新的移民法，重点向投资移民和技术移民倾斜，鼓励各类专业人才移居美国。在企业层面，纽约市的企业主要通过与高端人才签订长期合约、提供优厚的福利待遇、工作条件等约束和吸引人才。提供优厚的福利待遇和工作条件是为了吸引人才，对于高端企业总部的高端人才来说，优良的后勤保障、先进的技术设备支撑、众多的科研机构以及优厚的待遇都成为企业吸引人才的方法，其中值得注意的是，位于纽约的高端企业一般都会为新引入的人才提供各种优质的待遇，包括医疗、保险、住房等。为了更好地吸引高端人才，在引进这些人才时，不仅为引进的人才提供良好的医疗保险服务，而且还会覆盖整个家庭，为家属解决了后顾之忧，这对吸引人才起到了很好的辅助作用。

②伦敦：高度自治与市场化开发

伦敦市政府在推动 CBD 发展时，更多地采用自治模式。所谓自治模式，即自治管理、独立经营，这一模式使得伦敦金融城的政府在制定政策方面具有更大的灵活性，因此伦敦金融城的发展很大一部分原因得益于自治模式的施行。独立经营也是伦敦金融城 CBD 的一大特色，在独立经营、自治管理的理念下，伦敦金融城不管是规划、设计、建设还是运营都达到了高度的统一，避免了多方面掣肘给规划和发展所带来的矛盾，有效地节约了内部运营成本，提高了行政效率。

伦敦金融城虽只有"一平方公里"，但麻雀虽小五脏俱全，有着和伦敦市平级的管理结构，相似的一套政府班子，包括市政府、市长、法庭、警察等，是一个当之无愧的城中城，与普通的行政区域既有相同之处，又有不同之处。伦敦金融城所肩负的目标只有一个：发展金融城的金融和经济，服务于整个英国长期利益，并肩负着欧洲乃至世界的金融稳定。从某种意义上说，保持英国经济的稳定发展和国家的长期利润最大化是伦敦金融城的根本目标，所以伦敦金融城又具有公司的性质。金融城和英国的关系相当于股东和公司之间的关系，金融城为股东（英国）服务，股东为金融城提供资本（包括金钱资本、政策资本、人力资本、地理条件资本等），同时伦敦金融城也肩负着一定的社会责任，这个社会责任就是要负担欧洲乃至世界的金融稳定和健康发展。

除此之外，伦敦 CBD 的市场开发模式也值得我国学习和借鉴。不管是道格斯岛还是伦敦金融城，良好的建筑规划和开发模式都是其重要特点。英国分别于 1979 年成立 UDC（Urban Development Corporations，UDC）城市开发总公司和 1981 年成立伦敦道克兰地区开发公司 LDDC（London Docklands Development Corporation，LDDC）。UDC 负责旧区改建，政府给予了 UDC 很大的权利，它可以独立进行规划决策，并直接汇报给国家议会而无须经过地方政府，而 LDDC 是 UDC 其中之一，LDDC 主要负责伦敦道克兰地区的城市更新工作。下文以 LDDC 为例来说明伦敦市对于 CBD 和总部经济的开发模式，LDDC 在 1981 年成立，其本质是一个公共机构，由 12 名董事会成员组成，英国环境部长亲自任命，9 人来自私营机构，3 人来自当地政府。该公司产生的背景是，以铁娘子撒切尔夫人为首的新政府支持市场化运作，因此，英国政府强调政府不干预 CBD 的规划，把按市场规律运作作为规划的主要手段，大力推行私有化，并运用一系列新的政府法律和政府措施保障政策的实行。LDDC 成立的目的同 UDC 不尽相同，主要有三个，一是提高土地和建筑的利用率；二是鼓励现存和新开发的工商业发展；三是创造一个具有吸引力的环境，能够鼓励人们来此区域生活和工作。LDDC 被赋予了四种权利，土地获取权利、规划许可权、一定的政府资源控制权和基础设施的二次开发权。政府旨在通过将部分权利让渡给企业，进行道克兰地区的市场化运作，同时也避免了完全放权后企业之间的恶性竞争的出现。从 1981 年开始，经过了数十年的开发，LDDC 在道克兰区成功地进行了开发，并取得了显著的成就，其重新开垦了约 7.2 平方公里的废弃土地，重新修建了 144 平方公里的道路，改善了公共交通系统。另外特别需要指出的是，在 LDDC 对道克兰地区进行开发的过程中，让社会资本广泛参与其中，因而大量的社会资本被充分利用。因此，英国道克兰地区的经验对我国的 CBD 建设和城建开发都有着很好的借鉴作用。这一模式是由政府提供前期部分资本，从而吸引更多的社会资本进入，加快了开发的速度和开发区的高质量建设。

③新加坡：高效廉洁的政府

新加坡国土面积只有 719.1 平方公里（2015 年），可谓是城中之国。历史中新加坡的发展与马来西亚之间有长时期的政治纠葛，这是新加坡总部经济区别于其他城市的特殊政治生态、历史环境和独特的地理位置。但新加坡以廉政立国为本，吸纳了东西方制度文化精华，是世界公认的最廉洁和高效的政府，这对于 CBD 的发展具有巨大的吸引力。

首先，新加坡的政治和历史背景力求通过发展经济来获得世界的认同。新加坡特殊的历史环境使新加坡人民具有强烈的危机感，正所谓生于忧患、死于安乐，新加坡人民的强烈危机意识，让新加坡人必须时刻保持着自身在世界发展格局中的竞争力。新加坡并没有因为与马来西亚的分离而沉沦，而恰恰相反，新加坡却获得了快速发展，进入到发达国家行列。新加坡在 1965 年 9 月 21 日加入联合国，加入英联邦的时间为同年 10 月，1967 年新加坡加入东盟。作为一个面积不大的岛国，世界对于新加坡能否继续存在表示怀疑，它不仅面临着主权纠纷问题，还面临着包括住宅短缺、土地和其他自然资源匮乏等重要问题。

新加坡为了求存求活，由政府发起，开始了一场由上而下的谋求存活和发展的经济革命。新加坡政府出台了一系列的经济措施来发展经济。经济发展委员会成立于 1961 年，主要致力于国家经济发展方针的实施，重视制造业的发展，成立了裕廊工业区，并在加冷、大巴窑等地建立轻工业基地。为了引进外资，政府出台了许多针对外国企业的优惠政策。同年，经济发展局重组，裕廊镇管理局以及新加坡发展银行也在该年成立。这一系列措施使新加坡的工业化得到迅速发展，并在十年内成为世界主要电子产品的出口国。虽然新加坡国内政治上的自由空间逐渐被压制，经济上却取得高速发展，很快成为东南亚首屈一指的金融和转口贸易中心，成为当时的"亚洲四小龙"之一。与此同时，人民生活水平得到很大提高，住房、教育、交通等关乎民生的重大问题一一得到解决。

新加坡政府致力于打造高效廉政的政府，形成制度化的软环境基础，吸引跨国公司地区总部入驻。新加坡政府通过整合资源，将非核心的工作采取合同外包的方式交给社会中介组织，让政府充分"瘦身"。如汽车违章的处罚、离境退税的审核等这些原本属于政府的职能都通过招标而"外包"。从实践效果来看，政府"外包"部分职能不仅没有影响政府的信誉和形象，而且提高了运作效益，有效地杜绝了这些领域中腐败现象的产生。以新加坡经济发展局为例，该局机构精简、手续简便、工作效率高。一项外国投资项目从申请到批准设厂，只需要 10 天至 20 天的时间。

同时，新加坡政府致力于廉政建设，建立健全了防止政府官员贪污的机制，监督机构执法严厉，形成对政府人员强大的监督和制约机制。首先，新加坡的法律完备，系统性较强。新加坡宪法、行政法律、刑事法律方面都有详细规定，特别是制定了专门惩治腐败犯罪的《防止贪污法》，对各级公职人员形成一套严格管理、"步步设防"的约束机制；其次，新加坡政府注重实效，可操作性强。如《防止贪污法》特别规定了贿赂推定制度，只要行贿或受贿任何一方提供证据证明对方受贿或行贿，而对方又提不出相反的证据，贪贿罪即可成立，这就解决了贿赂案件因"一对一"而缺乏旁证、无法定案等难题。

④香港：低税制和健全法制

香港总部经济的成功不仅体现在硬件和软件的建设方面，不管是税收制度、法律制度、金融环境，香港都相对完善。

香港的低税率及简单税制对吸引外资具有非常强的吸引力。香港行使单一的收入来源管辖权，只对本地的收入征税，对香港之外的收入实行免税政策。与内地不同，香港不征收增值税和营业税，主要直接税种有三个：利得税（企业所得税）、薪俸税（个人所得税）和物业税。香港税务局负责每年发出纳税申报表，利得税和薪俸税等资料务必在指定期限前上交相关部门，上述税项一年报税一次。

香港的法律原则、法治精神和司法独立性、稳健性的特征和司法原则，均得到了国际社会的普遍认可。司法的公正和独立是国际机构到外地投资的重点关注问题之一。另外，英语在香港各界的广泛使用，不仅使香港拥有语言上的优势，还使香港形成了英语国家所具有的文化自由和人文精神，这也是使香港成为国际大都市的原因之一。

香港的法律制度大致沿袭自殖民地时期的宗主国英国。1997 年主权移交后，《基本法》作为香港特别行政区法律制度的宪制性文件开始实施。由于"一国两制"政策的实施，香港的法律制度可以与内地不同，它的法律制度以普通法为依归，并由多条本地法例做补充，这些都有利地支撑了总部经济的发展。

⑤上海：金融特区

上海市作为中国的窗口城市，在我国的金融政策中有着重要的作用，最为引人注目的就是上海市的金融自贸区的成立以及相关配套政策的出台。2014 年 5 月 22 日，央行上海总部发布了《中国（上海）自由贸易试验区分账核算业务实施细则（试行）》和《中国（上海）自由贸易试验区审慎管理细则（试行）》，被视为央行为支持上海自贸区所实施的金融政策中最核心的细则。伴随着自贸区一系列政策的出台，道琼斯国际金融中心发展指数（IFCD）显示，"十二五"期间，上海从排位第八名进步到了与香港排名并列第五名，上海已有超越香港之势。

由于上海作为东南沿海开放的最前沿，一直立于经济发展的潮头，地位特殊，影响深远，尤其历史上曾是亚洲的金融中心，在我国的快速发展中，又得到金融政策的特殊支持，这些都对总部经济产生深远的影响。在前人研究的基础上，结合作者的分析，概括出上海市的政策优势：

第一，投资领域的放宽和外汇管制的放松。其作用有利于上海总部经济的纵深发展和资源的优化配置。近年来，我国采取了负面清单管理模式，将经济、金融领域的配置更加市场化，市场经济制度的完善和创新吸引着包括外资服务企业总部在内的更多的企业总部入驻，其中包括新加坡和香港等与中国内地在总部经济方面形成竞争的国家和地区的企业；另外，外汇管制的放松将使总部企业能更好地配置资源，使得资本的流动在保证安全的前提下不会再像原来一样受到制约。大型企业地区总部的驻扎有一个重要的前提是资本流动的便利性，汇率和资本制度的放开可以使得很多管理型总部转变为能级更高的投资性和综合性总部。

第二，行政管理体制改革红利。改革开放以来，我国的行政管理体制进行了改革，逐渐与市场经济体制相适应，尤其是中共十八大以后，我国已经明确提出要优化行政制度的改革，落后的行政制度、政策和规定等在一定程度上也限制了经济的发展，在我国通过简政放权等一系列的措施来加速经济运行的同时，上海市自贸区作为我国金融改革的排头兵和试点，自然也制定了相关的政策和规定，如将外商投资试行准入前国民待遇，将负面清单外的外商投资企业合同章程由审批、核准改为备案制度，这一系列改革对于跨境企业地区总部的入驻产生很强的吸引力，总部经济将在上海市进一步集聚和发展。

（2）启示

目前，除去香港、北京和上海，中国有 70 多个城市在建设 CBD，甚至同一个城市建设多个 CBD，远远超出市场需求和经济支撑能力。总体来说我国的 CBD 仍处于起步阶段，无序竞争和盲目规划充斥在我国的 CBD 发展中，武汉、郑州、长沙等中部城市为了争夺区域中心城市的地位，相继启动了 CBD 的规划建设，竞争异常激烈，在基础设施、区域经济条件不够成熟的时候建设 CBD 显然不利于区域的合理发展和高层次 CBD 的培育。重庆市有解放碑、江北嘴和弹子石三个 CBD，其中弹子石 CBD 以 1200 万平方米的总建筑面积居于首位，但产业集聚效应较弱，经济活跃度也不高。西安长安路 CBD、银川阅海湾 CBD 和广西南宁金湖 CBD 等都有着浓重的政策规划的烙印。

从某种程度上说，在国外 CBD 中存在的或存在过的政府施政措施和政策，在我国 CBD 中或多或少可以找到相应的痕迹，但这些在国外行之有效的 CBD 规划手段在国内的运用中可能会面临着困难，甚至有可能出现局部的或整体性的"失灵"。因此，探索一条适合于我国的 CBD 发展道路对于我国区域经济的发展至关重要。

3. 创新与人文精神

创新人文精神，就是充分重视和发挥人的主动性和创造性，用人文主义的创新思维建设创新型国家、创新型城市和创新型社会。由于 CBD 内要素集聚众多，不同要素有着不同的特质，尤其是人力资源要素有其特有的人文精神背景，因此，强大的文化融合共生能力是 CBD 所必须的，以纽约、伦敦为代表的国际化大都市在这方面是成功的典范。

（1）纽约：融合创新的典范

纽约市作为美国最为典型的民族和文化大融合城市，这里集聚着大量的来自不同国家、民族和信仰的人才，虽然不管是整个美国还是纽约市，均不能完全做到无歧视差别地进行人才的招揽和利用，但是无歧视政策的出台为纽约市的人才吸纳搭建了一个公平的平台。所谓无歧视政策，是指在引进人才的过程中，不考虑种族、肤色、性别和年龄的差异，出台了一系列有关无歧视方面的法律政策，企业在招聘中一旦违背政策，将会受到严苛的制裁。1990—1994 年纽约接纳来自世界各地的移民高达 56 万人，值得我们注意的是纽约市 800 万人分别来自全球 97 个国家和地区的移民，共有 800 种语言在这里进行交流。

总部经济的发展离不开强大的创新力，纽约市密布的科研机构和创新技术公司为纽约市所积聚的企业总部提供了强大的支持。在纽约市内的大学分布众多，其中，比较著名的公司有美国电话电报公司（AT&T）、国际商业机器公司（IBM）、同时在美国纽约分布着各类学校和学院，位于纽约市的大学和学院有较为著名的哥伦比亚大学（Columbia University）、柏纳德学院（Barnard College）、纽约市立大学（The City University of New York）、佛罕大学（Fordham University）、茱利亚音乐学院（Juilliard School of Music）、曼哈顿学院（Manhattan College）、纽约大学（New York University）、佩斯大学（Pace University）、普瑞特艺术学院（Pratt College）、圣约翰大学（纽约）（St. John's University）、莎拉·罗伦斯学院（Sara Lawrence College）等，据统计，纽约市的平均每 4 个市区居民中就有一个具有三年制大学学士学位，并且纽约吸引了大量的高素质移民。纽约有外国协会 220 个、可授予学位的研究院 91 所，其他研究所 147 个，如此众多的研究机构和学校是纽约市大量知识储备的一个缩影，这些机构和学校为纽约市塑造了良好的知识创新氛围。

（2）伦敦：古老与现代的融合

伦敦市是一个古老又充满生机和活力的城市，在这里既有古老的伦敦金融城，又有充满现代感的道克兰 CBD、高楼林立的金丝雀码头。来自东西方的各国人才在此交汇，历史和现代完美地交织在一起，经济、政治和文化在此完美地融合，同时贸易、商务和金融也集聚在这个大都市中。

伦敦市的人才集聚有着无可匹敌的优势，英国雄厚的教育资源是伦敦重要的人力来源。英国吸引着来自全球的人力资源，而伦敦又吸引着在英国受教育的高素质的优秀学子。来自牛津大学、剑桥大学等高等学府的学子大量涌入伦敦城内，同时伦敦市本身就拥有着数十座各类的高校：伦敦商学院、伦敦政治经济学院、伦敦帝国学院、城市大学、伦敦亚非学院等，为数众多的商科类学府的大学毕业生绝大多数都试图留在伦敦，伦敦高水平的教育对于吸引人才有着很强烈的作用。与此同时，伦敦在人才的汇聚方面也存在着一定的问题。伦敦人经常开玩笑说道："伦敦是一座一流城市，可惜被一个二流国家所拖累"，这在一定程度上说明了伦敦和英国现今在人才方面的分歧所在。英国对于人才政策的滞后限制了伦敦金融城的发展。英国的签证审批较为严格，申请人不易获得，而伦敦城的发展亟须成熟的国际化人才，但英国的签证政策在很大程度上限制了高端的国际人才流入伦敦，成熟的高端人才对于总部经济来说是一种不可或缺的战略资源。伦敦市长鲍里斯·约翰逊（Boris Johnson）为了吸引更多的世界精英人才来此创业，曾呼吁给予伦敦市政厅签发"杰出人才"签证的特权。更有甚者，伦敦前市长利文斯通（Ken Livingstone）表态伦敦有必要成为一个独立国家，从而解决伦敦的人才引进问题。

历史的传统和现代的活力在伦敦的融合还表现在空间的建筑上。金融城代表着伦敦古老的历史，伦敦和巴黎有着同样的年纪，伦巴底街（Lombord Street）和针线街（Threadneedle Street）上的建筑均具有两三百年的历史，如英格兰银行、皇家商业交易中心、伦敦金融城市长官邸大厦之屋、伦敦塔等建筑。而处在道克兰 CBD 区域的现代建筑鳞次栉比，令人感觉仿佛身处在下个世纪。总之，在伦敦，传统与现代交相辉映，无处不散发出浓郁的古典气息、现代城市型文化积极态度和休闲气息。

鉴于伦敦市强大的经济实力背景和浓厚的文化气息，不仅各类人才大量涌入，国际资本投资也积极进入。据统计，目前已经有超过 60 家中国企业签署了购买伦敦总部基地项目的意向书，其中包括总部基地全球控股集团中国区总部基地园区的客户。比较有代表性的是中国企业家许为平投资 10 亿英镑在伦敦建立总部经济，这为我国企业实现全球布局打好初步基础。

（3）启示

随着人们对传统 CBD 的反思，人们开始追求张弛有度的新商务生活方式，要求城市建设充分展现出人性化和人文关怀，中国政府更是提出了要建设"看得见山，望得见水，记得住乡愁的诗意城市"。随着经济和城市的发展，新型交通工具（地铁、城际轻轨）缩短了城市间的时空距离。互联网科技革命掀起的模式创新和发展创新正在颠覆性地改造传统产业的基因，并催生大量新兴业态，产业生态正在发生史无前例的改变。在此过程中产业与城市的边界不断解构、再造、融合，CBD 的内涵也不断丰富，依据城市产业、交通、人文特质，逐步形成了 EBD、TBD、RBD 等新型 CBD。

2009 年北京市提出"人文北京"的口号，人文北京展现着历史的、现代的人文创新精神和独有的魅力。古老的长城、故宫、颐和园等所体现的特有传统文化；南北风味饮食文化，海纳百川的民间艺术如京剧；还有中华人民共和国成立后的以人民大会堂为代表的中国式现代建筑，改革开放以来以国家歌剧院为代表的各种现代建筑等，这些都为北京增添吸引了很多的人才和企业。这些魅力来自人文创新，未来城市的发展，其根本元素也在于人文创新。

4. 产业结构与产业链

城市的形成和发展，是伴随着产业不断集聚、人口逐渐集中和市场逐步扩大的过程，大多数城市都是从制造业起家，渐渐地围绕着制造业兴起了生活服务业，后又进一步发展为生产型服务业。由于城市间的竞争，一些城市逐渐发展为以现代服务业为主导的产业结构，从国外 CBD 的发展历程中，也能够得出，所有以 CBD 为核心功能的城市，均形成了以服务业为主，产业在空间上逐级递减扩散的模式。

（1）纽约

从经济结构上来看，纽约在第二次世界大战后的经济走向从制造业的产业分散化到服务业的兴起和发展。所谓制造业的分散化，即制造业的一些行业，从中心城市逐渐转移，不断被新的产业替代。如纽约的产业分散最早的从已经成熟、逐渐衰退的汽车、钢铁、纺织、服装为主的产业部门开始，逐渐被新兴的产业部门，如半导体、航空业、计算机与通讯设备或与国防有关的产业部门所取代；从地域上看是将制造业从美国的东北部、中西部带入美国东南部、西南部各州。纽约自身的发展并不是制造业分散化产生的唯一原因，制造业分散化格局的产生源于美国乃至全球技术水平的进步及美国和世界的地域特点。1950 年，纽约从事制造业的人数达到了 104 万人，1965 年为 86.5 万人，该数目占纽约总就业人口数的 1/4，1988 年降为 35.5 万人，低于总就业人口数的 10%，而 2001 年仅为 23 万人，占非农就业人数的比例从 30% 降至 6.2%，20 世纪 60 年代和 70 年代降幅最大。

服务业的发展从两个方面展开，第一是整体服务业产值的提升；第二是服务业内部结构的优化。生产性服务业包括的范围较广，专业服务、中介服务、辅助服务、商务咨询和其他商务服务，而该领域内的服务业能够很好地促进制造业的产值提升，它区别于传统的服务业。生产性源于后工业化阶段制造业的分工越来越细，专业的技术型服务能够产生更大的经济效益。美国在战后一段时期，经济结构实现了重大的转型，其中由纽约市的产业结构转型最具代表性。纽约之所以服务业发展迅速，其优越的地理条件（港口）起到很大作用，正是港口的便利运输条件极大地促进了纽约市的繁荣和经济的发展，在促进城市制造业发展的过程中，纽约港口也在很大程度上促进了纽约市服务业和贸易的发展，尤其是生产型服务业的发展。据统计，在 1969—1989 年，纽约生产型服务业就业人数从 95 万人增至 114 万人，占就业人口比重从 25% 升至 31.6%。

（2）东京

首先，东京市产业结构较为合理。东京市的总部经济发展，区别于纽约和伦敦的特点是，东京在注重金融业发展的同时，更加关注产业结构的均衡，其中较为明显的是在全世界范围内世界财富 500 强的总部设在东京的最多（2014 年被北京超越），加上大阪共计 90 余家。20 世纪末，东京就已经呈现出了强大的均衡发展能力，从拥有世界财富 500 强分行业的情况看，东京则不论在制造业（38 家）、金融业（16 家）、电信（2 家）、零售（3 家）还是在作为总部经济城市辅助支持行业的印刷出版（2 家）、广告（1 家）、运输（5 家）等行业的发展都更强大、更全面。尽管东京与纽约、伦敦一样，都是不可替代的国际金融中心，金融所占比重很大，但东京在其他产业方面也具有举足轻重的作用。

其次，在东京分布的行业内部形成了更加紧密的行业链结构。这种行业链的结构主要是通过"总部—制造基地"模式，这一点为京津冀协同发展发挥重要的启发作用，主要模式通过中心区的产业转移模式来将生产制造环节转移到东京市的附近，主要是神奈川、崎玉、千叶等周边区域。据统计，仅在 1975—1984 年，东京就向都市区内的中小城市迁移了 349 家生产制造工厂，以本田公司为例，在 1952 年将总部迁移至东京，与此同时本田公司在滨松、熊本、崎玉、铃鹿等其他城市设置了多家制造工厂。

（3）启示

总部经济的发展需要产业结构与空间资源的有效配置。随着城市的发展和壮大，城市为企业的发展和居民的生活提供了越来越多的便利，使得企业总部选择落户创新能力强、信息发达、绿色环保的城市，共享市场。为此，根据城市和经济发展的不同阶段，产业结构要进行相应的调整，以便符合总部经济发展的内在要求，并从空间资源上得到优化配置。

首先，中心城市的产业侧重于服务业，而非制造业。尽管在有关空间经济学理论的传统模型假设中，中心城市一般假设为规模报酬递增的制造业（工业），城市周边则是以规模报酬不变的农业进行替代，这些多理论产生于工业化时期。目前一些国家和地区早已步入工业化后期，尤其是以总部经济和 CBD 为核心的城市，服务业取代了制造业成为主导产业，因此，总部经济所带来的产业集聚多是以服务业为代表，纵观现如今的国内外的总部经济区域，包括纽约、东京、伦敦、新加坡等地区，其 GDP 中的很大比例都来自第三产业。这是因为服务业所能提供的战略性要素恰是企业总部最为需要的。只有服务业的不断创新和高质量发展，企业总部的六大需求包括常规商务服务、科研技术服务、销售服务、金融服务、战略咨询服务和人才服务才能满足总部经济的要求，恰恰是这六项需求，侧重的都是服务业而非制造业。因此，在研究总部经济集聚时，要更多地关注于现代服务业集聚的研究。

　　另外，产业融合也是当前北京市总部经济发展所带来的一个趋势，文化创意产业和商务金融行业是产业融合中最为典型的行业，而产业融合两种方式，即以技术为支撑的融合和以价值链等关联性经济要素为主导的融合在北京也已经出现。产业融合是建立在一定的空间基础之上的，北京市的产业变化也会通过各种产业的转移、辐射等作用而影响到津冀甚至是更为广泛的地区。

　　其次，产业在空间上具有一定的梯度。在一个空间范围内，中心城市的高素质人才、优质的服务业产品等一系列战略性要素集聚和良好的市场规模、区位等都成为总部集聚的动因，而往往具备这些战略性生产要素的地方，其产业结构必然要高于外围的城市，并由此才能集聚外围城市的资源。根据新经济地理学的生活成本效应，在一个产业高度集聚的城市，其消费品的价格指数较低，人们的生活效用会更高。根据配第—克拉克的产业理论，随人均国民收入的提高，劳动力首先由第一产业向第二产业转移，当人均国民收入水平进一步提高时，劳动力便向第三产业转移。累积循环因果理论告诉我们，中心城市的优势会不停地积累，这就导致了中心城市和外围城市始终存在着一定的产业梯度。

　　另外，产业梯度也是总部经济能够可持续发展的重要的因素。产业梯度的实质是空间的产业异质性，其存在会维持"中心—外围"结构的稳定性，或者说会维持空间的动态稳定性。根据新空间经济学的逻辑，当一个地区的市场潜力函数在其临界距离上达到了 1，则意味着在临界距离上会产生一个新的城市，该新城市会集聚周围空间内的一部分资源，从而有可能在新城市形成一个新的总部经济，进而有一种力量使原有总部经济的固有资源产生分散，打破了原有总部经济的均衡，因此，保持区域内一定程度的产业梯度，使得空间的单中心结构维持均衡是总部经济可持续发展的一个重要条件。"总部—制造基地"模式的开展则是维持单中心空间结构的一个重要的模式，既能够维持一定的产业梯度，保持要素资源向中心城市的总部经济中集聚，又能够保证产业梯度不会过大，避免了因此带来的过度集聚及产生新的总部经济地区。

5. 信息通讯与交通设施

在克鲁格曼的新经济地理学中，他创新性地用冰山成本替代了运输成本，而在其后的理论推导模型中，冰山成本系数也成为了衡量集聚力和分散力的一个重要因素，在一个运输成本较低的区域内，一体化程度会相应变高，这会对区域内的集聚产生动态调整。而随着工业化进程和信息化进程的发展，企业总部同生产环节所需要的生产要素和产出产品不尽相同，企业总部多以信息技术来进行要素和产品的传输，而生产环节多以交通运输来传递，信息技术对于企业总部的发展尤为重要，可以说这既是企业总部的成本节约环节又是企业总部的利润环节。从理论上来讲，高效的信息通讯是企业选择总部分离的重要考量，通讯越高效，则企业总部与企业分部门之间的沟通成本越低。而交通成本降低导致更低的冰山成本，进而促进更加紧密的区域经济联系。交通成本可以改变区域经济结构、进而改变福利分配结构。从实践上看，交通拥挤严重阻碍了经济的发展，并使环境遭到了破坏，而完善的交通运输条件则会增进 CBD 城市的经济联系。

CBD 作为城市的核心，完善的市政交通、通讯条件等基础设施不可或缺。20 世纪 90 年代以来，信息化成为全球经济社会发展的显著特征，不断推动时代进步与发展。国际金融危机的爆发，催生着新的信息科技革命。目前，全球信息技术创新持续加快，以云计算、云存储为代表的新兴网络技术正在推动下一代互联网大潮；物联网技术在促进各单元互联的同时，也将带来更加广泛的信息量，知识经济进一步凸显，信息资源日益成为重要的生产要素，信息技术正在全球范围深入城市管理与人类生产生活的各个方面。

（1）纽约

首先，完善的城市规划设计表现在纽约市的交通运输网络的设计上。纽约是一个世界级的天然良港，港口的货物运输量相当于美国北大西洋集装箱货运市场运输量的55%。纽约市区机场国际货运服务也很发达，占据了美国的五分之一。纽约在修建高速公路、路桥和隧道方面投入了大量的人力、物力、财力。

其次，城市规划表现在纽约市完善的空间布局。从纽约市对其中心区曼哈顿的规划建设中得到体现。曼哈顿地区的 CBD，是该地区成为总部经济载体的主要原因，而这无疑对纽约市经济的发展起到了巨大的促进作用。曼哈顿 CBD 的建立不仅对纽约市的经济和总部经济的发展起到支柱作用，而且对美国、对全球的经济和产业都产生了强大的辐射作用，有力地改善了纽约和美国的诸多产业，促进了产业结构的优化，并产生了很多的高新技术，利用新技术对制造业、传统商业都进行了改良。同时曼哈顿的经济和技术发展也成为世界经济的风向标。

纽约市不仅促进产城融合，而且还平衡了商业运营和人文环境。在曼哈顿地区发挥着总部基地的商业办公功能的同时，还发挥着作为国际化大都市的消费、娱乐等生活配套设施的作用。纽约市用事实证明，只有当城市的经济发展和城市居民的生活水平达到和谐的时候，城市的发展才是成功的，才能有更多的发展潜力和契机。

另外，技术的发展在很大程度上解决由总部经济所带来的发展不均等问题。根据总部经济理论可以得出结论，企业在空间布局上，总部和制造部门逐步形成了总部在中心城市集聚，而制造部门建在中小城市的趋势，这不利于缩减城市发展的差距。如果两者之间经济发展水平差距不断扩大，必然会造成两极分化，发展水平高的中心城市的发展会更快，而中小城市的发展则会变得更加困难。因此，发展总部经济需要深入探讨大城市和中小城市的和谐发展，共赢共生，使大城市和中小城市相互促进，协同发展。美国的"逆城市化"对于我国的总部经济的发展具有重要的借鉴意义。20 世纪后半叶的信息技术的快速发展使美国已经基本完成了城市化，接下来的"逆城市化"阶段，在很大程度上促进了美国经济的健康发展，大大缩小了大城市与中小城市的经济发展水平和生活消费水平的差距，并且有些小城市的发展较快速，甚至优于中心城市的发展。因此，目前我国的总部经济研究应该统筹中心城市与中小城市的发展，立足国情国力，完善符合中国特色和特点信息服务系统。

（2）新加坡

新加坡能够取得如此大的成就，一定程度上源于其发展的电子商务契合了世界发展的潮流，而总部经济需要依赖于电子信息技术的支撑。电子商务从技术层面上的支撑是信息技术，在日本早稻田大学进行的 2013 年政府信息化排名中，新加坡在 55 个国家和地区中以 94.00 分居于榜首，2～10 位分别是芬兰（93.18）、美国（93.12）、韩国（92.29）、英国（88.76）、日本（88.30）、瑞典（83.52）、丹麦（83.52）、中国台湾（83.52）、荷兰（82.54）。该项测评主要是从以下角度来入手考量政府的信息化程度，网络完整度、网站介面功能、管理优化、国家入口网、政府 CIO、信息化政府营销、信息化参与共 7 大项标准进行评分，依评分决定各国排名表现。而新加坡政府在很早之前就已经着手发展信息技术，20 世纪 80 年代，新加坡制定了成为亚太地区重要 ICT（Information Communication Technology）中心的目标，以此鼓励 ICT 在公共和私人领域的广泛使用，积极与北美、日本和欧盟的资本、技术和市场核心环节建立联系，力图将自己打造成服务于亚太的世界多级中心。① 新加坡将自身的这项信息化战略称作"智慧岛"战略。

　　新加坡政府制定的"智慧岛"战略建设分为三个阶段：第一个阶段为 1980—1990 年，新加坡政府提出"国家电脑化计划"：即在新加坡的政府、企业、商业、工厂普及电脑办公；第二个阶段为 1991—2000 年，新加坡进一步提出"国家科技计划"；第三个阶段为 2001—2010 年，新加坡政府又提出了："信息与应用整合平台 ICT"计划，该计划将成为新加坡在经济领域、现代服务业、资讯社会的重要推动力。新加坡预期在"智慧岛"第三阶段实现的目标是：推进信息、通讯、科技在新加坡经济和现代服务业领域内的迅速发展；使得信息与应用集成平台——ICT 成为新加坡主要的经济应用平台，每一个行业都有运用数字化技术和电子商务来改变传统经济模式的能力，将传统的行业打造为知识型的经济，以此提高人们的生活质量，将新加坡打造成为一个信息化的社会。②

　　（3）东京

　　东京的城市布局是多中心城市的典型，良好的交通条件是东京市能够有效运作的前提。东京的轨道交通系统经过多年的开发和经营，目前已经形成了纵横交错、四通八达的现代化轨道交通网络。与中国城市道路的宽大不同，东京道路普遍较窄，使同样的道路面积产生更多的延长。东京都道路总延长达 24341.54 千米，其中区部（23 区）达 11841.1 千米。从衡量城市交通状况重要指标的路网密度（每平方千米地域内道路长度）看，东京都平均为 11.13 千米/平方千米，区部路网密度达到 19 千米/平方千米。运营线路总长约 2300 公里，车站数量达

---

　　① 周瑜，何莉莎. 一个影响世界的地方：服务经济时代的 CBD［M］. 北京：知识产权出版社，2014：208.
　　② 李林. 新加坡"智慧岛"建设经验与启示（连载一）［J］. 中国信息界，2013（2）：70 - 77.

500 多个。从这些指标来看，东京轨道交通的发达程度超过了纽约、伦敦、巴黎等其他世界级城市，可以说是世界上轨道交通网络最为发达的 CBD 城市。相比之下，北京全市平均路网密度仅 1.7 千米/平方千米、建成区面积路网密度才 4.7 千米/平方千米。

另外，东京的公共运输系统同样较为发达。从东京公共运输系统旅客分担率看，轨道交通占 77.7%、巴士占 15.1%、出租车占 6.6% (2009 年)。轨道交通运量大、对环境污染小、准时，是每天输送海量客流的主力。东京铁路的发展由来已久，20 世纪初已经全部开通连接日本主要城市的铁路线，1927 年始建地铁，70 年代石油危机促使日本都市地铁快速发展，形成了市区与郊外、地下与地面四通八达、互联互通的轨道运输网。

（4）启示

我国正处于在全球信息化进程中从被动应对向自主发展转变的关键时期，信息基础设施已较完备，信息产业发展迅速，各级政府纷纷把信息资源开发利用提升到促进区域科学发展、率先发展、可持续发展的战略高度，给予人才、资金、行政协调上的支持。我国已经具备在以物联网等为特征的新一轮信息技术革命中争得发展机遇的实力，在此阶段应科学谋划、抢前布局，按照科学发展的要求，以信息化、智慧化促进经济发展方式加快转变。

另外，政府应该实施相关政策和措施，完善公共交通基础设施，提高公共交通服务水平，扩大公共交通的覆盖面积，消除制约总部集聚和产业集聚的体制机制障碍，使公共交通出行成为人们的主要出行方式，缓解交通拥挤和交通事故现象。就京津冀来说，交通一体化是京津冀协同发展三大规划之一，《京津冀协同发展交通一体化规划（2014—2020年）》已在 2015 年 11 月获批，该规划从轨道交通、公路、水运和运输服务四个方面对京津冀的交通进行了整体的布局和优化。根据规划，到 2020 年，将建成多节点、网格状的京津冀区域交通网络，此外还将构建京津石中心城区与新城、卫星城之间的"1 小时通勤圈"和京津保唐"1 小时交通圈"，相邻城市间基本实现 1.5 小时通达。同时，京津冀地区还将统一机动车注册登记、通行政策、机动车排放标准、油品标准及监管、老旧车辆提前报废及黄标车限行等政策。

第三节　进一步完善北京 CBD 的政策建议

发展总部经济对城市或区域的贡献毋庸置疑，但企业总部的区位选择是一种市场行为，有其自身规律，盲目发展会造成资源的浪费和城市经济的扭曲。因此，发展总部经济的首要任务是创造条件，发挥市场机制作用聚集企业总部。在此基础上，发挥政府在总部经济发展中的指导和引领作用。

通过对北京 CBD 发展的外部环境和内部制约因素，以及京津冀协同发展的大背景分析，进一步借鉴国内外 CBD 发展的经验和启示，推进北京 CBD 建设步伐的加快和高水平发展，就要发挥好政府和市场两个方面的功能，用好政府这只"看得见的手"和市场这只"看不见的手"，既要政府在顶层设计上有所作为，也要发挥市场在配置资源中的决定性作用，通过市场的价格发现机制，引导世界著名企业向 CBD 集聚，依靠政府的城市规划和产业政策推动，通过加快基础设施的建设和外部环境的改善，积极引导国际知名企业和金融机构的选址，使之既符合城市和 CBD 发展的总体布局要求，也符合企业自身发展的需要，实现城市发展、CBD 水平提升和落后企业多赢的局面。同时，准确把握城市发展的内在要求、产业集聚和扩散规律，对产业集聚的结构、规模、程度和辐射范围等提出阶段性的可行目标。

1. 加强顶层设计和分类指导

CBD 总部经济的发展不可能独善其身，而置其他经济要素于不顾，因为 CBD 总部经济的发展是一个全局性的工作，要把空间结构、产业结构、人口结构、经济环境匹配程度等要素综合起来进行分析，在总结过去发展经验和教训的基础上，立意创新，站在一个前瞻性的视角来审视、制订科学合理的规划，加强各种硬件环境建设，人文环境塑造、空间的合理规划等来为北京 CBD 内的总部经济发展提供良好的外部环境。

CBD 是在集聚经济、市场需求、区位条件、历史因素和政策支持的共同作用下形成的，其现代服务业的集聚过程融合了全球经济发展的技术变迁与制度革新。国家相关部门和地方政府在制定促进 CBD 发展的政策时，应突破地方政绩考核的思维定式，积极引导现代服务业的集聚与发展。

北京 CBD 在过去 20 多年的发展过程中，按照北京的城市规划和功能定位，依靠市场与政策的双重作用，得到迅速发展，并形成国内最重要和有影响力的 CBD，取得了巨大的成效，但在京津冀协同发展和首都定位为"全国政治中心、文化中心、国际交往中心、科技创新中心"的背景下，CBD 的发展从战略意义、总体要求、定位布局、有序疏解北京非首都功能、推动重点领域率先突破、促进创新驱动发展、统筹协同发展相关任务、深化体制机制改革等方面进行顶层设计，积极争取国家层面的政策支持，注重与国家全面深化改革扩大开放的各项政策，尤其是京津冀协同发展和疏解非首都核心功能相衔接，在推动 CBD 发展中的产业政策和优惠政策方面给予支持，适当给予 CBD 以特殊经济功能区或者自贸区方面的政策扶持，包括税收、土地、人才引进、技术创新和贸易便利等方面，鼓励 CBD 在服务业领域的创新发展和对外开放。地方政府强化抑制房地产领域泡沫，降低企业的经营成本。积极发展公共交通事业，降低因拥挤、噪声和环境污染等因素造成的城市集聚负效应。

首先，明确 CBD 的职能。在进行顶层设计时，按照疏解非首都核心功能的要求，建立高端的研发创新基地，吸引高端总部加入，从产品、市场、技术等方面辐射京津冀地区，构建京津冀协同发展的新格局，打造相互支撑、相互协调的产业链，推进三地分工合作的新趋势，继续加强顶层设计是不可或缺的。具体包括制定相关的优惠政策、建立完备的服务机构、构建交流平台。

其次，抓紧落实已经出台的优惠政策。2013 年，北京市政府针对总部经济的发展，提出了一系列相关政策，包括继续执行《北京市人民政府印发关于鼓励跨国公司在京设立地区总部若干规定的通知》（京政发〔2009〕15 号），并且制定实施了《关于促进总部企业在京发展的若干规定》，对符合条件的各类总部企业给予奖励和补助，鼓励总部企业在京展开实体化经营，支持符合北京产业发展方向的重点行业总部企业优先发展；针对人才储备方面，北京市朝阳区先后出台了"千人计划""海聚计划"等，在 2009 年提出"凤凰计划"，以 CBD 等地点作为重点功能区和人才储备区，计划用 5~10 年时间，聚集一批由科技领军人才领衔的高科技创业团队，引进并有重点地支持 100 名左右海外高层次人才来朝阳创新创业。这些政策的出台为北京 CBD 和总部经济的发展提供了稳定且具有吸引力的政策保障。

最后，鼓励企业总部进驻和人才吸引政策。一是针对不同实力的企业和不同类型的企业总部实施不同的相关税收政策，吸引世界百强企业落户 CBD，而对研发总部、销售总部给予不同的政策鼓励。二是培育人才的举措。高素质的人才是总部经济健康发展的保证，也是提升影响力的基础，CBD 总部在人才引进和招募上进一步加大力度，吸引海内外优秀人才创新创业，为他们提供良好的创新创业环境。同时，加强对引进人才的培训，使 CBD 成为京津冀协同发展人才的孵化器，尤其在 CBD 内大力开展以专业性人才机构为主导的人才培训活动。

2. 加快以信息技术为依托的服务业发展

CBD 的出现和发展壮大就是经济发展需要建立新的经济功能区，

以明显区别于传统的经济功能区，在 CBD 现有产业的基础上，广泛应用信息技术和互联网技术，在改造传统产业的同时，加快推动新兴产业的兴起，进一步鼓励服务业领域的创新发展和对外开放。在继续大力发展总部经济的同时，强力推动"互联网＋""金融＋""文化＋"等领域的融合发展快速，形成文化中心和科技创新中心的示范区，发挥对首都经济的引领作用。着重推动商务、金融、文化和科技等重点领域的融合发展，培育融合发展的新业态和新模式，如电子商务、文化金融、互联网金融、汽车融资租赁、数字新媒体、创意消费等，通过多种政策鼓励这些业态的扩大和发展。在所有制和组织形态上，鼓励总部型企业和有条件的大型企业实施跨行业、跨所有制业务合作，打造跨界融合的产业集团和产业联盟。在京津冀协同发展和"一带一路"倡议下，一方面积极引导 CBD 内的本土企业扩大对周边区域的辐射作用，带动周边企业的技术进步和价值链的延伸，打造服务京津冀地区，乃至全国的现代服务业全产业链；另一方面鼓励有条件的本土企业"走出去"，主动融入全球创新价值链，整合利用海外优质资源，提升企业在国际价值链分工体系中的地位，促进不同产业之间形成有效的信息交流、知识共享和有效竞争机制。完善医疗卫生健康服务，科技研发、信息服务、商务服务，以及专业服务领域。

3. 培育高效透明的营商环境

CBD 是现代服务业的高度集聚的区域，是多种影响因素共同作用的结果。它不仅仅是区位优势和历史发展的必然选择，而且也是市场机制不断完善和日益成熟的体现，更是政府政策推动的结果，因此，在 CBD 发展中，既要尊重市场规律和经济集聚的动因，积极培育有利于产业集聚和创新发展的市场主体，充分发挥市场配置资源的主体作用，也要积极营造高效透明的营商环境。

在地方层面，应遵循"政府管理、市场运作、公众参与、利益协调"的原则，建立由各级政府以及职能部门共同协调的政府机构，创新公共管理领域的管理机制和运作规则，逐步试行负面清单管理，探索建立与国际通行规则和惯例接轨的商事登记制度、现代服务业统计制度，营造竞争有序的市场环境、透明高效的政务环境、公共服务环境。

明确政府服务意识，克服行政部门的官僚主义，提高职能部门办事效率，在行政审批、商事登记、市场监管、综合执法、社会信用体系、金融司法、商贸流通、社会治理、区域综合开发等领域加快开展制度创新，率先为京津冀地区乃至全国发展提供可复制、可推广、可辐射的创新成果。鼓励创新，加强地方立法和司法的有效性，健全社会信用制度，维持投资者和消费者的合法权益。杜绝钱权交易、黑箱操作等腐败行为，增加市场的透明度。

4. 构建适合北京 CBD 的文化环境

由于 CBD 内要素集聚众多，不同要素有着不同的特质，尤其是人力资源要素有其特有的人文精神背景，强大的文化融合共生能力是 CBD 所必须的。因此，创新人文精神，就是充分重视和发挥人的主动性和创造性，用人文主义的创新思维建设创新型国家、创新型城市和创新型社会。

纽约、伦敦 CBD 发展的成功经验就是创新和人文精神完美结合，CBD 高水平的建设和发展必然要求展现出良好的人文精神，更好地体现高度的人性化和人文关怀，为商务人士提供张弛有度的新商务生活方式，实现中国政府提出的要建设"看得见山，望得见水，记得住乡愁的诗意城市"的目标。依据城市产业、交通、人文特质，建设具有创新和人文精神的新型 CBD。

古老的长城、故宫、颐和园等景观，现代的人民大会堂、国家歌剧院等建筑，以及海纳百川的民间艺术展现着人文北京历史的、现代的人文创新精神和独有的魅力。新闻出版、广播、电视、电影四大领域集中在 CBD 核心区，中央电视台、北京广播电视台、凤凰卫视等影响力强、覆盖面广、专业化程度高形成强大的辐射效应。商务办公楼云集，酒店、公寓、娱乐休闲、购物、饮食应有尽有，这为 CBD 的发展提供了良好的土壤。因此，CBD 在促进文化创意产业发展的同时，强化人精神的培养和创新能力的提升。一方面，强化公众的知识产权意识，努力营造版权保护的良好氛围，优化区域内文化创意产业创新环境；另一方面，强化酒店、公寓、娱乐设施的建设和服务，提高教育培训机构的层次，建立适合商务人士休闲娱乐和教育培训的高雅文化氛围。

5. 完善总部发展环境和基础设施

良好的外部环境和基础设施是保障总部经济正常运转的基石，CBD 作为北京市经济的重要组成部分，依托首都在区位、人才、科技、信息、法制、教育、文化、医疗等方面的独特优势，完善自身的基础设施建设。

在交通方面，打造 CBD 交通一体化网络，统筹安排整个 CBD 区域内的交通系统，将各个企业的班车班次，各个楼宇的地理布局、各种交通工具统一规划到一个完备的、立体的交通网络系统中；政府应该实施相关政策和措施，完善公共交通基础设施，提高公共交通服务水平，扩大公共交通的覆盖面积，消除制约总部集聚和产业集聚的体制机制障碍，使公共交通出行成为人们的主要出行工具，缓解交通拥挤；在京津冀协同发展背景下，从轨道交通、公路、水运和运输服务四个方面对京津冀的交通进行整体的布局和优化。构建京津石中心城区与新城、卫星城之间的 "1 小时通勤圈" 和京津保唐 "1 小时交通圈"，相邻城市间基本实现 1.5 小时通达。

在 CBD 区域附近设置生活必备基础设施，包括医疗机构、教育机构、养老机构、娱乐设施等，从而为 CBD 内的员工提供更为便利的生活和工作环境，这在很大程度上有助于提升其工作热情，并且能够提高高端人才的区位黏性。美国曼哈顿上东区的城中公园便是一个典型的例子，在寸土寸金的地区设置生活服务区不仅不会降低，反而提升了经济运转效率；考虑到信息技术在总部经济中的重要性，打造一个现代化的通讯设施，包括固定电话网、移动通讯网和宽带多媒体信息网等，高端技术的发展不仅会提升 CBD 内总部企业的运行效率，改变企业总部的格局、CBD 的分布格局，推进技术的进步和产品的创新，这也必然会在理论上改变经济学的生产函数，组织和技术成为生产函数中的重要变量，同时对京津冀区域发展格局的改变大有裨益。

参考文献

［1］安虎森．空间经济学教程［M］．北京：经济科学出版社，2006.

［2］安虎森．新经济地理学原理［M］．北京：经济科学出版社，2009.

［3］贝拉·巴拉萨．欧洲经济一体化［M］．阿姆斯特丹：北荷兰出版公司，1975.

［4］薄文广，陈飞．京津冀协同发展：挑战与困境［J］．南开学报（哲学社会科学版），2015（1）：110－118.

［5］［日］赤松要．世界经济论［M］．日本：国元书房，1965.

［6］陈瑛．城市CBD与CBD系统［M］．北京：科学出版社，2005.

［7］丁成日，谢欣梅．城市中央商务区CBD发展的国际比较［J］．城市发展研究，2010（10）：72.

［8］傅十和，洪俊杰．企业规模、城市规模与集聚经济——对中国制造业企业普查数据的实证分析［J］．经济研究，2008（11）：112－125.

［9］范剑勇，谢强强．地区间产业分布的本地市场效应及其对区域协调发展的启示［J］．经济研究，2010（4）：107－119.

［10］关红玲．香港总部经济的发展——对香港国际商务之都的微观分析［J］．当代港澳研究，2007（1）.

［11］高凤莲，段会娟．集聚、产业结构类型与区域经济增长——

基于我国省级面板数据的分析 [J]. 中央财经大学学报, 2010 (10): 59－64.

[12] 干春晖, 郑若谷, 余典范. 中国产业结构变迁对经济增长和波动的影响 [J]. 经济研究, 2011 (5): 4－16＋31.

[13] 龚海林. 产业结构视角下环境规制对经济可持续增长的影响研究 [D]. 江西财经大学, 2012.

[14] 郭佩颖. 产业结构变动与经济增长的收敛性 [D]. 吉林大学, 2013.

[15] 高洪深. 总部经济的经济学辨析 [J]. 北方工业大学学报, 2005, 17 (2): 1－5.

[16] 郝寿义, 倪方树, 林坦等. 企业区位选择与空间集聚的博弈分析 [J]. 南开经济研究, 2011 (3): 69－78.

[17] 韩可胜. CBD 的经济结构与政府管理模式研究 [D]. 华东师范大学, 2008: 3.

[18] 韩佳. 长江三角洲区域经济一体化发展研究 [D]. 华东师范大学, 2008 (5): 9－11.

[19] 赫希曼. 经济发展战略 [M]. 纽黑文: 耶鲁大学出版社, 1958.

[20] 胡兴华. 国际产业转移与中国制造的供应链危机 [J]. 经济问题, 2004 (3): 36－37.

[21] 简·丁伯根等. 动态商业周期: 经济波动研究 [M]. 芝加哥大学出版社, 1950.

[22] 姜立杰, 黄际英. 论20 世纪七八十年代纽约市产业结构的转型 [J]. 东北师大学报, 2001 (2).

[23] 江若尘, 余典范, 翟青等. 中国 (上海) 自由贸易试验区对上海总部经济发展的影响研究 [J]. 外国经济与管理, 2014: 65－71.

[24] 蒋三庚. 现代服务业集聚若干理论问题研究 [J]. 北京工商

大学学报：社会科学版，2008（23）：42 – 45.

　　［25］蒋三庚．现代服务业研究［M］．北京：中国经济出版社，2007.

　　［26］蒋三庚．中央商务区与现代服务业研究［M］．北京：首都经济贸易大学出版社，2008.

　　［27］蒋三庚．中国主要 CBD 现代服务业集聚发展对策研究［J］．首都经济贸易大学学报，2010（12）：22 – 28.

　　［28］蒋三庚．关于北京中央商务区的发展思路研究［J］．首都经济贸易大学学报，2001（2）：60.

　　［29］蒋三庚．中央商务区（CBD）构成要素研究［M］．北京：首都经济贸易大学出版社，2013：59.

　　［30］柯善咨，赵曜．产业结构、城市规模与中国城市生产率［J］．经济研究，2014（4）：76 – 88 + 115.

　　［31］梁琦，丁树，王如玉．总部集聚与工厂选址［C］．经济学：季刊．2012.

　　［32］陆春锋，周生路，王炳君，周兵兵，李淦，毛泾桥．江西省县域经济发展的格局特征与开发战略区划［J］．地域研究与开发，2015（1）：37 – 42.

　　［33］李秀伟，张宇．从规划实施看北京市“产城融合”发展［C］．城市时代，协同规划——中国城市规划年会，2013.

　　［34］李盾．中国城市服务业集聚路径研究［M］．北京：中国市场出版社，2013.

　　［35］李林．新加坡“智慧岛”建设经验与启示（连载一）［J］．中国信息界，2013（2）：70 – 77.

　　［36］李国平，孙铁山，卢明华．北京高科技产业集聚过程及其影响因素［J］．地理学报，2003（6）：927 – 936.

　　［37］李国平，陈秀欣．京津冀都市圈人口增长特征及其解释

[J]．地理研究，2009（1）：191－202.

　　[38] 李国平．世界城市格局演化与北京建设世界城市的基本定位
[J]．城市发展研究，2000（1）：12－16＋78.

　　[39] 李国平，孙铁山，卢明华，刘霄泉．世界城市及北京建设世
界城市的战略定位与模式研究［J］．北京规划建设，2010（4）：
21－26.

　　[40] 李懿洋．甘肃省产业结构与经济增长的灰色关联分析［J］．
企业经济，2011（5）：20－23.

　　[41] 李碧宏．产业集聚与增长极的形成［D］．西南大学，2012.

　　[42] 刘贵富，赵英才．产业链：内涵、特性及其表现形式［J］．
财经理论与实践，2006（3）：114－117.

　　[43] 罗浩．中国劳动力无限供给与产业区域黏性［J］．中国工业
经济，2003（4）：53－58.

　　[44] 毛翔宇，高展，王振．基于总部经济的服务业集聚动力机制
探讨［J］．上海经济研究，2013（8）.

　　[45] 欧阳东，李和平，李林等．产业园区产城融合发展路径与规
划策略——以中泰（崇左）产业园为例［J］．规划师，2014（6）：
25－31.

　　[46] 潘文卿，刘庆．中国制造业产业集聚与地区经济增长——基
于中国工业企业数据的研究［J］．清华大学学报（哲学社会科学版），
2012（1）：137－147＋161.

　　[47] 彭芳．香港总部经济发展策略研究［J］．中国商贸，2012
（17）：228－229.

　　[48] 齐元静，杨宇，金凤君．中国经济发展阶段及其时空格局演
变特征［J］．地理学报，2013（4）：517－531.

　　[49] 宋英杰．CBD 的商业集聚与活力［D］．首都经济贸易大
学，2004.

［50］沈燕，建设石家庄中央商务区 CBD 的理论与实证研究 ［D］．河北经贸大学，2013.

［51］宋蕊．总部经济的理论与系统研究 ［D］．天津大学，2009.

［52］宋巨盛．论长江三角洲区域经济一体化 ［J］．当地财经，2003（2）：111 – 113.

［53］孙玉娟，李强，王金增．打造沿海经济隆起带构筑区域发展新格局——基于产业梯度的区域分工与河北产业结构的优化 ［J］．河北理工大学学报：社会科学版，2008，8（1）：75 – 79.

［54］孙晶，李涵硕．金融集聚与产业结构升级——来自 2003—2007 年省际经济数据的实证分析 ［J］．经济学家，2012（3）：80 – 86.

［55］施卫东，高雅．金融服务业集聚发展对产业结构升级的影响——基于长三角16 个中心城市面板数据的实证检验 ［J］．经济与管理研究，2013（3）：73 – 81.

［56］汤建中．上海 CBD 的演化和职能调整 ［J］．城市规划，1995（3）：35 – 36.

［57］田新豹，王顺彦，陈建成．区域经济学对总部经济的解释［J］．甘肃省经济管理干部学院学报，2006，19（3）：15 – 17.

［58］藤田昌久，克鲁格曼，维纳布尔斯．空间经济学：城市、区域与国际贸易 ［M］．中国人民大学出版社，2013：137.

［59］魏达志．中心城市总部经济成长论 ［M］．北京：中国城市出版社，2010.

［60］魏达志．深港特大型城市的形成机理与战略价值 ［J］．深圳大学学报：人文社会科学版，2007（24）：21 – 26.

［61］王海涛，徐刚，恽晓方．区域经济一体化视阈下京津冀产业结构分析 ［J］．东北大学学报（社会科学版），2013（4）：367 – 374.

［62］王双，陈柳钦．中国总部经济发展报告（2011—2012）

［M］. 北京. 社会科学文献出版社，2011：156－158.

［63］王缉慈，童昕. 简论我国地方企业集群的研究意义［J］. 经济地理，2001（5）：550－553.

［64］吴汉嵩. 我国产业转移的区域性与突破［J］. 江苏商论，2009（2）.

［65］袭勤林. 区域产业链研究［D］. 四川大学，2004：11－12.

［66］邢子政，马云泽. 京津冀区域产业结构趋同倾向与协同调整之策［J］. 现代财经——天津财经大学学报，2009（9）：50－56.

［67］许庆明，胡晨光，刘道学. 城市群人口集聚梯度与产业结构优化升级——中国长三角地区与日本、韩国的比较［J］. 中国人口科学，2015（1）：29－37＋126.

［68］于立平，余剑. 总部经济对北京产业结构调整升级的影响机制研究［C］. 北京市统计科学研讨会获奖，2011.

［69］叶文虎，唐剑武. 环境承载力的本质及其定量化初步研究［J］. 中国环境科学，1998，18（3）：227－230.

［70］赵弘. 总部经济［M］. 北京：中国经济出版社，2004：7－8.

［71］赵弘. 以总部经济提升首都经济综合竞争力［J］. 北京社会科学，2005（3）. DOI：10.3969/j. issn. 1002－3054. 2005. 03. 006.

［72］赵弘. 2014 中国总部经济蓝皮书［M］. 北京：社会科学文献出版社，2014：67.

［73］赵弘. 知识经济背景下的总部经济形成与发展［J］. 科学学研究，2009（27）：45－51.

［74］赵弘. 总部经济：京津冀区域合作新思路［J］. 领导之友，2005：13－14.

［75］赵弘. 论"总部经济"与振兴北京现代制造业［J］. 投资北京，2003：13－16.

［76］张弘，蒋三庚．北京中央商务区（CBD）产业布局与发展研究［M］．北京：首都经济贸易大学出版社，2015.

［77］张少军，刘志彪．总部经济与中国的产业升级和区域协调发展：全球价值链视角下的对策研究［C］.//中国管理学年会.2009.

［78］张映红．现代商务中心区的产业集群效应——基于北京 CBD 的研究［J］．经济纵横，2005（3）：27-29.

［79］张杰．中央商务区（CBD）现代服务业发展研究［M］．北京：经济管理出版社，2009.

［80］张晓燕．金融产业集聚及其对区域经济增长的影响研究［D］．山东大学，2012.

［81］张玉哲．产业结构与经济增长的统计研究［D］．厦门大学，2001.

［82］周瑜，何莉莎．一个影响世界的地方：服务经济时代的 CBD［M］．北京：知识产权出版社，2014：159.

［83］周明生，陈文翔．中国生产性服务业集聚的空间效应研究——基于空间面板数据模型［J］．经济与管理研究.2014（9）：69-76.

［84］周明生，梅如迪．京津冀区域产业布局与主导产业选择［J］．学习与探索.2016（2）：98-102.

［85］祝尔娟．京津冀一体化中的产业升级与整合［J］．经济地理，2009（6）：881-886.

［86］朱海燕，魏江，周泯非．知识密集型服务业与制造业交互创新机理研究［J］．西安电子科技大学学报，2008，18（2）：1-7.

［87］朱金海．论长江三角洲区域经济一体化［J］．社会科学，1995（2）：11-15.

［88］朱晓华，邓宝义．我国产业结构对经济增长影响的实证分析［J］．企业经济，2013（7）：132-136.

［89］ Bekes G, Harasztosi P. Agglomeration Premium and Trading Activity of Firms ［J］. Iehas Discussion Papers, 2010, 43（1）: 51 – 64.

［90］ Baaj M, Bosch F V, Volberda H. The International Relocation of Corporate Centres: Are Corporate Centres Sticky? ［J］. European Management Journal, 2004（2）: 141 – 149.

［91］ Cichello M, Lamdin D J. The location of initial public offering headquarters: An empirical examination ［J］. Journal of Economics & Finance, 2012: 1 – 18.

［92］ Chenery H, Syrquin M. Patterns of Development, 1950 – 1970 ［J］. Journal of Development Economics, 1976, 3（3）: 300 – 301

［93］ Chenery H., Robinson S, Syrquin M. Industrialization and Growth: A Comparative Study ［J］. Journal of Economic History, 1988, 48（3）: 387 – 802.

［94］ Davis J C, Henderson J V. The agglomeration of headquarters ［J］. Regional Science and Urban Economics, 2008, 38（5）: 445 – 460.

［95］ Germa Bel and Xavier Fageda, Getting there fast: globalization, intercontinentalflights and location of headquarters ［J］, Journal of Economic Geography 8（2008）: 471 – 495.

［96］ Hino M. The Agglomeration of Branch Offices and Their Recent Changes in Major Japanese Cities ［J］. Annals of the Association of Economic Geographers, 1995（41）: 192 – 207.

［97］ Jakobsen S – E, Onsager K. Head Office Location: Agglomeration, Clusters or Flow Nodes? ［J］. Urban Studies, 2005（8）: 1517 – 1535.

［98］ Loughran T. The Impact of Firm Location on Equity Issuance ［J］. Financial Management, 2008, 37（1）: 1 – 21.

［99］ Morikawa M. Are large headquarters unproductive? ［J］. Journal of Economic Behavior & Organization, 2015（119）: 422 – 436.

［100］Pan F，Liu Z，Xia Y，etal. Location and agglomeration of head-quarters of public listed firms within China's urban system ［J］. Geographical Research，2013.

［101］Strauss – Kahn V，Vives X. Why and Where do Headquarters Move ［J］. Social Science Electronic Publishing，2005，39（2）：168 – 186.